中等职业教育汽车专业理实一体化系列教材

# 汽车机械基础

## （彩色版配习题册）

主　编　蒋灯财　康国兵　秦国锋

副主编　唐登杰　朱晓黎　周炳丽

参　编　邓　森　唐祖明　谢金杏　付昌杰

二维码总码

机械工业出版社

汽车机械基础是中职汽车类各专业的一门专业基础课，通过对本课程的学习，可以培养学生对汽车常用材料、常见机构和常用零件等的认知能力、应用能力，掌握常用机构与机械传动的工作原理和工作特性。本书以汽车为切入点，共七个模块，分别是认识机械、零件的公差与配合、汽车常用机构、汽车常用连接、汽车常用传动、汽车轴系零部件和液压传动。本书采用模块化组织教学内容，方便教师运用工学结合、项目引导、任务驱动、理实一体化等教学模式。

本书配有丰富的视频资源，将抽象的、难以理解的知识点形象地进行展现，可用微信扫描二维码观看。

习题册内容包括了课后练习题和技能训练题，以便于加深理解知识点，强化理论与实践相结合，培养学生分析和解决问题的能力。

本书适合作为中等职业学校及技工学校教材。

**图书在版编目（CIP）数据**

汽车机械基础：彩色版配习题册 / 蒋灯财，康国兵，秦国锋主编. — 北京：机械工业出版社，2024.1（2025.7重印）
中等职业教育汽车专业理实一体化系列教材
ISBN 978-7-111-75055-0

Ⅰ. ①汽…　Ⅱ. ①蒋…　②康…　③秦…　Ⅲ. ①汽车－机械学－中等专业学校－教材　Ⅳ. ①U463

中国国家版本馆CIP数据核字（2024）第038458号

机械工业出版社（北京市百万庄大街22号　邮政编码100037）
策划编辑：齐福江　　　　责任编辑：齐福江　丁　锋
责任校对：甘慧彤　刘雅娜　　封面设计：陈　沛
责任印制：刘　媛
北京中科印刷有限公司印刷
2025年7月第1版第3次印刷
184mm × 260mm · 13.5印张 · 221千字
标准书号：ISBN 978-7-111-75055-0
定价：55.00元（含习题集）

电话服务
客服电话：010－88361066
　　　　　010－88379833
　　　　　010－68326294

网络服务
机　工　官　网：www.cmpbook.com
机　工　官　博：weibo.com/cmp1952
金　　书　　网：www.golden-book.com
机工教育服务网：www.cmpedu.com

FOREWORD

# 前言

随着我国汽车工业的高速发展，汽车保有量逐年攀升，汽车行业人才需求也在不断增长。为了满足新时代背景下，培养素质高、专业技术全面、技能熟练的大国工匠、高技能人才需要，本书编者在总结近年教学改革、课程实践的基础上，结合“1+X证书制度试点背景”，在企业专家的指导下，联合高等职业院校教师和中等职业学校教师编写了本书。

本书依托广西教育科学“十四五”规划重点课题（2022ZJY2237），紧紧围绕中职阶段汽车类专业人才培养目标精心编写。

汽车机械基础作为汽车类专业的专业基础课程，是后续核心专业课的基础。全书以汽车为切入点，共七个模块，分别是认识机械、零件的公差与配合、汽车常用机构、汽车常用连接、汽车常用传动、汽车轴系零部件和液压传动。本书具有以下特点。

（1）内容编排合理。本书采用模块化组织教学内容，方便教师运用工学结合、项目引导、任务驱动、理实一体化等教学模式。

（2）教学资源丰富。本书丰富的视频资源将抽象的、难以理解的知识点形象地进行展现，并以二维码形式呈现，可用微信扫码观看。

（3）内容深度合理。知识点选取以“实用、够用”为度，符合中职学生人才培养目标。

（4）配套习题册。习题册内容包括了课后练习题、技能训练题，以便于加深理解知识点，强化理论与实践相结合，培养学生分析和解决问题的能力。

本书由广东合赢教育科技股份有限公司组编，由桂林市机电职业技术学校蒋灯财、广东轻工职业技术学院康国兵、广西师范大学秦国锋任主编，唐登杰、朱晓黎、周炳丽任副主编，邓森、唐祖明、谢金杏、付昌杰参与编写。编写人员是来自职业院校汽车专业、机械专业的一线教师，教学经验丰富，同时得到了许多企业一线工程师的无私帮助。

鉴于编者水平和经验所限，加之技术更新发展很快，书中难免有疏漏和不妥之处，恳请广大读者朋友提出宝贵的意见和建议，以便在今后修订时加以完善。

编　者

CONTENTS

# 目 录

# 模块一 认识机械

## 模块导读

人们的生活离不开机械，机械促进了社会的发展、人类文明的进步。从古代简单的纺织机械、龙骨水车，到现在的手机、打印机、汽车、火车、飞机，都离不开机械在其中默默地工作。那么究竟什么是机械，它们又是通过怎样的方式在运转，从而给我们的生活工作提供了便利呢？

本模块，我们将以家用小轿车为例，让学生能够了解机械的基础知识。

## 单元一 机器与机构

### 学习目标

1. 能叙述一台完整机器的五个组成部分。
2. 能理解机器的三个特征。
3. 能理解机构与机器的区别。
4. 能理解机器、机构、构件、零件之间的关系。

### 内容概要

机械是机器与机构的统称，机器是由机构加上能量转换装置组成的。机构是由若干个构件组合在一起，用来产生特定的运动。构件作为运动单元，可以是一个零件或者由若干个零件组成的。零件是可以单个生产的制造单元。

### 知识准备

#### 一、机器与机构

**引导问题：什么是机械？什么是机器？机器由几个部分组成？机器与机构**

之间是什么关系？机构又是怎么来的？

### 1. 机器

（1）机器的组成　机器是人们根据使用要求而设计制造的一种执行机械运动的装置，用来变换或传递能量、物料与信息，从而代替或减轻人类的体力劳动和脑力劳动。下面我们以最常见的家用轿车（图 1–1–1）为例，学习机器的组成。

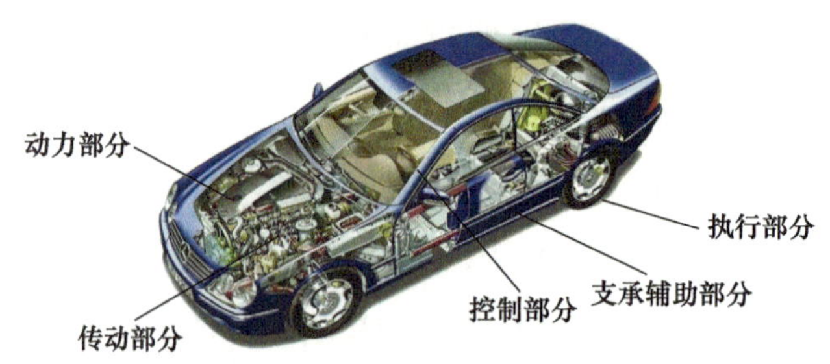


图 1–1–1　轿车的基本组成

一台完整的机器一般由动力部分、执行部分、传动部分、控制部分和支承辅助部分组成。下面以家用轿车为例，看看五部分分别是什么。

1）动力部分：是指原动机机器相应的配套装置。它的作用是将非机械能转化为机械能并给机器提供动力。汽车的动力部分是发动机，现在的新能源汽车的动力部分是驱动电机。

2）执行部分：是指直接完成机器预定功能的部分。如汽车的车轮，车轮的滚动旋转将带动汽车进行移动。

3）传动部分：是指动力部分和执行部分之间的中间装置。它的任务就是将原动机提供的机械能以动力和运动的形式传递给执行部分。如汽车的离合器、变速器、传动轴等。

4）控制部分：是指控制机器的其他组成部分，可以随时实现或终止机器的各种预定动作的装置。如汽车的方向盘、离合器踏板、加速踏板、制动踏板、电器开关等。

5）支承辅助部分：如汽车的底盘、各类仪表、车灯等。

（2）机器的三个特征

1）是人为的实体组合体。

2）各运动实体之间具有确定的相对运动。

3）可以转换能量，完成有用功输出或处理信息，以代替或减轻人们的劳动。

（3）机器的类型　根据用途的不同，机器可分为动力机器、加工机器、运输机器和信息机器，见表 1–1–1。

表 1–1–1　机器的类型及作用

| 类型 | 应用举例 | 作用 |
|---|---|---|
| 动力机器 | 发动机、电动机 | 转换能量 |
| 加工机器 | 车床、铣床、钻床 | 改变加工对象的尺寸、形状、状态等 |
| 运输机器 | 汽车、飞机、轮船 | 搬运物品和人 |
| 信息机器 | 打印机、计算机、手机 | 处理信息 |

## 2. 机构

机构是具有确定相对运动构件的组合，它是用来传递运动和力的构件系统。在机器中，为了实现多种运动形式的传递或改变，往往存在多种机构系统工作。因此，机器也可以看作是由一些机构组合而成的。如单缸内燃机（图 1–1–2），它是产生机械能的机器，其中齿轮组成齿轮机构，凸轮和进、排气门挺杆组成凸轮机构，活塞、连杆、曲轴和缸体组成曲柄连杆机构。

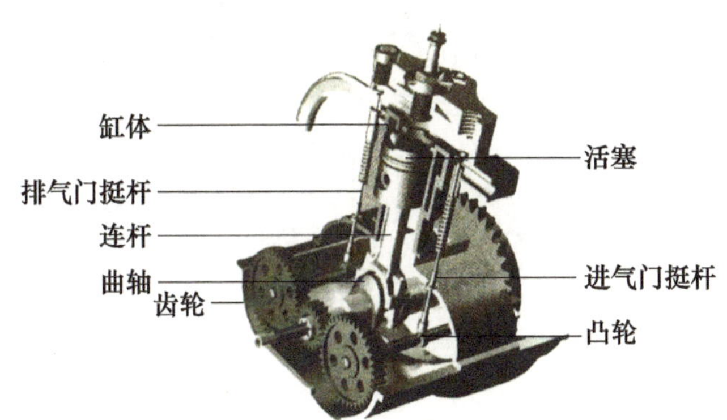


图 1–1–2　单缸内燃机

机构与机器的区别，主要体现在以下两个方面：

1）机构是机器的一个组成部分，而机器除了构件系统外，还有电气系统、液压系统等其他系统。

2）机构仅传递运动和力，而机器除传递运动和力之外，还有变换或传递能量、物料、信息的功能。

机器是由机构组成的，而机构不能像机器一样实现能量转换，我们把机构与机器统称为机械。

## 二、构件与零件

构件是相互间具有相对运动的物体。机器和机构是由许多具有确定相对运动的构件组合而成的。构件是机器或机构中的运动单元，如曲轴、连杆、活塞等。构件可以是单一的整体，如曲轴；也可以由更小的单元组合而成，如图 1-1-2 所示的构件连杆便是由连杆体、连杆盖、螺栓和螺母装配而成的。这里，连杆体、连杆盖、螺栓和螺母都是相互间没有相对运动的物体，称为零件。可见，零件是机器中不可拆卸的制造单元。

在机器中，构件可以是单一的零件，但多数构件是由若干个零件固定连接而成的。按其运动状态，构件可以分为固定构件和运动构件。固定构件又称为机架，作用是支承运动构件。运动构件分为主动件和从动件两种：主动件是带动其他运动构件运动的构件；从动件是随主动件运动而运动的构件。构件是运动的基本单元。

机械、机器、机构、构件、零件之间的关系如图 1-1-3 所示。

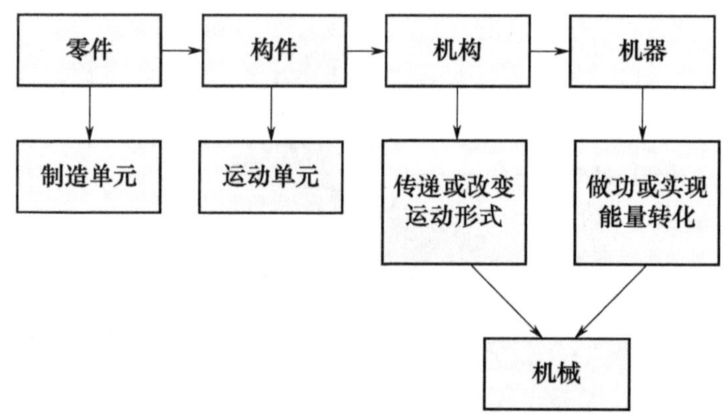


图 1-1-3 机械、机器、机构、构件、零件之间的关系

# 单元二 汽车常用材料

## 学习目标

1. 了解汽车常用材料。
2. 了解什么是黑色金属。
3. 了解塑料、橡胶的特性及应用。
4. 了解陶瓷、复合材料的特性及应用。

## 内容概要

纵观人类文明史，从某种意义上说就是一部人类认识材料和使用材料的发展史。从远古到现代，人类经历了石器时代、青铜时代、铁器时代，目前进入了人工合成材料的新时代。材料的品种、生产数量、生产技术水平，已经成为衡量一个国家科技水平和国民经济发展水平的重要标志。

## 知识准备

### 一、材料的分类

**引导问题：我们平时乘坐的汽车都是由哪些材料制造的？使用最多的是什么材料呢？**

图 1-1-1 里面涉及的材料有：

1）塑料件：用于制作汽车内饰部分、仪表板、汽油箱、保险杠、挡泥板、蓄电池壳、开关、手柄等。

2）玻璃：用来制作前照灯灯泡、车窗、后视镜部分。

3）工业陶瓷：用来制作发动机火花塞绝缘层、耐高温接头、陶瓷阀等部分。

4）橡胶：用来制作汽车轮胎、发动机活动件密封圈、车门车窗防水密封圈、发动机进气管道等部分。

5）皮革：用来制作座椅部分、内饰部分。

6）钢、铸铁、铝等：用来制作汽车底盘、汽车防撞梁、发动机等部分。

一辆汽车一般由上万个零件组成，每个零件会根据不同的使用要求

和不用的价格来使用各式各样的材料。材料可分为金属材料和非金属材料（图 1-2-1）。

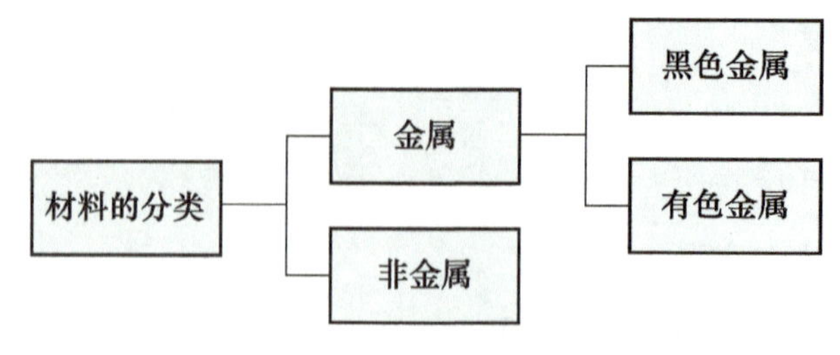


图 1-2-1　材料的分类

材料分为金属和非金属两大类，汽车上的零件如钢、铁、合金等称为金属材料，玻璃、塑料、橡胶、陶瓷等称为非金属材料。

金属材料是指由金属元素或以金属元素为主要成分构成，并具有金属特性的工程材料，通常分为黑色金属与有色金属两大类。由铁元素或以铁元素为主形成的金属材料称为黑色金属，而把除黑色金属以外的金属称为有色金属，如铝、铜、锌等。

## 二、黑色金属材料

黑色金属材料俗称钢铁材料，是钢与铸铁的统称。钢铁材料主要元素是铁、碳以及其他杂质部分，依据碳的质量分数为标准划分为钢和铸铁，碳的质量分数低于 2.11% 的称为钢，含碳的质量分数大于 2.11% 的称为铸铁。在钢中加入其他元素则称为合金钢，未加入其他元素则称为非合金钢，也叫碳钢。

### 1. 碳钢

可以按照以下三种方式分类。

1）按照碳的质量分数（$W_C$ 表示碳的质量分数）：可以分为低碳钢（$W_C$<0.25%）、中碳钢（0.25% ≤ $W_C$ ≤ 0.6%）、高碳钢（$W_C$ >0.6%），$W_C$ 越高，硬度、强度越大，但塑性越低。

2）按照碳钢的含磷量、含硫量：碳钢的质量是以磷、硫的含量划分（$W_S$ 表示硫的质量分数，$W_P$ 代表磷的质量分数），分为普通碳钢（$W_S$ ≤ 0.045%，$W_P$ ≤ 0.045%）、优质碳钢（$W_S$ ≤ 0.035%，$W_P$ ≤ 0.035%）、高级优质碳钢（$W_S$ ≤ 0.030%，$W_P$ ≤ 0.030%）。

3）按照用途：分为碳素结构钢和碳素工具钢。

碳素结构钢（$W_C$ <0.70%），牌号以 Q 加三个数字表示，如 Q235、Q275。它主要用于制造各种机械零件和工程构件，如桥梁、船舶、机器零件、螺栓、垫圈等。

碳素工具钢（0.70%< $W_C$ <1.35%），牌号以 T 加数字表示，如 T11、T9，主要用于制造各种刀具、模具、量具等。

### 2. 合金钢

当在碳钢的基础上加入其他元素时，这种钢称为合金钢，其中加入的其他元素称为合金元素。合金元素通过与钢中的铁和碳发生作用，以及合金元素之间的相互作用提高了钢的力学性能，达到使用要求。

合金钢按照用途分为合金结构钢、合金工具钢和特殊性能钢。

1）合金结构钢是用于制造各类工程结构件和各种机械零件的钢。例如，汽车、拖拉机等车辆的减振板簧和螺旋弹簧，就属于合金结构钢中的合金弹簧钢，它的牌号为 60Si2MnA。常用的各种滚动轴承元件，如轴承内外圈、滚动体等，用的就是合金结构钢中的滚动轴承钢，常见牌号为 GCr4、GCr15 等。

2）合金工具钢用于制造刀具、模具、量具，相比较于碳素工具钢，它具有更好的耐磨性、热硬性高和热处理变形小等优点。

3）特殊性能钢是指具有特殊物理性能、化学性能的钢。我们生活中常见的不锈钢就属于特殊性能钢，它在空气、水、酸及其他腐蚀性介质中具有高度的化学稳定性。在餐具领域使用比较多的不锈钢就是 304。304 不锈钢的牌号是 SUS304，但这个牌号是国外的牌号，在我国这种材料的牌号是 06Cr19Ni10，其中 06 的意思是碳质量分数在 0.06%~0.08%，Cr 代表铬元素，19 代表其质量分数为 19%，Ni 代表镍元素，10 代表其质量分数为 10%。

### 3. 铸铁

铸铁是碳的质量分数大于 2.11% 的铁碳合金。与钢相比，铸铁的抗拉强度、塑性、韧性较低，质脆，但它具有熔点低、流动性好、耐磨的特点，具有优良的铸造性。汽车发动机的缸体一般就是用铸铁制造而成的，具有优良的强度、刚度、耐磨性以及减振性能。

## 三、有色金属材料

金属材料中，除去黑色金属以外的金属，统称为有色金属。有色金属具有

一些特殊的性质，所以在工业上应用很广。常用的有纯铜、铜合金和铝合金，见图 1–2–2。

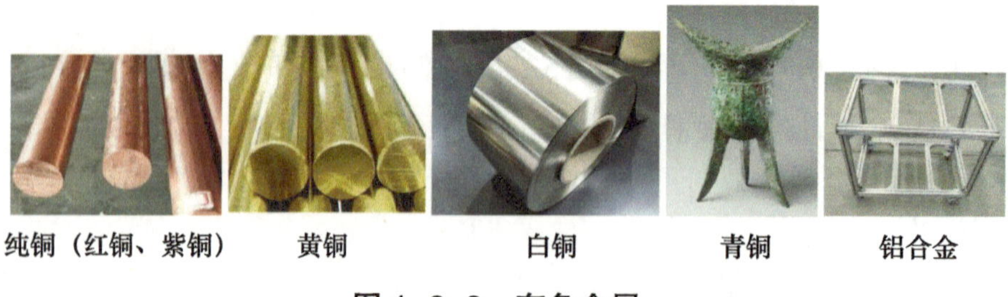

纯铜（红铜、紫铜） 黄铜 白铜 青铜 铝合金

图 1–2–2 有色金属

### 1. 纯铜

纯铜的颜色为红色，氧化后为紫色，俗称为红铜或紫铜，其中铜的质量分数达到 99.5% 以上。它有很好的导电性和塑性，主要用于制造线缆、电线、线圈。

### 2. 铜合金

在纯铜中加入某些合金元素（如锌、锡、锰、镍等），就形成了铜合金。铜合金具有较好的导电性、导热性和耐腐蚀性，同时具有较高强度和耐磨性。根据成分不同，铜合金分为黄铜、白铜和青铜等。

1）黄铜：是以锌为主要合金元素的铜合金，锌的质量分数大约在 30%，颜色呈黄色，故称为黄铜。它又分为普通黄铜和特殊黄铜两种。普通黄铜是铜锌二元合金。它塑性好，适用于制造板材、棒材、线材、管材，如冷凝管、散热管、电器元件等。在普通黄铜的基础上，加入铅、锰、锡等元素，就形成了特殊黄铜，它有更高的强度、抗蚀性和良好的铸造性能。在钟表零件、海船零件、化工机械零件中应用较多。

2）白铜：是以镍为主要合金元素的铜合金，镍的质量分数大约在 25% 左右，颜色呈银白色，故称为白铜。它的镍质量分数越高，颜色越白。它具有高强度、高硬度。

3）青铜：是以锡为主要合金元素的铜合金，锡的质量分数大约在 8% 左右，颜色呈青色，故称为青铜。现在工业上除了黄铜、白铜之外的其他铜合金，也称青铜。我国古代大量使用的青铜器，材料就是青铜。

### 3. 铝合金

纯铝比较软，具有非常好的延展性，可以制作成铝箔，用于包装饮品、香烟等。在纯铝中加入铁、铜、锰等合金元素就形成了铝合金。铝合金密度低、强度高且具有良好的加工性能，广泛应用于飞机、火箭、航天飞机等航空航天产业中，也可以用于家装、建筑等场合。

## 四、常见非金属材料

非金属材料是指除金属以外的其他一切材料，非金属材料具有优良的耐腐蚀性能，原料来源丰富，品种多样，适合于因地制宜，就地取材，是一种有着广阔发展前景的工程材料。非金属材料分为无机非金属材料、有机非金属材料及复合材料。无机非金属材料主要有陶瓷、搪瓷、石材、玻璃等，有机非金属材料主要有橡胶、塑料、涂料等，复合材料主要有玻璃钢、碳纤维材料等。下面主要介绍塑料、橡胶、陶瓷和复合材料。

### 1. 塑料

塑料（图 1–2–3）是指以合成树脂高分子化合物（有时用单体直接在加工过程中聚合）作为主要成分，加入某些添加剂后，且在一定温度、压力下注塑成型的材料或制品的总称。它具有质量轻、摩擦系数小、耐磨、吸振、耐蚀、绝缘、可以着色、易加工成形等优点，因此被广泛应用。常用塑料的性能特点和用途如表 1–2–1 所示。

图 1–2–3　塑料制品

表 1–2–1　常用塑料的性能特点和用途

| 塑料名称 | 代号 | 性能特点 | 用途 |
|---|---|---|---|
| 环氧塑料 | EP | EP 为热固性塑料，强度高，韧性好，化学稳定性好，绝缘性、耐热性、耐寒性好 | EP 常用于制造塑料模具、精密量具、电气和电子元件等 |

（续）

| 塑料名称 | 代号 | 性能特点 | 用途 |
|---|---|---|---|
| 酚醛塑料 | PF | PF 为热固性塑料，强度、刚度大，变形小，耐热性、耐蚀性好，电性能好 | PF 常用于制造电气绝缘件、齿轮、轴承、耐酸泵、制动片、滑轮、仪表外壳等 |
| 聚四氟乙烯 | F-4 | F-4 为热塑性塑料，化学稳定性极好，又称为“塑料王”，加工成形性差，流动性差，只能采用粉末模压 | F-4 常用于制造化工管道、泵、内衬、电气设备隔离防护屏、腐蚀介质过滤器等 |
| 聚碳酸酯 | PC | PC 为热塑性塑料，抗拉、抗弯、冲击韧性高，有良好的耐热、耐寒性，耐疲劳性不及 PA 和 POM | PC 常用于制造齿轮、齿条、蜗轮、蜗杆、防弹玻璃、电容器等 |
| 聚甲醛 | POM | POM 为热塑性塑料，具有高密度和高结晶性，性能优于 PA | POM 常用于制造轴承、齿轮、凸轮及仪表外壳、表盘等 |
| 聚酰胺 | PA | PA 俗称尼龙，为热塑性塑料，力学性能好 | PA 常用于制造轴承、齿轮、凸轮、导板、轮胎帘布等 |
| ABS 塑料 | ABS | ABS 为热塑性塑料，具有良好的综合力学性能，冲击强度和低温强度高，表面硬度和耐磨性好 | ABS 常用于制造减摩耐磨件及传动件，齿轮、叶轮、机械设备外壳，化工设备的容器、管道等 |
| 聚苯乙烯 | PS | PS 为热塑性塑料，耐蚀性、高频绝缘性好，耐冲击及耐热性差，易燃、易脆、无色、透明 | PS 常用于制造高频绝缘件、耐蚀件及日用装饰品、食品盒；泡沫 PS 可用于制造隔音材料、包装材料等 |
| 聚丙烯 | PP | PP 为热塑性塑料，力学性能优于 PE，且具有良好的耐热性 | PP 常用于制造医疗器械、一般机械零件、高频绝缘件 |
| 聚氯乙烯 | PVC | PVC 为热塑性塑料，力学性能好，且具有良好的耐蚀性 | PVC 常用于制造耐蚀构件、一般绝缘薄膜等 |
| 聚乙烯 | PE | PE 为热塑性塑料。低压 PE 具有良好的耐磨性、耐蚀性、绝缘性，且无毒 | PE 常用于制造一般机械构件、化工管道、电缆电线包皮、茶杯、奶瓶、食品袋等 |

例如，汽车的保险杠、散热器护栅、仪表盘、燃油箱等都用到了塑料件。

## 2. 橡胶

橡胶（图 1-2-4）属于高分子材料，在很宽的温度范围（-40~+80℃）内都具

图 1-2-4 橡胶与轮胎

有高弹性。橡胶制品是在生胶中加入多种配合剂，经硫化处理得到的产品，具有广泛的应用，可用于制造轮胎、输送带、减振制品、胶管、胶鞋等。它主要有以下三个性能特点。

1）高弹性。橡胶受外力作用而发生的变形属于可逆弹性变形，当外力去除后，只需要千分之一秒便可恢复原状。

2）耐磨性。耐磨性是指橡胶抵抗磨损的能力高。

3）老化。橡胶的老化指的是随着时间的增加，橡胶出现变色、变硬、变脆和龟裂等现象。为防止橡胶老化，延长橡胶制品的寿命，应避免它与酸、油等接触，尽量减少日晒雨淋。

### 3. 陶瓷

陶瓷（图 1-2-5）材料是人类使用的最古老的材料之一，早在 20000 年前，在原始社会，人类就开始使用黏土制作简单的陶器。在工业史上，人类也比较早地将陶瓷运用到工业当中。时至今日，陶瓷已经成为工业中不可缺少的非金属材料，在机械中更为常见，现在通常把陶瓷分成普通陶瓷和特种陶瓷两类。

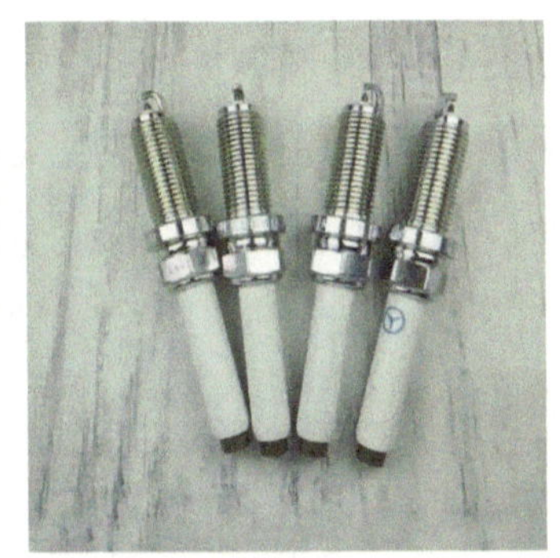

**图 1-2-5 陶瓷花瓶与陶瓷火花塞**

普通陶瓷就是用黏土和石英等材料，通过传统方式制作的陶瓷，有一定的绝缘性和耐热性且硬度高，但是相对来说脆性大。一般用于制造餐具、茶具、器皿等。

特种陶瓷是现代陶瓷的结晶，是具有特殊力学、物理、化学性能的陶瓷。它的出现，是因为随着工业的发展，普通陶瓷无法满足现代工业和尖端科学的应用，所以发展出高性能的陶瓷材料，用来满足现代工业的使用要求，故又可以称为精细陶瓷。一般来说，特种陶瓷强度高、耐高温，并且具有一种或多种功能，如电、磁、光、热、声及化学、生物等方面的功效。自 20 世纪以来，陶

瓷材料都在推动着现代科学技术的发展。例如，陶瓷手机背板、陶瓷假牙、陶瓷气缸套、陶瓷活塞等。

### 4. 复合材料

复合材料（图 1–2–6）是指由两种或两种以上不同物质，以不同方式组合而成的材料，它可以发挥各种材料的优点，克服单一材料的缺陷，扩大材料的应用范围。由于复合材料具有重量轻、强度高、加工成形方便、弹性优良、耐化学腐蚀和耐候性好等特点，已逐步取代木材及金属合金，广泛应用于航空航天、汽车、电子电气、建筑、健身器材等领域，在近几年更是得到了飞速发展。

图 1–2–6　复合材料的应用

复合材料的主要应用领域有：

航空航天领域。用于制造飞机机翼和前机身、卫星天线及其支撑结构、太阳能电池翼和外壳、大型运载火箭的壳体、发动机壳体、航天飞机结构件等。我国的神舟飞船的返回舱，使用了自行研制的蜂窝增强的低密度树脂基复合材料，获得了很好的防热效果。

汽车工业。由于复合材料具有特殊的振动阻尼性能，可减振和降低噪声，抗疲劳性能好，损伤后易修理，便于整体成形，故可用于制造汽车车身、受力构件、传动轴、发动机架及其内部构件。

化工、纺织和机械制造领域。有良好耐蚀性的碳纤维与树脂基体复合而成的材料，可用于制造化工设备、纺织机、造纸机、复印机、高速机床、精密仪器等。

医学领域。碳纤维复合材料具有优异的力学性能和不吸收 X 射线的特性，可用于制造医用 X 光机和矫形支架等。碳纤维复合材料还具有生物组织相容性和血液相容性，生物环境下稳定性好，也适合用作生物医学材料。此外，复合材料还可用于制造体育运动器件和用作建筑材料等。

# 模块二 零件的公差与配合

## 模块导读

互换性是指事物之间可以相互替代的性能。在机械制造业中，互换性是指在同一规格的一批零部件中任取一件，不经任何选择、修配或调整，就能装在机器或仪器上，并满足原定使用功能要求的特性，这样的零部件称为具有互换性的零部件。汽车零件就是按互换性原则生产的。当它们损坏时，只要换上新的零件就能继续使用，恢复原有的功能。

为了实现互换性，理想情况是同规格零件的几何参数完全一致，但这在生产实际中，由于种种原因是不可能达到的。实际上，只要零件的几何参数在规定的允许范围（即公差）内变动，就能实现互换。

测量是互换性生产过程中的重要组成部分，在测量过程中，应保证计量单位的统一和量值准确。

通过本模块的学习，了解公差与配合的基本概念；了解常用量具的使用，能够在测量过程中将误差控制在允许的范围内，保证测量结果的精度。

## 单元一 公差与配合

### 学习目标

1. 能叙述互换性的概念与作用。
2. 能解释尺寸、偏差、公差及配合基本术语及定义。
3. 能绘制尺寸公差带图和配合公差带图。
4. 能正确识读零件图的公差配合标注。
5. 能计算公差配合的相关参数。
6. 能归纳总结汽车典型零件的公差与配合要求及其特点。

## 内容概要

在汽车机械中常见轴与孔的配合，如汽车变速器中轴与轴承的配合、轴承外圈与轴承座的配合、发动机曲轴的轴颈与轴承的配合等。“公差”主要反映机器零件使用要求与制造工艺之间的矛盾；“配合”则反映组成机器零件之间的关系。公差与配合在整个维修作业中，它的科学性、必要性无处不在。学习并正确地应用它，将给维修技术工作带来好处与实效。

## 知识准备

### 一、互换性

**引导问题：自行车某个零件损坏后，买一个相同规格的零件，装好后就能照常使用，这种技术原则称为什么？有什么好处呢？**

#### 1. 互换性概念

在日常生活中，如机床、汽车、自行车、电视机等的某个零件损坏后，买一个相同规格的零件，装好后就能正常使用。零件或产品的互换性是指零部件在装配时，同一规格的产品能够不需选择、不经调整、不用修配，就能保证产品使用性能的特性。例如，在实际生产中，装配工人任意从相同规格的一批零件中选出一个装到机器上，装配后的机器就能正常使用。产品的互换性是实现现代工业产品生产的基本要求。

#### 2. 互换性分类

在机械中，互换性可分为广义互换性和狭义互换性。广义互换性是指机器的零件在各种性能方面都达到了使用要求，如性能参数中的精度、强度、刚度、硬度、使用寿命、耐腐蚀性、热变性、导电性等，都能满足机器的功能要求。狭义互换性仅指机器的零部件能满足几何参数方面的要求，如尺寸、形状、位置和表面粗糙度的要求。

互换性按互换程度可分为完全互换和不完全互换。完全互换是指对同一规格的零件，不加挑选就能满足使用要求的互换性，多用于大量成批生产的标准零件，如齿轮、滚动轴承、普通紧固螺纹制品。

不完全互换是指装配时需要进行挑选或者调整才能满足使用要求，多用于生产批量小和装配精度要求高的情况。

### 3. 互换性的作用

互换性给产品的设计、制造和使用维修带来了很大的方便。设计方面，由于大量零部件都已标准化、通用化，只要根据需要选用即可，从而大大简化设计过程，缩短设计周期，同样有利于产品多样化和计算机辅助设计。制造方面，互换性有利于组织大规模专业化协作生产，专业化生产有利于采用高科技和高生产率的先进工艺和装备，实现生产过程机械化、自动化，从而提高生产率、提高产品质量、降低生产成本。使用维修方面，零部件具有互换性，可以及时更换损坏的零部件，减少机器的维修时间和费用，延长机器使用寿命，提高使用价值。

互换性使大生产的实现依赖于零件制造的各种技术标准。由此可见，标准化是实现互换性的前提和条件。

## 二、误差与公差

**引导问题：何谓公差及误差？二者的区别和联系是什么？如果没有公差标准，也能按互换性原则进行生产吗？**

### 1. 加工误差

零件加工时，任何一种加工方法都不可能把工件做得绝对准确，一批零件的尺寸大小各有不同程度的差异。由于工艺误差和其他因素的影响，即使在相同的条件下，也存在尺寸、形状和位置等方面的差异。加工误差是指实际几何参数对其设计理想值的偏离程度，通常称一批零件的尺寸变动为尺寸误差。制造技术水平的提高可以减少尺寸误差，但是不能消除尺寸误差。

加工误差可分为：尺寸误差、形状误差、位置误差、方向误差、跳动误差。

### 2. 公差

生产实际中不可避免会产生加工误差，为了达到预定的互换性要求，就要把零部件的几何参数控制在一定的变动范围内。这个零件几何参数的允许变动范围就称为“公差”。公差是用以限制加工误差，由设计人员根据产品使用性能要求给定的，它反映了工件的制造精度要求。因为误差不可能被消除，所以公差值不能为零。

目前，制造业已能加工出精度极高的产品，但加工误差依然存在，为了实

现互换性生产，就必须对零件的几何参数提出公差要求，只有在公差要求内的合格零件才能实现互换性。将零件几何参数的允许变动量按不同的精度等级制定出公差值标准，即公差标准。

## 三、极限与配合

**引导问题：配合反映的是组成机器的零件间的关系，那么组成机器的零件间的关系都有哪些呢？如何表示零件间的关系呢？**

### 1. 孔和轴

在极限与配合的标准中，孔和轴这两个术语有其特定含义，它关系到公差标准的应用范围。

孔主要是指圆柱形内表面，也包括其他内表面中由单一尺寸确定的部分。孔的直径尺寸用 $D$ 表示。如图 2-1-1 所示，$D_1$、$D_2$、$D_3$、$D_4$ 等单一尺寸确定的部分皆为孔。

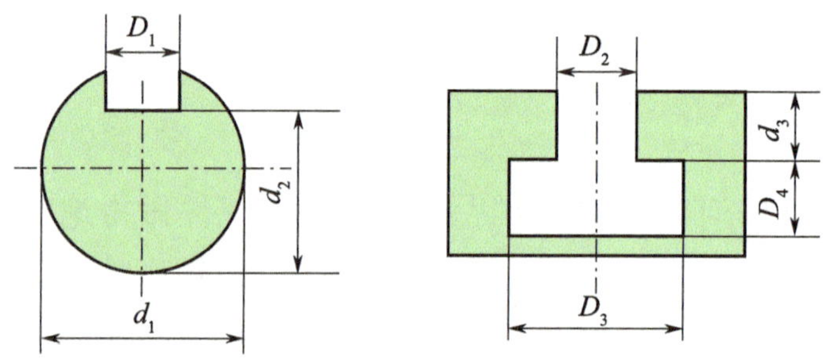


图 2-1-1　孔和轴

轴主要是指圆柱形外表面，也包括其他外表面中由单一尺寸确定的部分。轴的直径尺寸用 $d$ 表示。如图 2-1-1 所示，$d_1$、$d_2$、$d_3$ 等单一尺寸确定的部分皆为轴。

从装配关系上讲，孔是包容面，轴是被包容面。

### 2. 有关尺寸的术语及定义

1）尺寸：用特定单位表示长度值的数字。在机械制造中一般常用毫米（mm）作为特定单位。

2）公称尺寸（孔 $D$、轴 $d$）：由图样规范确定的理想形状要素的尺寸。它是根据零件的强度计算、结构和工艺上的需要设计给定的尺寸。

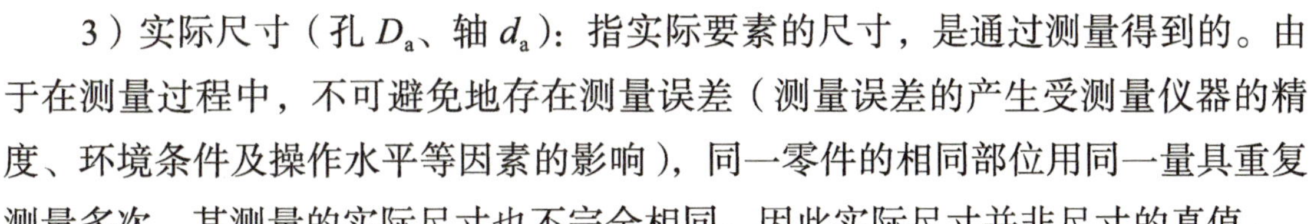

3）实际尺寸（孔 $D_a$、轴 $d_a$）：指实际要素的尺寸，是通过测量得到的。由于在测量过程中，不可避免地存在测量误差（测量误差的产生受测量仪器的精度、环境条件及操作水平等因素的影响），同一零件的相同部位用同一量具重复测量多次，其测量的实际尺寸也不完全相同。因此实际尺寸并非尺寸的真值。

4）极限尺寸：允许尺寸变化的两个界限值。极限尺寸是以公称尺寸为基数来确定的。

上极限尺寸（孔 $D_{max}$、轴 $d_{max}$）：允许实际尺寸变动的最大值；

下极限尺寸（孔 $D_{min}$、轴 $d_{min}$）：允许实际尺寸变动的最小值。

实际尺寸小于或等于上极限尺寸，且大于或等于下极限尺寸的零件为尺寸精度合格，表示如下：

孔合格条件：$D_{max} \geqslant D_a \geqslant D_{min}$；

轴合格条件：$d_{max} \geqslant d_a \geqslant d_{min}$。

### 3. 有关尺寸偏差与公差的术语及定义

1）尺寸偏差：简称偏差，是指某一尺寸（极限尺寸、实际尺寸等）减其公称尺寸所得的代数差，它包括极限偏差（上极限偏差、下极限偏差）和实际偏差。由于极限尺寸和实际尺寸可能大于、小于或等于公称尺寸，故尺寸偏差是一个带符号的值，可以是负值、零值或正值。

2）实际偏差：实际尺寸减去其公称尺寸所得的代数差。

3）极限偏差：极限尺寸减去其公称尺寸所得的代数差。

上极限偏差为上极限尺寸减其公称尺寸所得的代数差（孔用 $ES$ 表示，轴用 $es$ 表示）。

下极限偏差为下极限尺寸减其公称尺寸所得的代数差（孔用 $EI$ 表示，轴用 $ei$ 表示）。

4）公差：允许尺寸的变动量。

它等于上极限尺寸减下极限尺寸之差，或上极限偏差减下极限偏差之差。它是一个没有符号的绝对值。

$$孔的公差\ T_h = D_{max} - D_{min} = ES - EI；轴的公差\ T_s = d_{max} - d_{min} = es - ei$$

公差大小是确定了允许尺寸变动范围的大小。在同一尺寸段内的公称尺寸，若公差值大则允许尺寸变动的范围大，因而要求加工精度低；反之，若公差值

小则允许尺寸变动的范围小，因而要求加工精度高。

5）公称尺寸、尺寸偏差和尺寸公差三者的关系如图 2-1-2 所示。

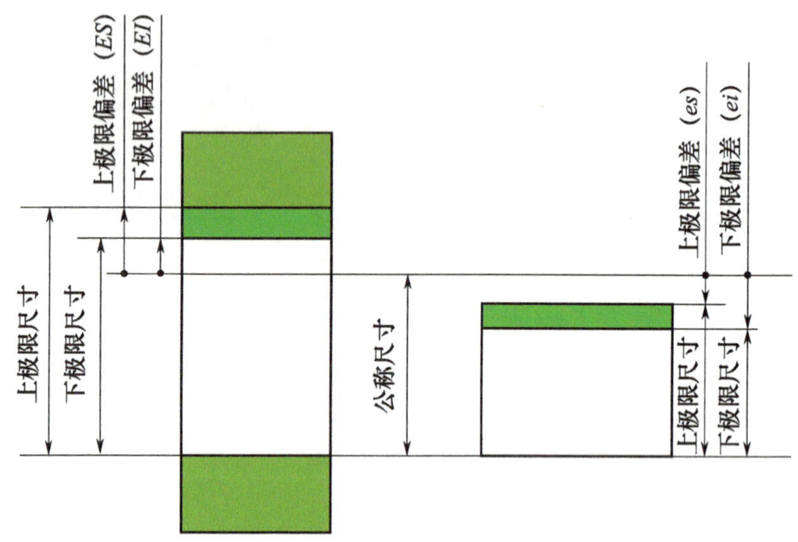


图 2-1-2　公称尺寸、尺寸偏差和尺寸公差三者的关系

### 4. 有关配合的术语及定义

1）配合：类型相同且待装配的外尺寸要素（轴）和内尺寸要素（孔）之间的尺寸关系。形成配合的前提条件是孔和轴的公称尺寸相同。

2）间隙与过盈。

间隙：孔、轴配合时，孔的尺寸减去相配合的轴的尺寸所得的代数差为正时，称为间隙，用 $X$ 表示。

过盈：孔、轴配合时，孔的尺寸减去相配合的轴的尺寸所得的代数差为负时，称为过盈，用 $Y$ 表示。

3）间隙配合、过盈配合、过渡配合。根据零件的工作要求，国家标准规定配合分为三种，即间隙配合、过盈配合和过渡配合，见表 2-1-1。

间隙配合：公称尺寸相同的孔和轴装配时，有间隙（包括最小间隙等于零）的配合。此时，孔的公差带在轴的公差带之上。

过盈配合：公称尺寸相同的孔和轴装配时，有过盈（包括最小过盈等于零）的配合。此时，孔的公差带在轴的公差带之下。

过渡配合：公称尺寸相同的孔和轴装配时，有可能出现间隙或过盈的配合。此时，孔的公差带与轴的公差带出现重叠部分。

**表 2-1-1 配合种类表**

| 配合种类 | 图例 | | 说明 |
|---|---|---|---|
| 间隙配合 | 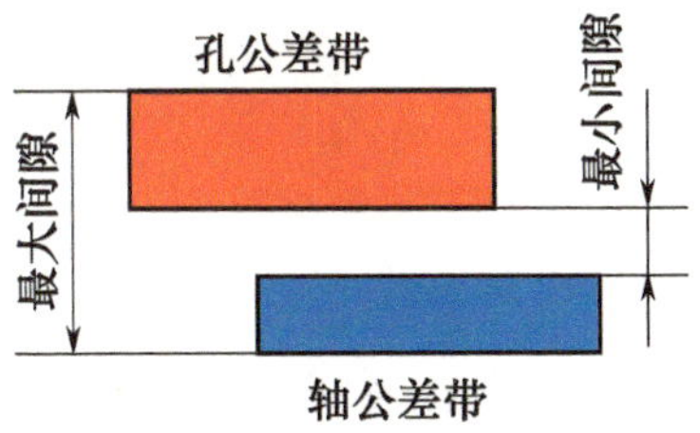 孔公差带<br>最小间隙<br>最大间隙<br>轴公差带 | 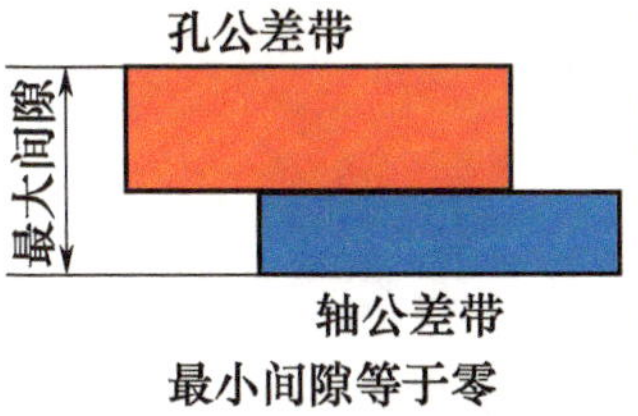 孔公差带<br>最大间隙<br>轴公差带<br>最小间隙等于零 | $X_{max}=D_{max}-d_{min}=ES-ei$<br>$X_{min}=D_{min}-d_{max}=EI-es$<br>$X_c=\frac{1}{2}(X_{max}+X_{min})$ |
| 过盈配合 | 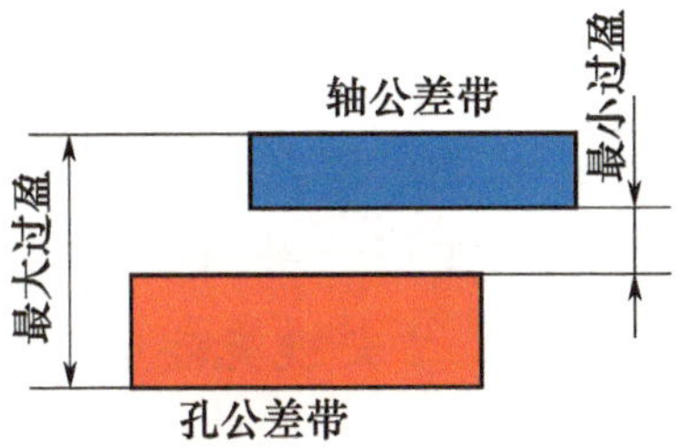 最小过盈<br>轴公差带<br>最大过盈<br>孔公差带 | 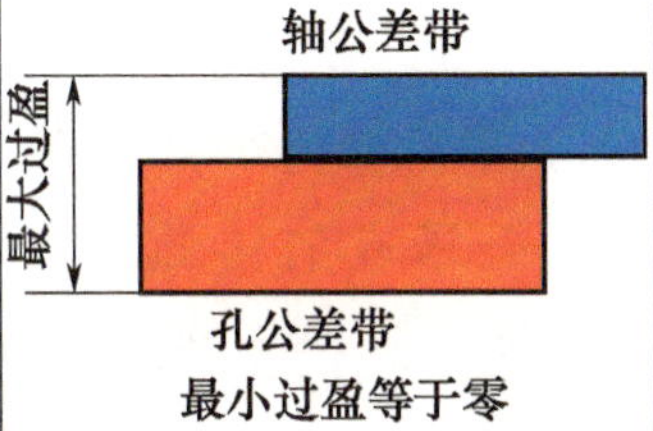 轴公差带<br>最大过盈<br>孔公差带<br>最小过盈等于零 | $Y_{min}=D_{max}-d_{min}=ES-ei$<br>$Y_{max}=D_{min}-d_{max}=EI-es$<br>$Y_c=\frac{1}{2}(Y_{max}+Y_{min})$ |
| 过渡配合 | 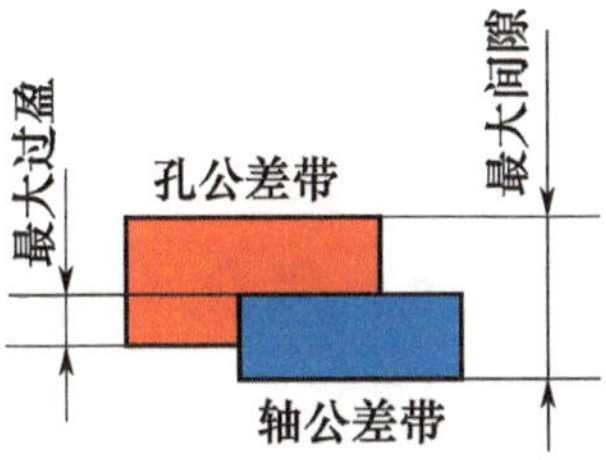 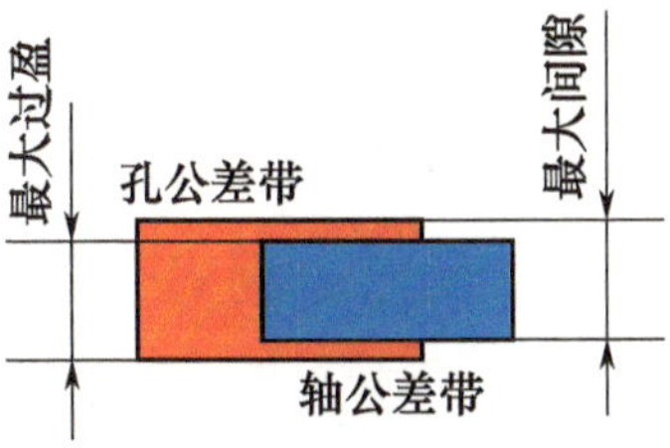 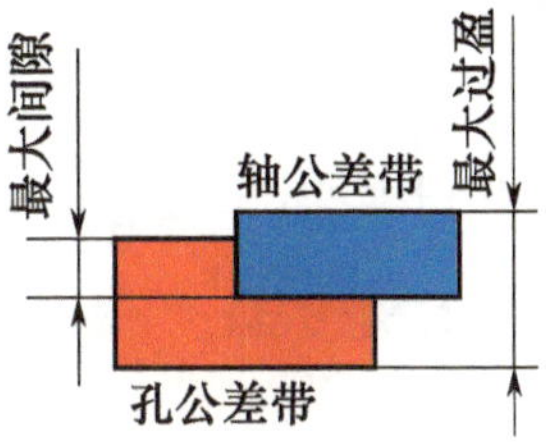 最大间隙<br>最大过盈<br>孔公差带<br>轴公差带<br><br>最大间隙<br>最大过盈<br>轴公差带<br>孔公差带 | 最大过盈<br>最大间隙<br>孔公差带<br>轴公差带 | $X_{max}=D_{max}-d_{min}=ES-ei$<br>$Y_{max}=D_{min}-d_{max}=EI-es$<br>$X_c(Y_c)=\frac{1}{2}(X_{max}+Y_{max})$ |

# 单元二 常见量具的使用

## 学习目标

1. 认识普通游标卡尺、外径千分尺、百分表的结构。
2. 能规范正确地使用普通游标卡尺、外径千分尺、百分表。

## 内容概要

在生活中，我们需要了解质量、体积、温度、长度、电流等这些数据信息，需要用到测量的工具。而跟我们接触最多的还是尺寸这一类数据信息，要正确、精确地得到尺寸数据信息，我们生活中常用的卷尺、直尺就无法达到精确度的要求。本单元将认识游标卡尺、外径千分尺、百分表的结构，学习它们的规范、正确使用。

**引导问题：想要测量一个房间的尺寸，可以用卷尺，想要测量一本书的长宽可以用直尺，那么如果我们想测量一页纸的厚度，用卷尺或者直尺能够测量吗?**

为了保证产品质量，机器中的每一个零件都必须根据图样上规定的尺寸要求来制造。为了度量零件尺寸的大小，判断零件是否满足互换性的要求，有时候仅仅依靠人的感觉器官或简单的直尺是很不够的，必须借助于有一定精度的测量工具来测量。正确地使用精密量具是保证产品质量、实现互换性的重要条件之一。

## 一、游标卡尺

游标卡尺是一种常用的量具，具有结构简单、使用方便、精度中等和测量的尺寸范围大等特点，可以用它来测量零件的外径、内径、长度、宽度、厚度、深度和孔距等，应用范围很广。游标卡尺有普通游标卡尺、带表游标卡尺、数显游标卡尺等，如图 2-2-1 所示。学会了普通游标卡尺的读数方法，其他游标类的量具比如高度游标卡尺、游标万能角度尺等也就自然掌握了。

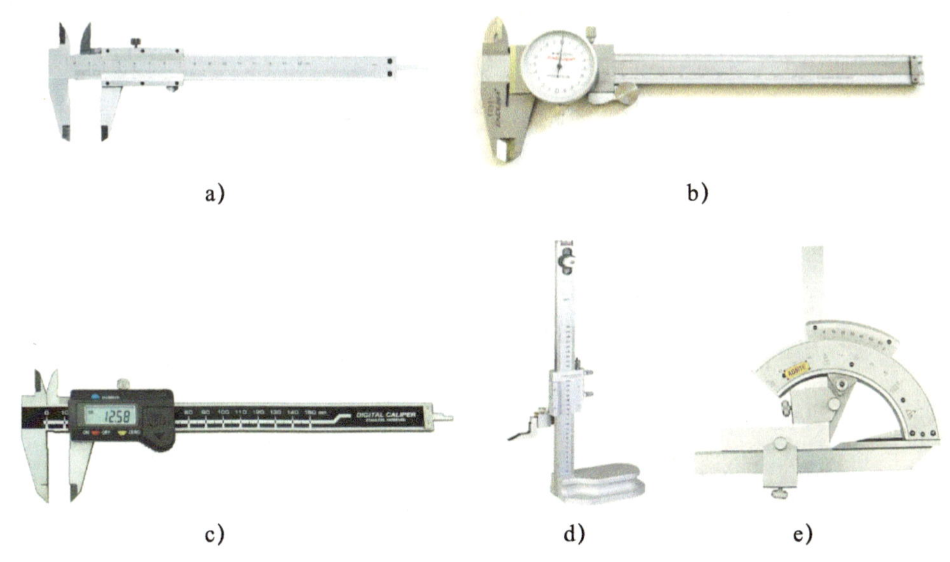

a)　　b)

c)　　d)　　e)

图 2-2-1　游标卡尺

a）普通游标卡尺　b）带表游标卡尺　c）数显游标卡尺　d）高度游标卡尺　e）游标万能角度尺

图 2-2-2 为游标卡尺的结构图。主尺和尺身是一整体，其中包括了内测量爪、外测量爪的左部分。内测量爪、外测量爪的右部分同游标尺、深度尺连成一体，可沿主尺移动，紧固螺钉可将游标尺固定在主尺的任一位置上。外测量爪用来测量零件的外部尺寸，内测量爪用来测量零件的内部尺寸，深度尺可随游标尺在主尺背面的导向凹槽内移动，将主尺尾部端面紧贴在零件的测量基准平面上就可测量零件的深度。

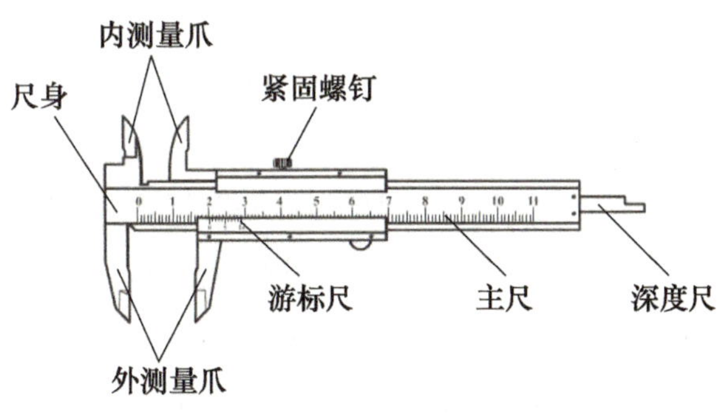


图 2-2-2　游标卡尺的结构图

游标卡尺的示值机构由主尺和游标尺两部分组成。主尺上的刻度间距为 1mm，游标刻度值有 0.1mm、0.05mm 和 0.02mm 三种，最常用的为 0.02mm 的游标卡尺。

游标卡尺是利用主尺刻度间距与游标尺刻度间距读数的。以图 2-2-3 所示

的，精度为 0.02mm 游标卡尺为例，主尺的刻度间距为 1mm，当外测量爪合并时，主尺上 49mm 刚好等于游标尺上 50 格，所以游标尺每格长为 49mm ÷ 50 = 0.98mm。主尺与游标尺的刻度间距相差为 1mm−0.98mm = 0.02mm，因此它的测量精度为 0.02mm（也叫分度值 0.02mm）。

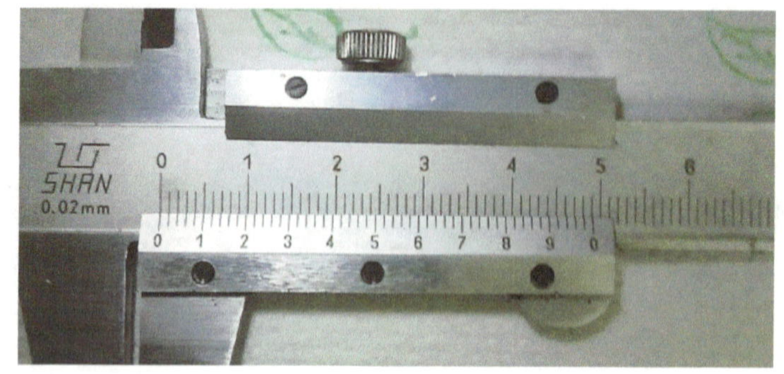


**图 2-2-3　精度为 0.02mm 游标卡尺**

游标卡尺读数分为三个步骤，如图 2-2-4 所示。

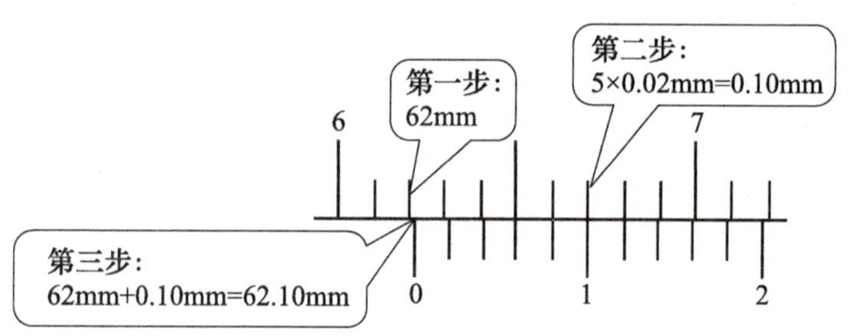


**图 2-2-4　游标卡尺读数**

第一步：在主尺上读出游标 0 线以左的刻度，就是测量结果的整数部分（62mm）。

第二步：找到游标尺上与主尺对齐的刻度线，数出对齐的刻度线与零线之间总格数，再乘以分度值 0.02mm，就是测量结果的小数部分（0.10mm）。

第三步：两个结果相加即为测量尺寸（62.10mm）。

刻度值为 0.1mm 和 0.05mm 的游标卡尺刻线原理及读数方法与 0.02mm 的游标卡尺完全相同。只是它们的主尺刻度间距与游标刻度间距的差值分别为 0.1mm 和 0.05mm，故测量精度比 0.02mm 的游标卡尺低。

使用游标卡尺测量零件尺寸时，需要注意下列几点。

1）使用前，应先把量爪和被测工件表面的灰尘和油污等擦干净，检查游标卡尺零位，使游标卡尺两量爪紧密贴合，用眼睛观察应无明显的光隙。

2）测量时，要掌握好量爪面同工件表面接触时的压力，既不能太大，也不能太小，应刚好使测量面与工件接触。游标卡尺读数时，应把游标卡尺水平地朝亮光的方向，使视线尽可能地和尺上所读的刻线垂直，以免由于视线的歪斜而引起读数误差。

3）使用后，应当注意使游标卡尺平放，尤其是大尺寸的游标卡尺，否则会使主尺弯曲变形。游标卡尺应放置在专用盒内，防止生锈或弄脏。

## 二、千分尺

千分尺（俗称螺旋测微计）是比游标卡尺更为精确的测量工具，其测量的最小刻度值为 0.01mm。千分尺有外径千分尺、内径千分尺、深度千分尺、螺纹千分尺和公法线千分尺等几种，分别测量或检验零件的外径、内径、深度（厚度）及螺纹的中径和齿轮的公法线长度等，如图 2-2-5 所示。千分尺按其测量范围有 0~25mm、25~50mm、50~75mm、75~100mm、100~125mm 等多种规格。

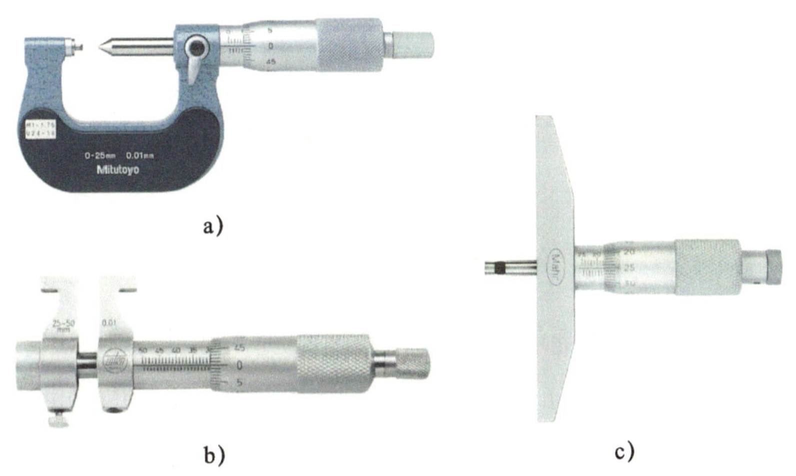


图 2-2-5 千分尺

a）外径千分尺 b）内径千分尺 c）深度千分尺

各种千分尺的结构大同小异，常用外径千分尺测量或检验零件的外径。外径千分尺由尺架、测砧、测微螺杆、锁紧螺钉、微分筒、固定套筒、测力旋钮、隔热板等组成，如图 2-2-6 所示。

该外径千分尺的核心部分主要由测微螺杆和测砧组成，是利用螺旋传动原理而设计的。测微螺杆的后端连着微分筒，微分筒周围上刻有 50 分格，测微螺杆可随微分筒的转动而进退，当微分筒转动 1 圈的时候，测微螺

杆可前进或后退 0.5mm，当微分筒转动 1 格的时候，测微螺杆可前进或后退 0.5mm/50=0.01mm，如转动不满 1 格，则再估读一位，可读到 0.001mm 的精确值，这正是称螺旋测微计为千分尺的缘故。

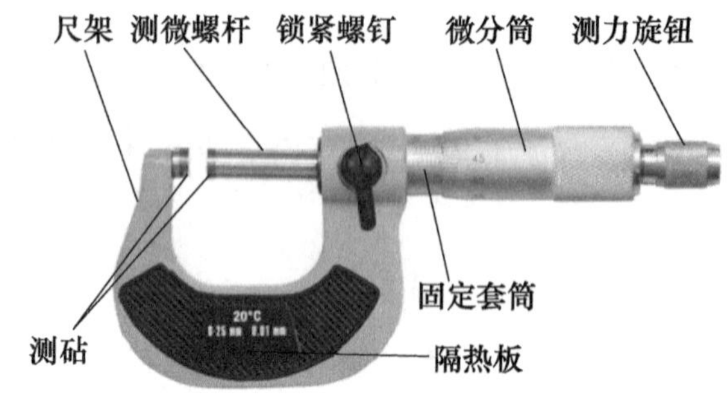


图 2-2-6　外径千分尺结构示意图

千分尺读数分为三个步骤，以图 2-2-7 为例。

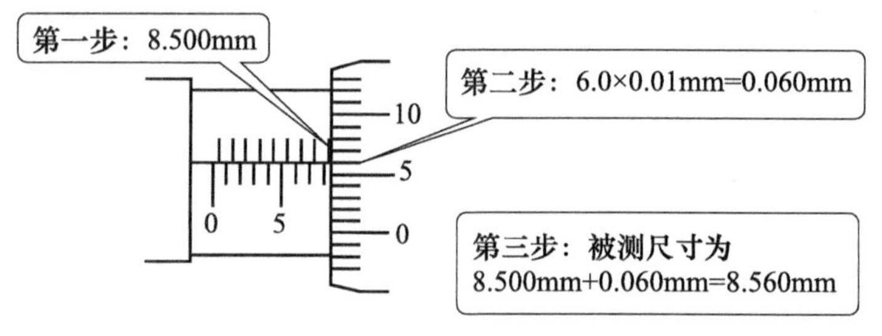


图 2-2-7　千分尺读数

第一步：读出固定套筒上的刻线所显示的最大数值。

第二步：如图 2-2-7 所示，在微分筒上找到与固定套筒中线对齐的刻线，数出对齐的刻线与零线之间总格数再乘以分度值 0.01mm，得微分筒读数为 6.0 × 0.01mm=0.060mm。

第三步：两个结果相加即为测量尺寸（任何时候读数都是读到小数点后三位数，如图 2-2-7 给出的最终读数为 8.560mm）。

近年来，市场上普遍销售数字显示外径千分尺（图 2-2-8），用数字表示示值，使用更为方便。

千分尺的使用注意事项如下。

1）测量前必须将千分尺测砧面擦拭干净，校准零线。

2）千分尺是一种精密量具，使用时应轻拿轻放，当转动旋钮使测微螺杆靠近待测物时，一定要改用测力旋钮。

中等职业教育汽车专业理实一体化系列教材

ZHONGDENG ZHIYE JIAOYU QICHE ZHUANYE LISHIYITIHUA XILIE JIAOCAI

# 汽车机械基础

## 习题册

蒋灯财 康国兵 秦国锋○主编

班级：

姓名：

# 目　录

# 模块一　认识机械

## 一、填空题

1. 汽车发动机是汽车的______部分，作用是___________。
2. 行驶系统是汽车的______部分，作用是___________。
3. 传动轴是汽车的______部分，作用是___________。
4. 转向系统是汽车的______部分，作用是___________。
5. 转速显示仪表盘、冷却液温度仪表盘是汽车的______________部分，作用是___________。
6. 一台完整的机器是由______、______、______、______、______五部分组成。
7. 计算机是用来实现变换______的机器。
8. 零件是机器的______。
9. 金属分为______ 、______两大类。
10. 黑色金属俗称______。
11. 常用的有色金属有______、______、______等。
12. 常用的非金属材料有______、______、______等。

## 二、选择题

1. 用来减轻人的劳动，完成做功或者转换能量的装置是（　　）。
   A. 机器　　B. 机构　　C. 构件　　D. 零件
2. 下列装置中，属于机器的是（　　）。
   A. 汽车发动机　　B. 台虎钳
   C. 自行车　　D. 扳手
3. 通常用（　　）一词作为机器与机构的总称。
   A. 机构　　B. 机器　　C. 机械
4. 电动机属于机器的（　　）部分。
   A. 执行　　B. 传动　　C. 动力
5. 机器和机构的本质区别在于（　　）。
   A. 是否做功或实现能量转换
   B. 是否由许多构件组合而成
   C. 各构件间是否产生相对运动

6. 下列机械中，属于机构的是（　　）。

A. 纺织机　　B. 拖拉机　　C. 千斤顶　　D. 发电机

7. GCr15 钢中 Cr 的质量分数为（　　）。

A. 15%　　B. 1.5%　　C. 0.15%　　D. 0.015%

8. 青铜是铜与（　　）元素的合金。

A. Zn　　B. Ni　　C. Al　　D. Zn、Ni 以外

9. 以下哪个不属于橡胶的特点（　　）。

A. 高弹性　　B. 耐磨性　　C. 老化　　D. 硬度好

10. 奶瓶一般采用（　　）塑料制造。

A. EP　　B. PF　　C. PC　　D. PE

**三、判断题**

1. 凡是机器都是由机构组成的。（　　）
2. 机构可以用于做功或转换能量。（　　）
3. 构件都是由若干个零件组成。（　　）
4. 构件是运动的单元，而零件则是制造的单元。（　　）
5. 机构就是具有相对运动构件的组合。（　　）
6. 如果不考虑做功或实现能量转换，只从结构和运动的观点来看，机构和机器之间是没有区别的。（　　）
7. 纯铝具有较高的强度，常用于用作工程结构材料。（　　）
8. 凡是存在合金元素的钢就是合金钢。（　　）
9. PE 一般用于制造齿轮。（　　）
10. 黄铜和青铜的主要区别是含铜量的不同。（　　）

**四、简答题**

1. 简述机器、机构、构件、零件之间的关系。

2. 简述家用小汽车中用到了哪些材料，以及这些材料用于哪些方面。

3. 简述黄铜、青铜的区别以及取名的由来。

# 模块二　零件的公差与配合

## 一、填空题

1. 对照游标卡尺，如图 1 所示，填写游标卡尺各组成部分的名称分别为 1— ______、2— ______、3— ______、4— ______、5— ______、6— ______。当需要测量外径时，使用游标卡尺的______进行测量，需要测量内径时，使用游标卡尺的______进行测量。

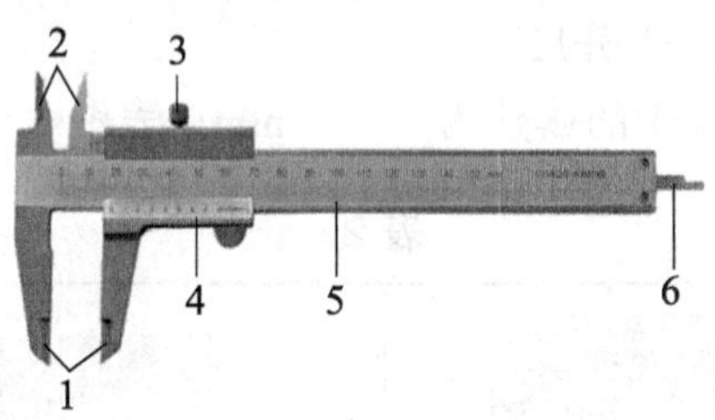


图 1　游标卡尺

2. 如表 1 所示，表图 a 所示的游标卡尺的游标上有______个小格，长度为______mm，主尺 1 格间距与游标 1 格间距相差______mm。表图 b 游标卡尺的读数为______mm。

表 1　游标卡尺的读数

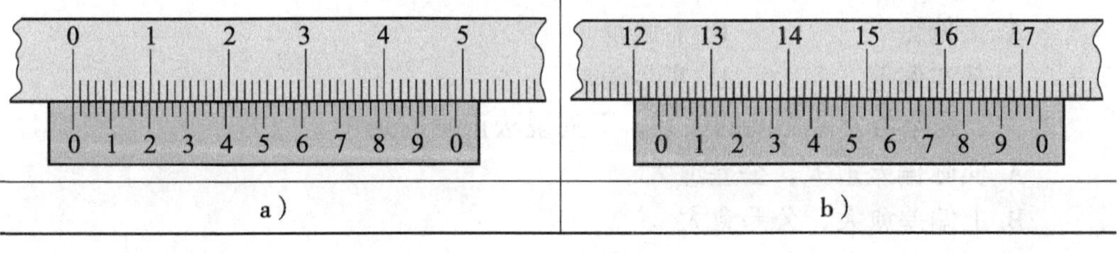


a）　　b）

3. 千分尺结构认知，如图 2 所示，对照外径千分尺，填写千分尺各组成部分的名称分别为 1—______、2—______、3—______、4—______、5—______、6—______、7—______、8—______。

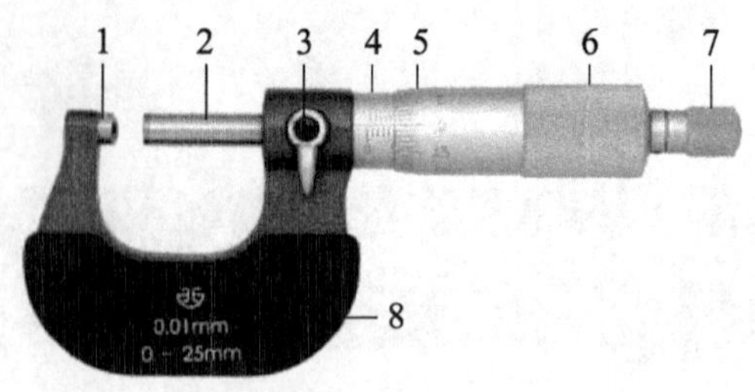


图 2　外径千分尺

4. 千分尺结构原理如图 2 所示。千分尺是依据______的原理制成的，即螺杆在螺母中旋转一周，螺杆便沿着旋转轴线方向前进或后退______的距离。因此，沿轴线方向移动的微小距离，就能用圆周上的读数表示出来。

千分尺的精密螺纹的螺距是______mm，可动刻度有______个等分刻度，可动刻度旋转一周，测微螺杆可前进或后退______mm，因此旋转每个小分度，相当于测微螺杆前进或后退______。可见，可动刻度每一小分度表示______，所以千分尺可准确到______。由于还能再估读一位，可读到毫米的千分位，故称为千分尺。

5. 如表 2 所示，表图 a 中的读数为______mm；表图 b 中的读数为______mm。

表 2

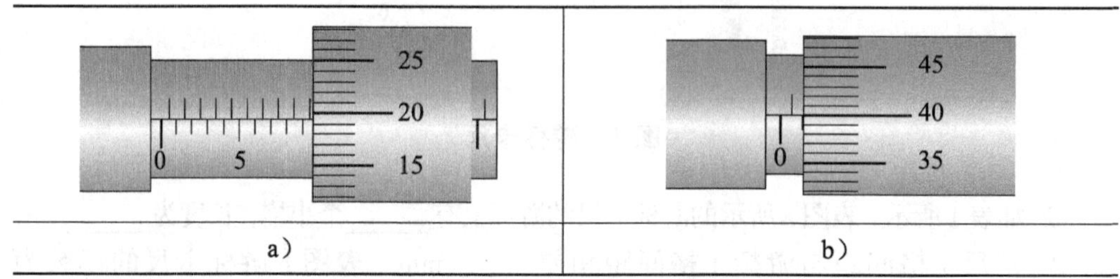


| a) | b) |
|---|---|

## 二、选择题

1. 最小极限尺寸减其基本尺寸所得的代数差为（　　）。
   A. 上偏差　　B. 下偏差
   C. 基本偏差　　D. 实际偏差
2. 关于偏差与公差之间的关系，下列说法正确的是（　　）。
   A. 实际偏差愈大，公差愈大
   B. 上偏差愈大，公差愈大
   C. 下偏差愈大，公差愈大
   D. 上下偏差之差的绝对值愈大，公差愈大
3. 当孔的最小极限尺寸与轴的最大极限尺寸之代数差为负值时，此代数差称为（　　）。
   A. 最大间隙　　B. 最小间隙

C. 最大过盈　　D. 最小过盈

4. 当孔的上偏差小于相配合的轴的下偏差时，此配合的性质是（　　）。

A. 间隙配合　　B. 过渡配合

C. 过盈配合　　D. 无法确定

## 三、实操题

1. 根据所学知识，利用千分尺测量计算出课本一页纸的厚度（写出测量需要的量具，记录好测量数据，计算出纸的厚度）。

2. 利用游标卡尺、千分尺，分别测量老师指定的物品，并填写数据，说明数据的不同之处。

3. 简述互换性的意义。

# 模块三　汽车常用机构

## 一、填空题

1. 铰链四杆机构由______、______、______、______组成。
2. 常见铰链四杆机构有______、______、______三种类型。
3. 家用缝纫机踏板机构是______机构，它以______为主动件。
4. 凸轮机构主要由______、______、______组成。
5. 在凸轮机构中，通过改变凸轮的______，可使从动件实现设计的轨迹运动。
6. 从动件与凸轮轮廓的接触形式有______、______、______。
7. 折叠椅是利用______进行工作的。
8. 凸轮机构中，凸轮轮廓与从动件之前必须始终______，否则，凸轮机构就不能正常工作。

## 二、选择题

1. 铰链四杆机构的连接副是（　　）。
   A. 转动副　　B. 移动副　　C. 螺旋副　　D. 高副
2. 在双曲柄机构中的最短杆应该是（　　）。
   A. 机架　　B. 连架杆　　C. 连杆　　D. 曲柄
3. 在曲柄摇杆机构中，当曲柄为原动件、摇杆为从动件时，该机构可以实现（　　）的变换。
   A. 连续转动变为往复移动　　B. 往复移动变为连续转动
   C. 连续转动变为往复摆动　　D. 往复摆动变为连续转动
4. 铰链四杆机构中与机架相连，并能实现 360° 旋转的构件是（　　）。
   A. 曲柄　　B. 连杆　　C. 摇杆　　D. 机架
5. 在铰链四杆机构中，与机架相对的构件称为（　　）。
   A. 连架杆　　B. 连杆　　C. 曲柄　　D. 摇杆
6. 在凸轮机构中，主动件通常做（　　）。
   A. 等速转动或移动
   B. 变速转动
   C. 变速移动

7. 内燃机的配气机构采用了（　　）。
   A. 凸轮机构
   B. 齿轮传动
   C. 铰链四杆机构

**三、判断题**

1. 高副能传递较复杂的运动。（　　）
2. 门与门框之间的连接属于低副。（　　）
3. 铰链四杆机构是构件全部以转动副连接而成的机构。（　　）
4. 凸轮机构只用于将凸轮的旋转运动转变为从动件的往复直线运动。（　　）
5. 从动件的运动规律，就是凸轮机构的工作目的。（　　）
6. 盘形凸轮的行程与基圆半径成正比，基圆半径越大，从动件的行程也越大。（　　）
7. 适合尖顶从动件运动规律的凸轮可以直接应用于滚子从动件，而不改变从动件运动规律。（　　）

**四、简答题**

1. 简述铰链四杆机构中曲柄存在的条件。

2. 简述凸轮结构的分类。

**五、实操题**

利用硬纸壳、剪刀，制造简易的平面四杆机构。

# 模块四　汽车常用连接

## 一、填空题

1. 螺纹的种类很多，其基本要素包括______、______、______、______、______等五大要素。
2. 螺纹的牙型主要有______、______、______、______和______等五种牙型。
3. 螺纹的直径有______、______、______。其公称直径是______，是指与外螺纹______ 、内螺纹______相重合的假想圆柱的直径。请填写下表。

| | 牙型 | 螺距 | 公称直径 | 线数 | 导程 | 粗牙 / 细牙 |
|---|---|---|---|---|---|---|
| M10 × 1.5 | | | | | | |
| M12 × 1.5 | | | | | | |
| M14 × 2.0 | | | | | | |

4. 请扫码观看并完成以下练习。

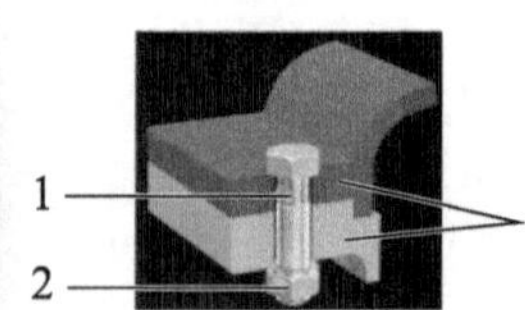

该螺纹连接的名称是______，连接件 1 是______，2 是______，图中 3 是否具有内螺纹______（填“是”或者“否”）。该螺纹连接件自锁性好，被连接件的厚度通常______。

5. 请扫码观看并完成以下练习。

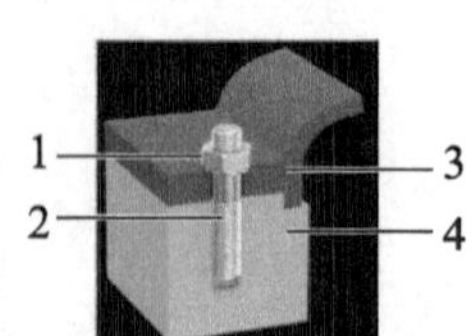

该螺纹连接的名称是______，连接件 1 是______，2 是______，图中 3 是否具有内螺纹______（填“是”或者“否”），4 是否具有内螺纹______（填“是”

或者“否”），该类型的螺纹连接件通常用于______（填“需要”或“不需要”）经常拆卸的连接，被连接件 3 的厚度通常比较______，而被连接件 4 的厚度通常比较______。

6. 常用螺纹连接件认知，写出各螺纹连接件名称。

| 1 | 2 | 3 | 4 | 5 | 6 |
|---|---|---|---|---|---|
| | | | | | |
| | | | | | |

上表中，通常______和______配合使用；______和______配合使用可以实现防松，这两种方法都属于______防松；另外______和______配合使用也可以实现防松，这种方法属于______防松；除此之外，螺纹连接的防松方法还有______防松，如______、______、______等。

7. 扫码观看视频，完成以下练习。

（1）视频中的键连接类型为______连接，用于轴毂之间______（有 / 无）相对轴向移动的______（静 / 动）连接。

（2）按键的端部形状键可分为______、______和单圆头（C 型）三种形式。C 型键应用较少，一般用在______的连接，其他两种一般用于______。

8. 花键可视为由多个______组成，花键连接的工作面是______。花键属于______（可拆卸 / 不可拆卸）连接，由轴上的______和孔上的______配合使用。

## 二、选择题

1. 有关普通螺纹牙型角和公称直径说法正确的是（　　）。

A. 牙型角 60°，以大径为公称直径

B. 牙型角 60°，以小径为公称直径

C. 牙型角 55°，以大径为公称直径

D. 牙型角 55°，以小径为公称直径

2. 为连接承受横向工作载荷的两块薄钢板，一般采用（　　）。

A. 螺栓连接　　　　B. 双头螺柱连接

C. 螺钉连接　　　　D. 紧定螺钉连接

3. 当两个被连接件之一太厚，不宜制成通孔，且需要经常拆装时，往往采用（　　）。

A. 螺栓连接　　B. 螺钉连接

C. 双头螺柱连接　　D. 紧定螺钉连接

4. 常见的连接螺纹是（　　）。

A. 左旋单线　　B. 右旋双线

C. 右旋单线　　D. 左旋双线

5. 单线螺纹的螺距（　　）导程。

A. 等于　　B. 大于

C. 小于　　D. 与导程无关

6. 在拧紧螺栓连接时，控制拧紧力矩有很多方法，如（　　）。

A. 增加拧紧力　　B. 增加扳手力臂

C. 使用力矩扳手　　D. 肉眼观察螺栓变形量

7. 螺纹连接防松的根本问题在于（　　）。

A. 增加螺纹连接的轴向力　　B. 增加螺纹连接的横向力

C. 防止螺纹副的相对转动　　D. 增加螺纹连接的刚度

8. 螺纹连接预紧的目的之一是（　　）。

A. 增强连接的可靠性和紧密性

B. 增加被连接件的刚性

C. 减小螺栓的刚性

D. 提高螺栓的强度

9. 在螺栓连接中采用双螺母，其目的是（　　）。

A. 提高强度　　B. 提高刚度

C. 防松　　D. 减小每圈螺纹牙上的受力

10. 在螺栓连接中，采用弹簧垫圈防松是（　　）。

A. 摩擦防松

B. 机械防松

C. 不可拆卸防松

11. 防松可靠，且便于拆装的螺纹防松方式为（　　）。

A. 对顶螺母　　B. 弹性垫圈

C. 自锁螺母　　D. 粘合防松

12. 拧紧气缸盖螺栓时，应分（　　）次拧紧，拧紧顺序为从（　　）对称对角地对气缸盖螺栓进行拧紧。

A. 一次，两边到中间　　B. 一次，中间到两边

C. 两次，两边倒中间　　D. 两次，中间到两边

13. 普通平键根据（　　）不同，可分 A 型、B 型、C 型三种。

A. 尺寸的大小　　B. 端部的形状

C. 截面的形状　　D. 承载能力

14.（　　）连接具有定心精度高、导向性好、承载能力强、能传递较大的扭矩及连接可靠等优点。

A. 半圆键　　B. 楔键
C. 普通平键　　D. 花键

15. (　　) 能自动适应轮毂上的键槽的斜度，装拆方便，尤其适用于锥形轴端部的连接。
A. 普通平键　　B. 半圆键
C. 导向平键　　D. 切向键

16. 锥形轴与轮毂的键连接宜用 (　　)。
A. 楔键连接　　B. 平键连接
C. 半圆键连接　　D. 花键连接

17. 加工容易、装拆方便，应用最广泛的周向固定是 (　　)。
A. 平键连接　　B. 过盈配合　　C. 花键连接

18. 一普通平键的标记为：键 12 × 80 GB/ T 1096—2003, 其中 12 × 80 表示 (　　)。
A. 键高 × 键长　　B. 键宽 × 轴径　　C. 键宽 × 键长

19. 在键连接中，楔键 (　　) 轴向力。
A. 只能承受单方向　　B. 能承受双方向　　C. 不能承受

**三、判断题**

1. 普通楔键的工作面是键的两侧面。 (　　)
2. 普通平键、楔键、半圆键都是以其两侧面为工作面。 (　　)
3. 键连接具有结构简单、工作可靠、拆装方便和标准化等特点。 (　　)
4. 键连接属于不可拆连接。 (　　)
5. A 型键不会产生轴向移动，应用最为广泛。 (　　)
6. 普通平键键长 $L$ 一般比轮毂的长度略长。 (　　)
7. 按用途不同，螺纹可分为连接螺纹和传动螺纹。 (　　)
8. 按螺旋线形成所在的表面，螺纹分为内螺纹和外螺纹。 (　　)
9. 顺时针方向旋入的螺纹为右旋螺纹。 (　　)
10. 普通螺纹的公称直径是指螺纹大径的基本尺寸。 (　　)
11. 相互旋合的内外螺纹，其旋向相同，公称直径相同。 (　　)
12. 一般连接螺纹常用粗牙螺纹。 (　　)
13. 同一直径的螺纹按螺旋线数不同，可分为粗牙和细牙两种。 (　　)
14. 多线螺纹自锁性能好，常用于连接；单线螺纹传动效率较高，常用于传动。 (　　)
15. 气缸盖螺栓的拧紧，可由操作者凭经验控制预紧力的大小。 (　　)
16. 长方形布置的成组螺栓，拧紧时先从中央开始，逐步向两边对称扩展进行。 (　　)
17. 在受轴向变载荷的紧螺栓连接结构中，在两个被连接件之间加入橡胶垫片，可以提高螺栓疲劳强度。 (　　)

18. 键连接只能用于轴与轴上零件的周向固定。 (　　)

19. 花键连接只能传递较小的扭矩。 (　　)

## 四、简答题

1. 为什么螺纹连接需要防松？螺纹连接预紧的目的是什么？

2. 如果螺纹连接预紧不当会造成哪些不良后果？

3. 与平键连接相比，花键具有哪些优点？

# 模块五　汽车常用传动

## 一、填空题

1. 带传动是一种常用的机械传动装置，利用______或______来传递运动和动力，主要的作用是______和______。
2. 带传动一般是由______、______、______组成。
3. 扫码观看视频，完成以下练习

| 1 | 2 |
| --- | --- |
|  |  |

（1）视频 1 中所示的带为________带，其工作面为________，主要应用于______、______、______的场合。

（2）视频 2 中所示的带为_____带，其工作面为______，其结构由______、顶胶、______和底胶四部分组成，其中______是带工作时的主要承载部分，结构有绳芯和______两种。

4. 观察下图，完成以下练习。

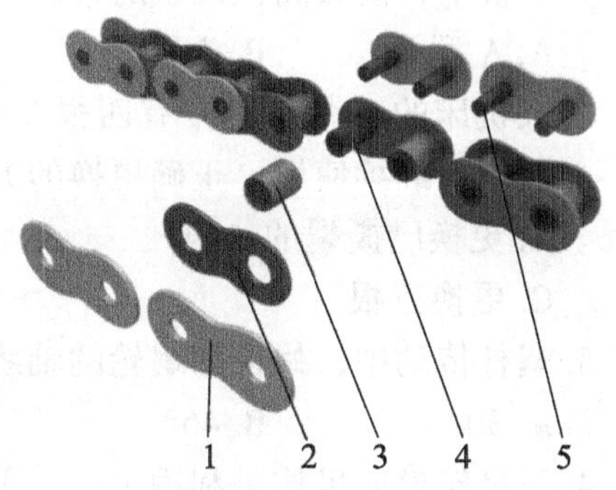


（1）链传动由______、______和______组成，可以保持准确的______（瞬时 / 平均）传动比，是靠______来传递运动和动力的。

（2）设该机构的小链轮为主动轮，则主动轮的齿数为______个，从动轮的齿数为______个，该机构的传动比为______。

（3）链传动常用于______________的场合。

（4）滚子链由______、______、______、______和销轴组成，销轴与外链板通过过盈配合组成外链节，套筒与内链板通过过盈配合组成内链节。

（5）链传动最常见的张紧方法有______和______等方法。

5. 观察下图，完成以下练习。

（1）该传动机构的各齿轮轴线是______（活动的 / 固定的），这种轮系称为______。

（2）机构中轮 1 的齿数为______个，轮 2 的齿数为______个，轮 3 的齿数为______个；如果以轮 3 为主动轮，轮 3 与轮 2 之间的传动比为______，轮 2 与轮 1 之间的传动比为______，该轮系的传动比为______。可见，定轴轮系的总传动比等于组成该轮系的各对啮合齿轮传动比的连乘积。

（3）如果轮 1 做顺时针旋转，则轮 2 做______时针旋转，轮 3 做______时针旋转。轮 1 与轮 2 的啮合为______（外啮合 / 内啮合），轮 1 与轮 2 的旋转方向______（相反 / 相同）。该轮系中有______处外啮合，所以轮 1 与轮 3 的旋转方向______（相反 / 相同）。

## 二、选择题

1. V 带中，横截面积最小的带的型号是（　　）。

A. A 型　　B. Z 型　　C. Y 型　　D. E 型

2. 某机床的 V 带传动中有四根 V 带，工作较长时间后，有一根产生疲劳撕裂而不能继续使用，正确更换的方法是（　　）。

A. 更换已撕裂的一根　　B. 更换两根

C. 更换三根　　D. 全部更换

3. 蜗杆传动中，蜗杆和蜗轮的轴线一般在空间交错成（　　）。

A. 30°　　B. 45°　　C. 60°　　D. 90°

4. 三星轮换向机构是利用（　　）来实现从动轴回转方向的改变。

A. 首轮　　B. 末轮　　C. 惰轮

5. 带传动是依靠（　　）来传递运动和动力的。
   A. 主轴的动力　　B. 主动轮的扭矩
   C. 带与带轮间的摩擦力或啮合力
6. V 带传动中，若主动带轮的直径为 10cm，从动带轮的直径为 30cm，则其传动比为（　　）。
   A. 0.33　　B. 3　　C. 4　　D. 5
7. 属于啮合传动类的带传动是（　　）。
   A. 平带传动　　B. V 带传动
   C. 圆形带传动　　D. 同步带传动
8. 带传动中弹性滑动现象的产生是由于（　　）。
   A. 带的初拉力达不到规定值　　B. 带与带轮的摩擦系数过小
   C. 带的弹性变形　　D. 带型选择不当
9. 带传动中，采用张紧装置的目的是（　　）。
   A. 提高带的寿命　　B. 保持带具有一定的初拉力
   C. 减轻带的弹性滑动　　D. 防止带的断裂
10. 与带传动相比，链传动的优点是（　　）。
   A. 工作平稳，无噪声　　B. 寿命长
   C. 制造费用低　　D. 能保持准确的瞬时传动比
11. 与齿轮传动相比，链传动的优点是（　　）。
   A. 传动效率高　　B. 工作平稳，无噪声
   C. 承载能力大　　D. 轴的中心距大
12. 链传动张紧的目的是（　　）。
   A. 使链条产生初拉力，以使链传动能传递运动和功率
   B. 增大链条与轮齿之间摩擦力，使链传动能传递运动和功率
   C. 避免链条垂度过大时产生啮合不良
   D. 提高链条强度
13. 能保证瞬时传动比的恒定、工作准确可靠的是（　　）。
   A. 带传动　　B. 链传动　　C. 齿轮传动　　D. 液压传动
14. 齿轮传动的特点有（　　）。
   A. 传递的功率和速度范围大　　B. 使用寿命长，但传动效率低
   C. 制造和安装精度要求不高　　D. 能实现无级变速
15. 形成齿轮渐开线的圆是（　　）。
   A. 分度圆　　B. 齿顶圆　　C. 基圆　　D. 节圆
16. 关于模数下面说法正确的是（　　）。
   A. 模数等于齿距除以 π 所得到的商，是一个无单位的量
   B. 模数是齿轮几何尺寸计算中最基本的一个参数
   C. 模数一定时，齿轮的几何尺寸与齿数无关
   D. 模数一定时齿轮的齿距不变，不同齿数的齿轮的基圆半径不变，轮齿的齿形不变

17. 已知下列各标准直齿圆柱齿轮参数：齿轮 1，$z_1$=72，$d_{a1}$=222mm；齿轮 2，$z_2$=72，$h_2$=22.5mm；齿轮 3，$z_3$=22，$d_{f3}$=156mm；齿轮 4，$z_4$=22，$d_{a4}$=240mm。可以正确啮合的一对齿轮是（　　）。

A. 齿轮 1 和齿轮 2　　B. 齿轮 1 和齿轮 3

C. 齿轮 2 和齿轮 4　　D. 齿轮 3 和齿轮 4

18. 直齿锥齿轮用于两轴（　　）的传动。

A. 平行　　B. 相交

C. 交错　　D. 任意

19. 关于轮系下面说法正确的是（　　）。

A. 不能获得很大的传动比

B. 可以实现运动的合成但不能分解运动

C. 不适宜做较远距离的传动

D. 可以实现变向和变速要求

**三、判断题**

1. V 带的横截面为等腰梯形。（　　）
2. V 带传动不能保证准确的传动比。（　　）
3. V 带工作时，其带应与带轮槽底面相接触。（　　）
4. 在使用过程中，需要更换 V 带时，不同新旧的 V 带可以同组使用。（　　）
5. 安装 V 带时，张紧程度越紧越好。（　　）
6. V 带传动中，带的三个表面应与带轮三个面接触而产生摩擦力。（　　）
7. V 带传动装置应有防护罩。（　　）
8. 同步带传动的特点之一是传动比准确。（　　）
9. 同步带传动不是依靠摩擦力而是靠啮合力来传递运动和动力的。（　　）
10. 在计算机、数控机床等设备中，通常采用同步带传动。（　　）
11. 同步带规格已标准化。（　　）
12. 链传动的承载能力与链排数成正比。（　　）
13. 齿轮传动是利用主、从动齿轮轮齿之间的摩擦力来传递运动和动力。（　　）
14. 齿轮传动传动比是指主动齿轮转速与从动齿轮转速之比，与其齿数成正比。（　　）
15. 齿轮传动的瞬时传动比恒定、工作可靠性高，所以应用广泛。（　　）
16. 渐开线齿廓上各点的齿形角都相等。（　　）
17. 对齿轮传动最基本的要求之一是瞬时传动比恒定。（　　）
18. 当模数一定时，齿轮的几何角度与齿数无关。（　　）
19. 分度圆上齿形角的大小对齿轮的形状没有影响。（　　）
20. 大、小齿轮的齿数分别是 42 和 21，当两齿轮相互啮合传动时，大齿轮转速高，小齿轮转速低。（　　）
21. 蜗杆和蜗轮都是一种特殊的斜齿轮。（　　）

22. 蜗杆通常与轴做成一体。 (　　)
23. 蜗杆传动常用于减速装置中。 (　　)
24. 在同一条件下，多头蜗杆与单头蜗杆相比，其传动效率高。 (　　)
25. 互相啮合的蜗杆和蜗轮，其旋向相反。 (　　)
26. 蜗杆传动和齿轮传动相比，能够获得很大的单级传动比。 (　　)
27. 蜗杆传动可实现自锁，能起安全保护作用。 (　　)
28. 在 Y、Z、A、B、C、D、E 七种普通 V 带型号中，Y 型号的截面尺寸最大，E 型号的截面尺寸最小。 (　　)
29. 同步带与带轮无相对滑动，能保证准确的传动比。 (　　)
30. 啮合带传动在汽车上的典型应用是同步带传动。 (　　)
31. 带传动中，带的打滑现象是不可避免的。 (　　)
32. 链传动能保证准确的瞬时传动比，所以传动准确可靠。 (　　)
33. 蜗杆传动可以获得很大的传动比。 (　　)
34. 一对齿轮啮合时，其模数必须相等。 (　　)
35. 轮系的传动比等于首尾两轮的转速之比。 (　　)

## 四、简答题

1. 分析带传动的优点与缺点。

2. 与带传动相比，链传动有哪些特点？链传动应用在哪些场合？

3. 链传动主要有哪些失效形式？

4. 带传动、链传动都需要张紧吗？张紧的目的是什么？如何张紧？

5. 自行查找资料，绘制摩托车变速器内的齿轮传动示意图。

# 模块六　汽车轴系零部件

## 一、填空题

1. 利用下图所示，完成以下练习。

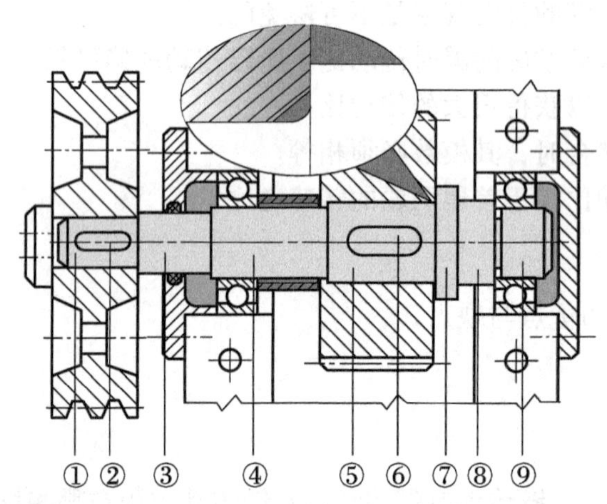


（1）根据承载情况不同，轴可分为______、______和______三类，图示中的轴为______。

（2）该轴的作用主要是____________和____________。

（3）写出轴上各部位的作用。

| 序号 | 名称 | 作用 | 序号 | 名称 | 作用 |
|---|---|---|---|---|---|
| ① | 轴头 | | ④ | 轴颈 | |
| ② | 键槽 | | ⑤ | 轴头 | |
| ③ | 轴身 | | ⑦ | 轴环 | |

（4）写出轴上零件的轴向定位方式。

| 零件名称 | 左侧定位 | 右侧定位 |
|---|---|---|
| 带轮 | | |
| 左侧轴承 | | |
| 齿轮 | | |
| 右侧轴承 | | |

2. 扫码观看视频，并结合下图完成以下练习。

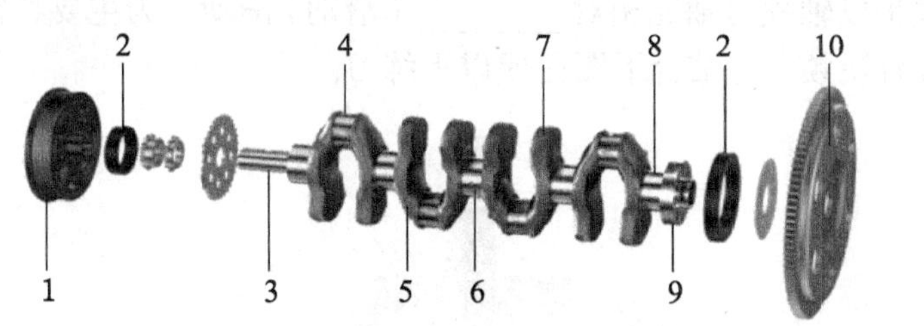

（1）1的名称是________，安装在________上，用于驱动________、________和________等附属机构。

（2）6 的 名 称 是________， 其 作 用 是________；4 的 名 称 是________， 与________连接。

（3）曲轴上的________和________是发动机中最关键的滑动运动副，通过表面淬火，以提高其________；轴颈过渡圆角处必须进行滚压处理，以提高________。

（4）图中 7 的名称是________，其作用________。

3. 利用下图所示“汽车轴承类型认知教学实训板”，完成以下练习。

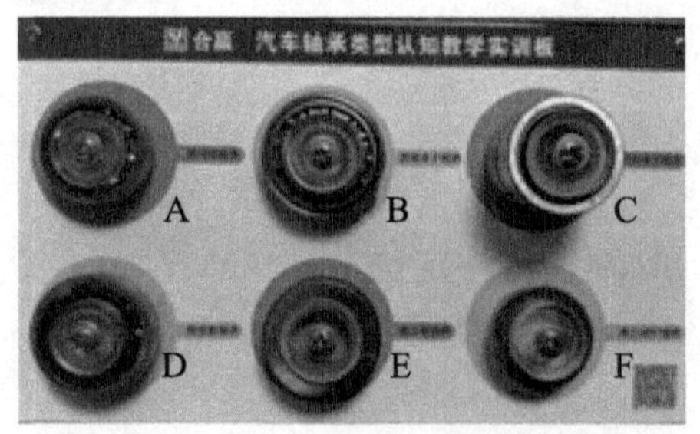


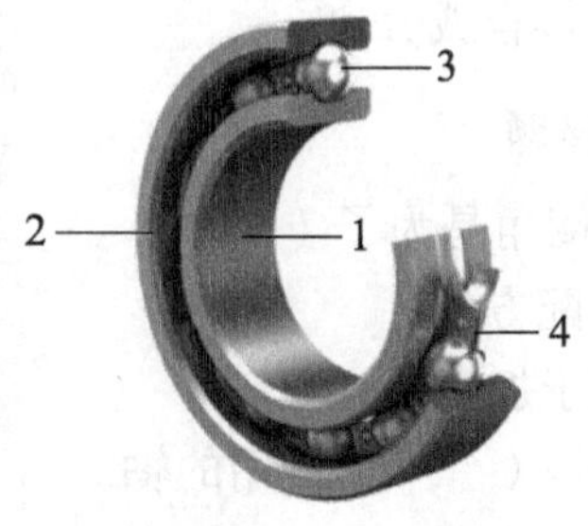


汽车轴承类型认知教学实训板

滚动轴承严格来说是一个组合标准件，它主要有 1—______、2—______、3—______和 4—______等四个部分所组成。其中，1 是与________配合装配并与轴一起旋转；2 用来与________相配合装配，起到________的作用。

4. 扫码观看视频，并结合下图完成以下练习。

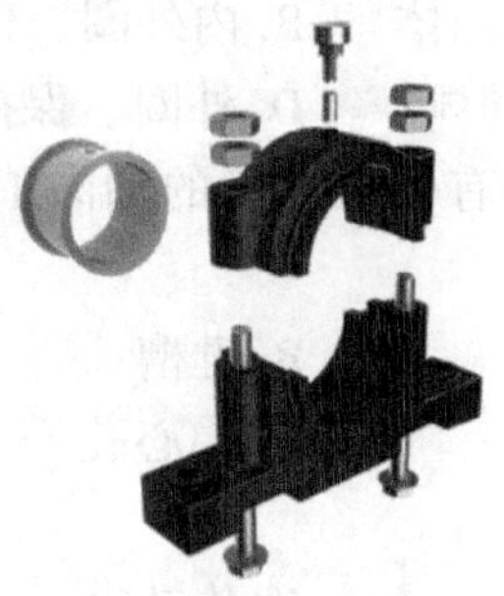

剖分式滑动轴承简图

剖分式滑动轴承由轴承盖、________、________和双头螺柱等组成，其运动形式是以轴颈与轴瓦相对________（滑动 / 滚动）为主要特征。

5. 扫码观看视频，并结合下图完成以下练习。

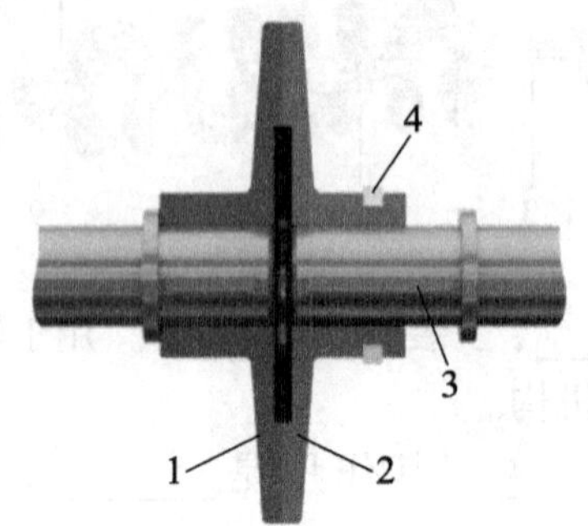

单片式摩擦离合器简图

（1）该机构的名称为__________，由________和________组成，依靠________来传递运动和动力。

（2）圆盘 1 与________（主动 / 从动）轴连接，圆盘 2 与________（主动 / 从动）轴连接，圆盘 2 可以通过操纵________在________上左右移动，使两圆盘接合或分离。

**二、选择题**

1. 轴端倒角是为了（　　）。
   A. 装配方便　　B. 轴上零件定位
   C. 便于加工　　D. 减少应力集中
2. 转轴是（　　）作用的轴。
   A. 只受弯曲　　B. 只传递转矩
   C. 只受扭转　　D. 能受弯曲和扭转
3. 轴肩的过渡圆角是为了（　　）。
   A. 装配方便　　B. 轴上零件的定位
   C. 便于加工　　D. 减少应力集中
4. 滚动轴承基本结构主要由（　　）组成。
   A. 内外圈、保持架、滚动体　　B. 内外圈、保持架、端盖
   C. 内外圈、封盖、滚动体　　D. 外圈、保持架、滚动体
5. 为保证轴上零件相对轴有一个准确的轴向工作位置，轴的结构中应考虑有（　　）。
   A. 退刀槽　　B. 键槽
   C. 轴肩　　D. 中心孔
6. 传动齿轮轴是（　　）。
   A. 转轴　　B. 心轴　　C. 传动轴

7. 既支承回转零件，又传递动力的轴称为（ ）。
A. 心轴 B. 转轴 C. 传动轴
8. 在轴上支承传动零件的部分称为（ ）。
A. 轴颈 B. 轴头 C. 周身
9. 为了便于加工，在车削螺纹的轴段上应有（ ），在需要磨削的轴段上应留出（ ）。
A. 砂轮越程槽 B. 键槽 C. 螺纹退刀槽
10. 轴上零件最常用的轴向固定方法是（ ）。
A. 套筒 B. 轴肩与轴环 C. 平键连接
11. 轴的端面倒角一般为（ ）。
A. 40° B. 50° C. 45°
12. 在机器中，支承传动零件、传递运动和动力的最基本零件是（ ）。
A. 箱体 B. 齿轮 C. 轴
13. 按轴的（ ）不同，轴可以分为直轴和曲轴两大类。
A. 受载情况 B. 外形 C. 轴线形状
14. 将转轴的结构设计为阶梯轴的主要目的是（ ）。
A. 便于轴的加工 B. 便于轴上零件的固定和装拆
C. 提高轴的刚度 D. 节约材料
15. 下列各轴中，属于转轴的是（ ）。
A. 减速器中的齿轮轴 B. 自行车前后轴
C. 火车轮轴 D. 滑轮轴
16. 牙科用于修磨牙齿的工具用到（ ）。
A. 直轴 B. 阶梯轴
C. 软轴 D. 曲轴
17. 曲轴的轴向定位采用（ ）。
A. 轴肩 B. 圆螺母
C. 止推片 D. 挡圈
18. 关于曲轴的定位说法正确的是（ ）。
A. 仅需轴向定位
B. 仅需径向定位
C. 需轴向定位和径向定位
D. 无需定位
19. 深沟球轴承主要承受的是（ ）。
A. 径向载荷
B. 轴向载荷
C. 径向和轴向两种载荷
20. 以下轴承中，不能承受轴向载荷的是（ ）。
A. 调心球轴承 B. 深沟球轴承

C. 圆柱滚子轴承　　　　D. 圆锥滚子轴承

21. 主要用于两轴交叉传动的联轴器是（　　）。

A. 凸缘联轴器　　　　B. 套筒联轴器

C. 齿式联轴器　　　　D. 万向联轴器

22. 联轴器和离合器的主要区别是（　）。

A. 联轴器靠啮合传动，而离合器靠摩擦传动

B. 离合器能补偿两轴的偏移，而联轴器则不能

C. 联轴器是一种固定连接装置，而离合器则是一种能随时将两轴结合或分离的装置

**三、判断题**

1. 转轴是在工作中既承受弯矩又传递扭矩的轴。（　　）
2. 直径有变化的直轴称为阶梯轴。（　　）
3. 轴头是轴的两端头部的简称。（　　）
4. 轴端挡板主要适用于轴上零件的轴向滚动。（　　）
5. 在满足使用要求的前提下，轴的结构应尽可能简化。（　　）
6. 实际工作中，直轴一般采用阶梯轴，以便于轴上零件的定位和装拆。（　　）
7. 过盈配合的周向固定对中性好，可经常拆卸。（　　）
8. 双列深沟球轴承比深沟球轴承承载能力大。（　　）
9. 双向推力球轴承能同时承受径向和轴向载荷。（　　）
10. 角接触球轴承的公称接触角越大，其承受轴向载荷的能力越小。（　　）
11. 滚动轴承代号的直径系列表示同一内径轴承的各种不同宽度。（　　）
12. 载荷小且平稳时，可选用球轴承，载荷大且有冲击时，宜选用滚子轴承。（　　）
13. 联轴器都具有安全保护作用。（　　）
14. 汽车从起动到正常行驶过程中，离合器能方便地接合或断开动力的传递。（　　）
15. 离合器能根据工作需要使主、从动轴随时接合或分离。（　　）
16. 就连接、传动而言，联轴器和离合器是相同的。（　　）
17. 按轴的外部形状不同，可分为心轴、转轴和传动轴三类。（　　）
18. 转轴同时承受弯曲和扭转两种作用，但轴本身不转动。（　　）
19. 曲轴的变形通常为弯曲变形和扭转变形。（　　）
20. 主轴颈是曲轴的支承部分，发动机曲轴通常有两个主轴颈。（　　）
21. 汽车离合器是用来连接或分离曲轴与变速器输入轴的。（　　）

## 四、简答题

1. 轴上零件的周向定位的作用与目的是什么？有哪些周向定位方式？

2. 轴上零件的轴向定位的作用与目的是什么？有哪些轴向定位方式？

3. 轴承的润滑是如何实现的？为什么需要润滑？

# 模块七　液压传动

## 一、填空题

1. 扫码观看视频，并结合下图完成以下练习。

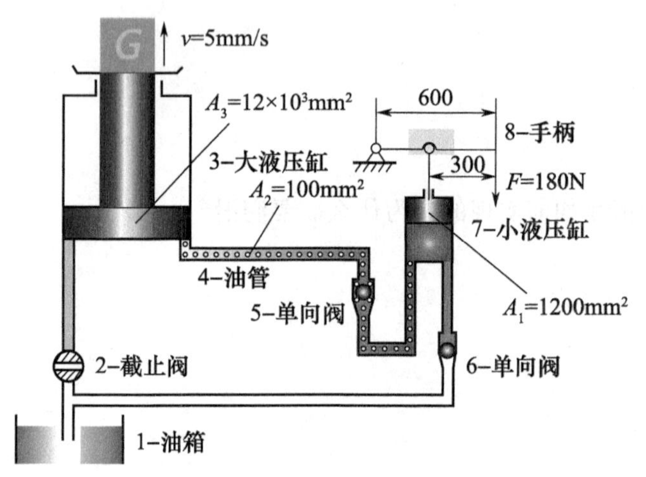

液压千斤顶原理图

（1）液压传动系统都由______、______、______、______等几部分组成。该系统中小液压缸属于______，大液压缸属于______，单向阀属于______。

（2）当手柄 8 上移时，小液压缸内的封闭容积______（增加 / 减小），导致小液压缸内压力______（增加 / 减小），单向阀 5______（开启 / 关闭），单向阀 6______（开启 / 关闭），油液______（流入 / 流出）小液压缸。大液压缸活塞______（上升 / 静止 / 下降）。

（3）不计摩擦阻力、活塞自重、大气压强等，根据图中的数据，物体缓慢匀速上升（$v$=5mm/s），重物 $G$=______N，小液压缸内的油压为______，大液压缸内的油压为______。

（4）设系统无泄漏，小液压缸向下移动的速度为______，管道内液压油的流量 $q_v$=______，管道内液压油的平均流速为______，大液压缸活塞举升重物的功率 $P_o$=$G_v$=______，该功率也可利用公式 $P_o$=$pq_v$=______。手抓住手柄下移的速度为______，手通过手柄做功的功率 $P_i$=______。

（5）如图所示相关参数，小液压缸内液压油的流量为______，此数值是没有考虑泄漏的情况，称之为理论流量（$q_t$），实际工作过程中总是存在泄漏的，导致实际流量（$q_p$）小于理论流量。定义容积效率为 $\eta_v$，则 $\eta_v = q_p / q_t$。

设系统的泄漏量为 $3 \times 10^{-6} m^3/s$，该液压系统的容积效率为______，则当手柄下移速度保持不变时，重物上升的速度为______。

由于机械摩擦和液体的黏性所造成的摩擦导致大液压缸内的油压 $p_o$ 小于小液压缸内的油压 $p_i$，定义系统的机械效率 $\eta_m = p_o / p_i$。设该系统的机械效率 $\eta_m$=90%，要举升相同的重物 $G$，则施加在手柄上的力 $F$ 应该是______。

（6）根据题（5）中所得的容积效率 $\eta_v$、机械效率 $\eta_m$、主动力 $F$ 的数值，力 $F$ 的移动速度为 100mm/s，计算 $F$ 做功的功率 $P_i$=______，重物 $G$ 上升的速度 $v$=______。大液压缸活塞推动重物做功的功率 $P_o$=______。该液压系统总的效率 $\eta = P_o / P_i$=______。

（7）根据题（5）和题（6）中的信息，请归纳液压系统的总效率 $\eta$ 与容积效率 $\eta_v$ 和机械效率 $\eta_m$ 之间的关系：______。

（8）由题（7）可知，通过______和______两种方法都可以提高液压系统的效率。

（9）为减小压力损失，提高液压系统的工作性能，常采取的措施有：

①______________________________；

②______________________________；

③______________________________。

2.（1）液压系统的压力损失主要是因为液体具有______，油液流动引起的压力损失包括______和______两种。

（2）油液静压力的作用方向总是______指向承压表面。

（3）液压传动系统的控制元件通常是______，是控制油液的______、______、______的装置，以满足液压系统的工作要求。

（4）液压系统中的气穴现象易产生各种频率的噪声，同时引起______和______。

3. 扫码观看视频，并结合下图完成以下练习。

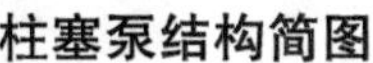

柱塞泵结构简图

（1）零件2的名称是______，它在______的作用下，右端紧压在零件______；零件1的作用是为液压泵______，并且将旋转运动转化为______的______。

（2）零件5和零件6的名称为______，其作用是控制油液的______（流量/流动方向），使油液能______（单向/双向）流动。在图中，油液只能______（由下往上/由上往下）流动。

（3）零件3的名称是______，它与______组成密封容腔7，密封容腔7的容积______（周期性变化/恒定不变）。柱塞向右移动时，该封闭空间的容积______（增大/减小），容积内压强______（升高/下降），此时液压油可以在______的作用下，经过______进入密封容腔7。此过程中，单向阀5处于______（开启/关闭）状态。

（4）当柱塞在______的作用下，向左移动时，封闭空间的容积______（增大/减小），容积内压强______（升高/下降），单向阀5处于______（关闭/开启）状态，阀6处于______（开启/关闭）状态，液压油通过执行元件对外做功。

4. 扫码观看视频，并结合下图完成以下练习。

C $P_1$ $P_2$

控制油口C 进油口$P_1$ 出油口$P_2$

液控单向阀结构简图

（1）单向阀又称______，它使液体只能沿一个方向通过，常用的单向阀又分为______单向阀和______单向阀两种。

（2）上图所示的液控单向阀，当控制油口______（接通/不接通）压力油时，液控单向阀与普通单向阀没有区别，只能由______口流向______口。

（3）当控制油口接通压力油时，顶杆向______（左/右）移动，打开阀芯，此时油液的流动方向为______或者______。

5. 扫码观看视频，并结合下图完成以下练习。

（1）溢流阀通过液压力与______相平衡的原理进行工作，控制阀门的______（入口/出口）压力，使之保持在调定压力。对于先导式溢流阀，是通过调节弹簧______（$S_1/S_2$）来调节压力的。

（2）先导型溢流阀由先导阀和主阀两部分组成。先导阀是一个小流量的______，阀芯是______（锥阀/滑阀），主阀阀芯是______（锥阀/滑阀）。______（主阀/先导阀）用来控制压力；______（主阀/先导阀）用来控制溢流。

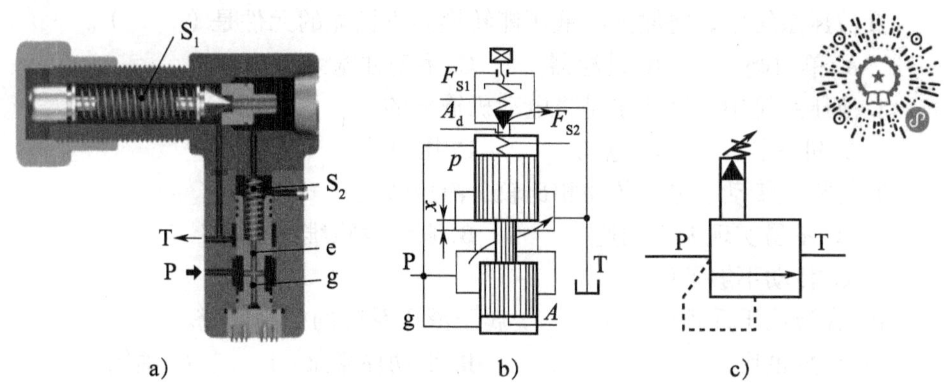


**溢流阀结构简图**

a）结构图 b）原理图 c）符号

（3）压力油经 P 口进入，并经______进入阀芯下腔；同时经阻尼孔 e 进入阀芯上腔；而主阀芯上腔压力由______来调整并控制。

（4）当入口处的油液压力低于调定压力，主阀芯上腔的压力______（小于 / 等于 / 大于）下腔的压力，主阀芯在弹簧______（$S_1/S_2$）的作用下，______（能 / 不能）上移，阀门处于______（关闭 / 开启）状态，而且处于______（溢流 / 不溢流）状态。

（5）当入口处的油压升高，主阀芯上腔油压也随之升高，先导阀右侧的油压______（升高 / 下降），当油压上升到调定压力，则油液压力可克服弹簧______（$S_1/S_2$）的作用，推开______（先导阀芯 / 主阀芯），主阀上腔油液流动，导致主阀上腔压力______（低于 / 等于 / 高于）下腔压力，主阀芯克服弹簧______（$S_1/S_2$）的作用，______（能 / 不能）上移，阀门处于______（关闭 / 开启）状态，而且处于______（溢流 / 不溢流）状态。

## 二、选择题

1. 液压泵的工作压力决定于（　　）。

A. 流量　　B. 负载　　C. 面积　　D. 流速

2. 常用的电磁换向阀是控制油流（　　）。

A. 流量　　B. 速度　　C. 方向　　D. 压力

3. 液压传动系统中，（　　）可用来保持系统进油压力的恒定，防止液压系统过载，起安全保护作用。

A. 换向阀　　B. 节流阀　　C. 减压阀　　D. 溢流阀

4. 系统中，液压缸属于（　　），液压泵属于（　　）。

A. 动力部分　　B. 执行部分　　C. 控制部分

5. 下列液压元件中，（　　）属于控制部分，（　　）属于辅助部分。

A. 油箱　　B. 液压马达　　C. 单向阀

6.（　　）是用来控制油液流动方向的。

A. 单向阀　　B. 过滤器　　C. 手动柱塞泵

7. 液压系统中，将输入的液压能转换为机械能的元件是（　　）。
   A. 单向阀　　B. 过滤器　　C. 手动柱塞泵
8. 液压系统中，液压泵是将电动机输出的（　　）转换为油液的（　　）。
   A. 机械能　　B. 电能　　C. 压力能
9. 与机械传动、电气传动相比较，液压传动（　　）。
   A. 不易实现无级调速　　B. 系统故障维修困难
   C. 传动不够平稳
10. 在液压千斤顶中，（　　）属于液压系统的控制部分。
    A. 放油阀　　B. 手动柱塞泵　　C. 油箱
11. 在液压传动中，油液自重所产生的压力（　　）。
    A. 必须考虑　　B. 负载大时考虑　　C. 一般可忽略不计
12. 液压系统及元件在正常工作条件下，按试验标准连续运转的（　　）称为额定压力。
    A. 平均工作压力　　B. 最高工作压力　　C. 最低工作压力
13. 液压缸中，活塞的运动速度（　　）液压缸内油液的平均流速。
    A. 大于　　B. 等于　　C. 小于
14. 在无分支管路中，油液作稳定流动时，流经管路不同截面时的平均流速与其截面面积大小（　　）关系。
    A. 呈反比　　B. 呈正比　　C. 没有
15. 在无分支管路中，油液作稳定流动时，细管路的平均流速（　　）粗管路的平均流速。
    A. 小于　　B. 等于　　C. 大于
16. 静止油液中，任意一点所受到的各个方向的压力都（　　）。
    A. 不相等　　B. 相等　　C. 不确定
17. 在管路中流动的液体，其压力损失、流量与液阻之间的关系是：液阻增大，压力损失（　　），流量（　　）。
    A. 减小　　B. 不变　　C. 增大
18. 油液在温度升高时，黏度一般（　　）。
    A. 变小　　B. 变大　　C. 不变
19. 为了减少管路内的摩擦损失，在使用温度、压力较低或速度较高时，应采用黏度（　　）的油液。
    A. 较小　　B. 较大　　C. 任意
20. 在选择液压时，主要考虑的是液压油的（　　）。
    A. 温度　　B. 黏度　　C. 密度
21. 液压系统中，压力的大小决定于（　　）。
    A. 负载　　B. 流量　　C. 速度
22. 能实现能量转换的液压元件是（　　）。

A. 油箱　　B. 过滤器

C. 单向阀　　D. 液压泵

23. 下列属于液压传动特点的是（　　）。

A. 不受温度影响　　B. 自润性好但不能实现过载保护

C. 传动平稳，传递功率大　　D. 易于实现有级调速

24. 静止的油液中（　　）。

A. 任何一点所受的各个方向的压力都不相等

B. 油液压力的方向不总垂直于受压表面

C. 当一处压力变化时，将通过油液传递到油液中任一点，且压力值相等

D. 内部压力不能传递动力

25. 当液压缸的截面积一定时，液压缸（或活塞）的运动速度取决于进入液压缸的液体的（　　）。

A. 压力　　B. 流量　　C. 流速　　D. 功率

26. 油液流动产生的压力损失会使（　　）。

A. 功率浪费，泄漏增加　　B. 黏度上升，油液发热

C. 泄漏减少，效率提高　　D. 泄漏减少，黏度下降

27. 液压系统的执行元件是（　　）。

A. 电动机　　B. 液压泵

C. 液压缸或液压马达　　D. 控制阀

28. 若单活塞杆液压缸的活塞直径为活塞杆直径的两倍，则差动连接的快进速度等于非差动连接前进速度的（　　）。

A. 1 倍　　B. 2 倍　　C. 3 倍　　D. 4 倍

29. 下图所示的液压元件为（　　）。

A. 单向定量液压泵　　B. 双向定量液压泵

C. 单向变量液压泵　　D. 双向变量液压泵

30. 下列液压元件中，属于方向控制阀的是（　　）。

A. 溢流阀　　B. 单向阀　　C. 调速阀　　D. 减压阀

31. 通过改变阀芯和阀体间的相对位置，控制油液流动方向的是（　　）。

A. 换向阀　　B. 单向阀　　C. 卸荷阀　　D. 溢流阀

32. 下列液压元件中，不属于压力控制阀的是（　　）。

A. 溢流阀　　B. 顺序阀　　C. 换向阀　　D. 卸荷阀

33. 某机床液压系统中，要求夹紧支路的压力低于主油路的压力，所用的控制阀是（　　）。

A. 换向阀　B. 减压阀　C. 溢流阀　D. 顺序阀

34. 自来水龙头是一种典型的（　）。

A. 顺序阀　B. 溢流阀　C. 节流阀　D. 调速阀

## 三、判断题

1. 进入液压缸的流量越大，液压缸输出的推力越大。（　）
2. 液压传动装置实际上是一种能量转换装置。（　）
3. 在液压千斤顶中，油箱属于液压系统的控制部分。（　）
4. 辅助部分在液压系统中可有可无。（　）
5. 液压传动系统易于实现过载保护。（　）
6. 液压传动存在冲击、传动不平稳特征。（　）
7. 在液压传动中，泄漏会引起能量损失。（　）
8. 流量和压力是描述油液流动时的两个主要参数。（　）
9. 液压系统中，作用在液压缸活塞上的力越大，活塞运动速度就越快。（　）
10. 液压缸中，活塞的运动速度与液压缸中油液的压力大小无关。（　）
11. 油液在无分支管道中稳定流动时，管道截面积大则流量大，截面积小则流量小。（　）
12. 液压缸中，当活塞的有效作用面积一定时，活塞的运动速度决定于流入液压缸中油液的流量。（　）
13. 油液流经无分支管道时，在管道的任一横截面上油液的速度都是相等的。（　）
14. 在液压传动中，液体流动的平均流速就是实际流速。（　）
15. 普通单向阀的作用是变换油液流动方向。（　）
16. 温度越高，油液的黏度越大；温度越低，油液的黏度越小。（　）
17. 液压传动调速范围大，可方便实现无级调速。（　）
18. 与机械传动相比，液压传动的传动效率高，适合作为远距离传动。（　）
19. 当液压系统存在泄漏时，则系统为不正常的工作状态。（　）
20. 液压传动系统适用于传动比要求严格的场合。（　）
21. 液压缸属于液压传动系统的动力元件。（　）
22. 液压系统易于实现过载保护。（　）

## 四、实操题

根据所学知识，绘制液压千斤顶原理图，并自行准备矿泉水瓶、针筒、各类所需阀门等，分组制作简易千斤顶，要求都能举升课桌。

图 2-2-8 数字显示外径千分尺

3）手应当拿尺架上的隔热装置。

4）长期不使用，可抹润滑脂并置于盒内。

## 三、百分表

百分表是一种精度较高的比较量具，精度为 0.01mm，需要固定在百分表架上使用（图 2-2-9），它只能测出相对数值，不能测出绝对值，主要用于检测工件的形状和位置误差（如圆度、平面度、垂直度、跳动等），也可用于校正零件的安装位置，以及测量零件的内径等。学会使用百分表之后，其他原理类似的如千分表、杠杆百分表等就自然可以掌握了。

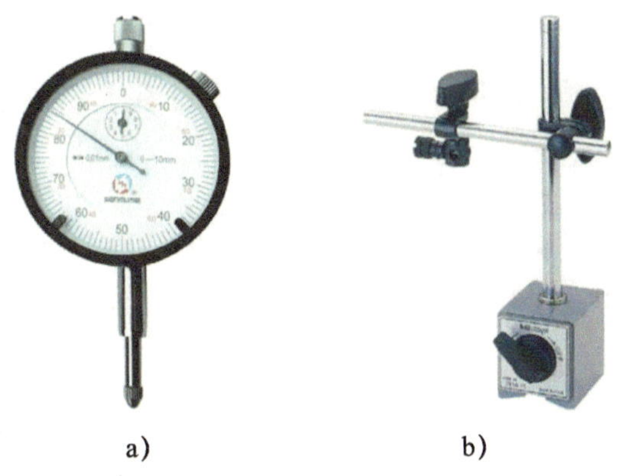

a) b)

图 2-2-9 百分表和百分表架

a）百分表 b）百分表架

### 1. 百分表结构组成

百分表由测头、测杆、装夹套、刻度盘、指针等组成，如图 2-2-10 所示。

### 2. 读数方法

百分表的工作原理，是将被测尺寸引起的测杆微小直线移动，经过齿轮传动

放大，变为指针在刻度盘上的转动，从而读出被测尺寸的大小。百分表是利用齿条齿轮或杠杆齿轮传动，将测杆的直线位移变为指针的角位移的计量器具。

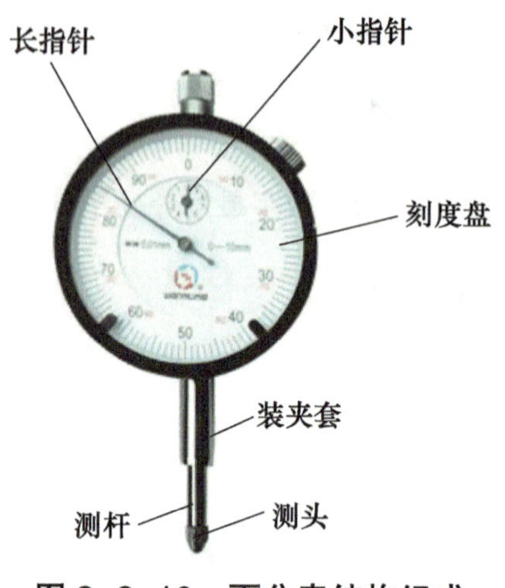


图 2-2-10 百分表结构组成

百分表的读数方法为：先读小指针转过的刻度线（即 mm 整数），再读大指针转过的刻度线（即小数部分）并乘以 0.01，然后两者相加，即得到所测量的数值。

### 3. 注意事项

1）使用前需检查测杆活动的灵活性，测杆在套筒内的移动要灵活。

2）测量时不能超过测杆的量程。

3）测量时，不要使表头突然撞到工件上。

4）待测量的工件表面不能是毛坯面。

# 模块三 汽车常用机构

## 模块导读

汽车作为一种复杂的运输机械，几乎包含了机械原理中各种典型机构。常用的典型机构有平面连杆机构、凸轮机构和其他机构，这些机构对汽车发动机的运行、整车的行驶和转向等汽车正常运作起到重要作用。本模块主要学习平面连杆机构、铰链四杆机构、凸轮机构。

通过本模块的学习，让学生能够了解各种机构的工作原理和运动特点、各种机构在汽车上的应用；能够分析各个机构的优缺点和故障机理。

## 单元一 平面连杆机构

### 学习目标

1. 能叙述平面连杆机构的定义。
2. 能叙述平面连杆机构中运动副的定义。
3. 能分析平面连杆机构的组成。

### 内容概要

平面机构普遍存在于汽车的传动机构中，如发动机中的活塞曲轴、配气机构及减速器中的齿轮与轴、刮水器、变速器、转向机构等。通过对平面连杆机构的学习，能正确分析组成平面连杆机构的构件及构件之间形成的低副、高副，并绘制其机构简图，以确定机构的运动规律，为以后的检测与维修工作打下良好的基础。

## 知识准备

### 一、平面机构

**引导问题：什么是平面机构？什么是平面连杆机构？**

所有运动构件都在同一平面或相互平行的平面内运动的机构称之为平面机构。几个杆件由低副连接，且所有构件在同一平面或相互平行平面内运动的机构称为平面连杆机构。连杆机构中的构件称为杆，一般连杆机构以所含杆件的数目来命名，如四杆机构、五杆机构、六杆机构等。平面四杆机构是平面连杆机构中最常见的形式，也是组成平面多杆机构的基础。

### 二、运动副及分类

**引导问题：在机构中两构件之间存在相互运动，如移动、转动等，这些运动可否称为运动副？何为低副？何为高副？举例说明低副和高副。**

由两个构件直接接触而组成，形成既具有一定约束又具有一定相对运动的连接，称为运动副。如图 3-1-1 所示的发动机的运动副，缸体与活塞、活塞与连杆、连杆与曲轴均保持直接接触并产生一定的相对运动，所以它们都是运动副。两构件组成的运动副是通过点、线或面接触来实现的，称之为运动副元素。

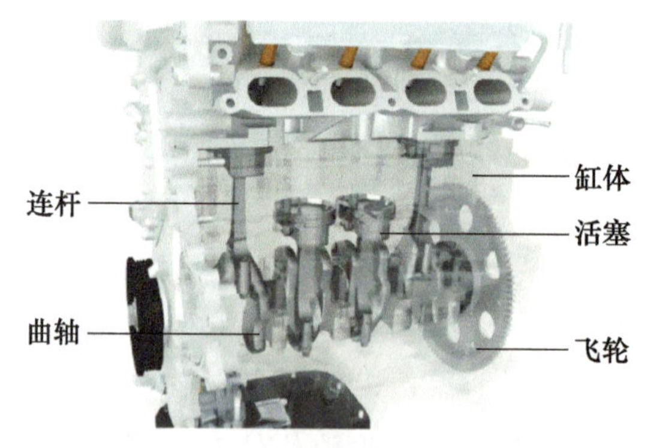

图 3-1-1　四缸发动机运动副

按照运动副之间的相对运动是在平面还是空间，可分为平面运动副和空间运动副。平面运动副是指构件工作时在同一平面或相互平行的平面内做相对运动；空间运动副是指构件可以在三维空间中做相对运动。大部分常用机构都是平面机构，本章节仅就平面运动副和相关的平面机构进行介绍。

平面运动副按照接触方式不同，通常分为低副和高副两类。

（1）低副　两构件以面接触而形成的运动副。根据它们的相对运动是移动还是转动，又分为移动副和转动副。

移动副的两个构件只能沿着某一轴线方向相对移动，如图 3-1-2a 所示。活塞和缸体相互限制了沿 *X* 轴移动和在 *XOZ* 平面绕任一点转动，只允许沿 *Z* 轴移动。

转动副的两个构件只能绕着某一轴线相对转动，如图 3-1-2b 所示。连杆和曲轴相互限制了沿 *X* 轴和 *Y* 轴的移动，只允许沿 *Z* 轴转动。因而转动副又称为铰链。

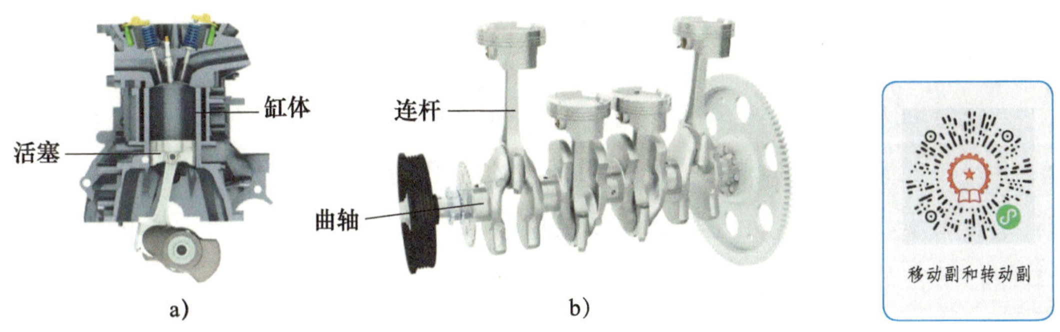


图 3-1-2　移动副和转动副

a）移动副　b）转动副

（2）高副　两构件以点或线接触而构成的运动副。常见的高副有凸轮副、齿轮副等，如图 3-1-3 所示。

凸轮副与齿轮副
a）凸轮副

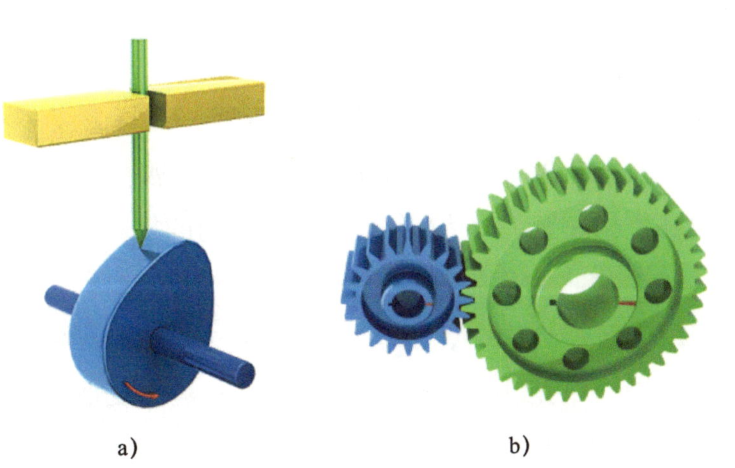


凸轮副与齿轮副
b）齿轮副

图 3-1-3　凸轮副与齿轮副

a）凸轮副　b）齿轮副

# 单元二 铰链四杆机构

## 学习目标

1. 能叙述铰链四杆机构定义。
2. 能掌握铰链四杆机构的分类。
3. 能掌握根据杆长判断铰链四杆机构的种类的方法。
4. 能通过探究分析汽车刮水器应用的四杆机构类型。
5. 能通过探究分析汽车转向器应用的四杆机构类型。

## 内容概要

铰链机构应用于汽车的如刮水器、转向机构等机构中。通过对铰链四杆机构的学习，能正确定义铰链四杆机构并能准确根据杆长对铰链四杆机构进行分类，掌握其应用，简单分析汽车上的铰链四杆机构的运动轨迹，为以后的检测与维修工作打下良好的基础。

## 知识准备

### 一、铰链四杆机构

**引导问题：平面连杆机构中，构件与构件之间是以低副相连形成的。思考是否存在一种平面连杆机构，构件之间全部以移动副或者转动副相连？阅读下面资料，回答何为铰链四杆机构？**

平面四杆机构是平面连杆机构中最常见的形式，也是组成多杆机构的基础。当平面四杆机构中的运动副都是转动副时，称为铰链四杆机构，如图 3-2-1 所示，它是平面四杆机构中最基本的形式。固定不动的杆 *AD* 称之为机架；与机架相连的杆 *AB*、*CD* 称之为连架杆；连接两连架的杆 *BC* 称之为连杆，连杆与机架不相连。在铰链四杆机构中，由于组成的尺寸不同，导致连架杆可以形成两种不同的运动结果，一是 360° 整周回转，另一是往复摆动。当连架杆做整周回转时称之为曲柄，做摆动时称之为摇杆。

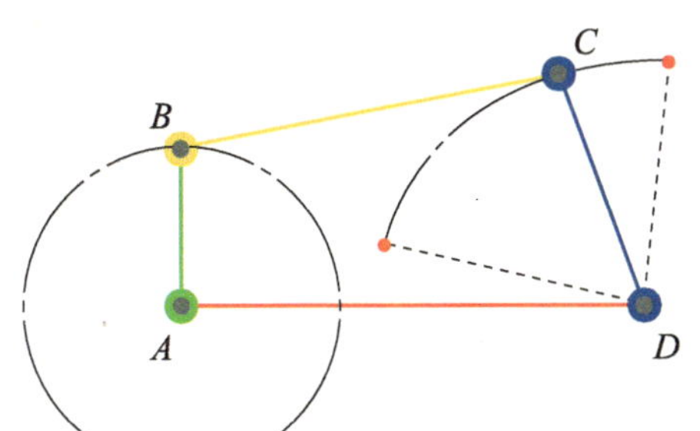

图 3-2-1　铰链四杆机构

**引导问题：铰链四杆机构中的四条杆件是否一定有能做整周回转的杆件？当存在有整周回转的曲柄时，是有几条可以同时做整周回转呢？阅读资料，回答铰链四杆机构的分类。**

根据铰链四杆机构中是否有曲柄可以分成三种基本形式。

### 1. 曲柄摇杆机构

两连架杆中一个为曲柄，另一个为摇杆的四杆机构，称为曲柄摇杆机构。如图 3-2-1 所示，两个连架杆中一个是曲柄（与机架组成周转副的连架杆 *AB*），一个是摇杆（与机架组成摆转副的连架杆 *CD*）的铰链四杆机构称为曲柄摇杆机构。汽车刮水器中曲柄的整周回转通过连杆转变为刮水器的往复摆动，如图 3-2-2 所示。

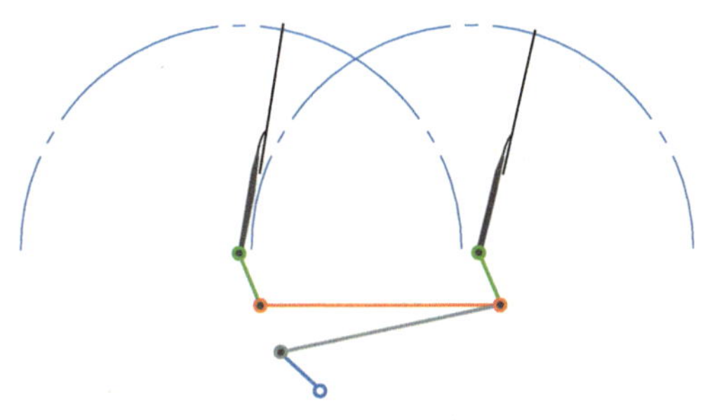

图 3-2-2　刮水器

### 2. 双曲柄机构

两个连架杆都为曲柄的铰链四杆机构称为双曲柄机构，如图 3-2-3 所示。*AD* 固定不动为机架，连架杆 *AB* 和连架杆 *CD* 都可以绕机架做圆周运动。当主动曲柄 *AB* 做匀速转动时，从动曲柄 *CD* 做周期性的变速转动，实现将主动曲柄的整周匀速旋转运动，转换为从动曲柄的整周变速旋转运动。

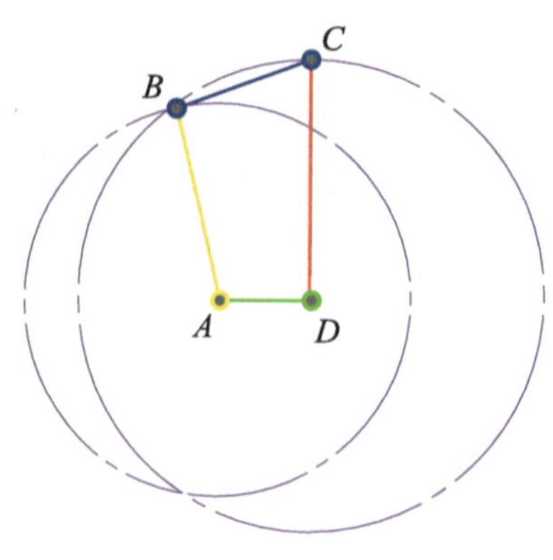

图 3-2-3 双曲柄机构

当两曲柄的长度相等而且平行，连杆与机架也等长时，这种机构称为平行四边形机构，如图 3-2-4 所示。此时，从动曲柄 *CD* 跟随主动曲柄做周转运动，两条曲柄的运动速度相同，连杆做平动，例如摄影平台车升降机构，如图 3-2-5 所示。这种机构当曲柄转到与机架共线的位置时，机构会处于一种运动不确定状态，可能会出现两曲柄转向相反、角速度不相等的状况，即逆平行四边形机构，又称为反向双曲柄机构，即两曲柄的长度相同，但互不平行，如图 3-2-6 所示，此时，两曲柄旋转方向相反，角速度不相等。为避免出现这种运动不确定状态，即反向双曲柄机构，一般会在机构中采取增加构件，形成虚约束的方式进行改善，以确定机构运动状态。

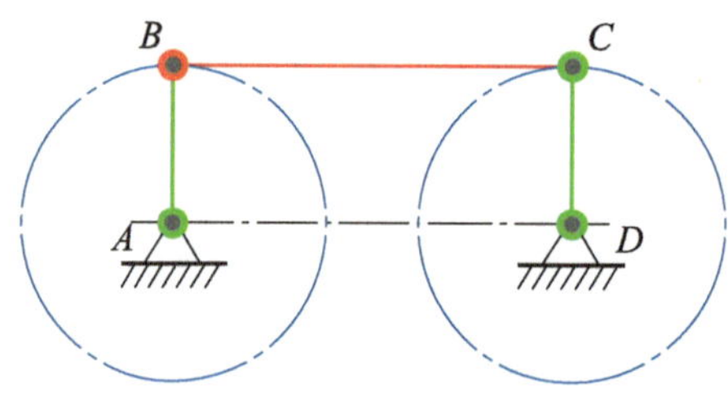

图 3-2-4 平行四边形机构

图 3-2-5 摄影平台车升降机构

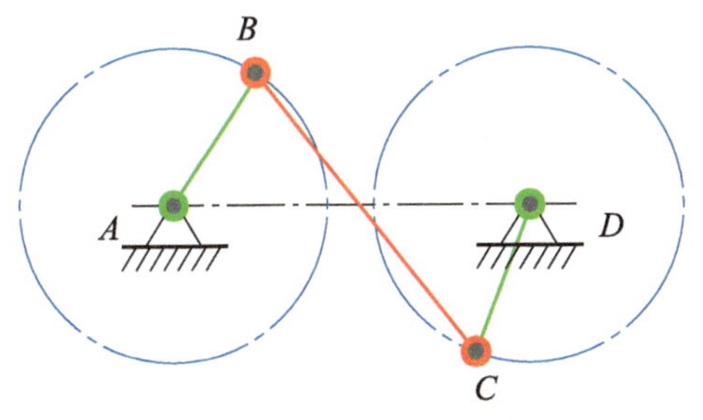

图 3-2-6 逆平行四边形机构

### 3. 双摇杆机构

双摇杆机构就是两连架杆均是摇杆的铰链四杆机构，如图 3-2-7 所示。汽车转向机构也是双摇杆机构，如图 3-2-8 所示。

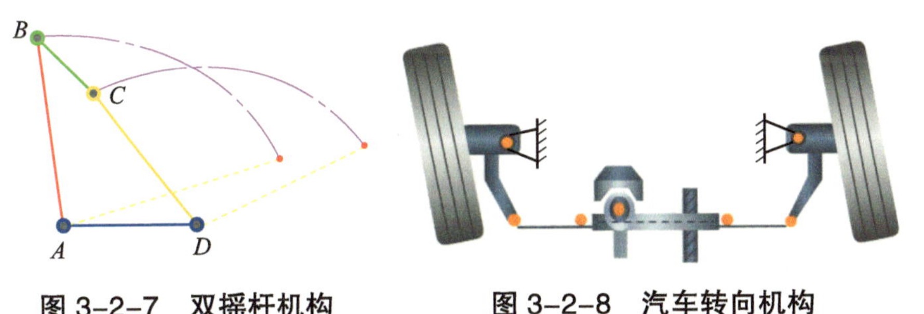


图 3-2-7 双摇杆机构　　图 3-2-8 汽车转向机构

## 二、铰链四杆机构中曲柄存在的条件

**引导问题：铰链四杆机构存在曲柄摇杆、双曲柄和双摇杆三种不同机构，阅读资料，回答存在曲柄的条件是什么？**

通过对铰链四杆机构的三种基本形式的分析可以看到，铰链四杆机构三种类型是由是否存在曲柄或有几个曲柄而区分的。而曲柄是否存在是由杆长和机架的位置决定的。

如图 3-2-9 所示曲柄摇杆机构中，*AB* 为曲柄，*BC* 为连杆，*CD* 为摇杆，*AD* 为机架，分别用杆长 *L*1、*L*2、*L*3 和 *L*4 表示。*AB* 做整周回转过程中，必定存在两个位置与 *AD* 共线，形成两个三角形 $B^NC^ND$ 和 $B^FC^FD$。为了使 *AB* 能成为曲柄，它必须能顺利通过这两个共线位置。由三角形的边长关系可得到铰链四杆机构中曲柄存在的条件如下。

1）连架杆与机架中必有一杆为最短杆。

2）最短杆与最长杆长度之和小于或等于其余两杆长度之和。

以上两条件是曲柄存在的必要条件，这个结论称为杆长之和条件。当满足以上两条件，根据机架的位置又可分为以下三种。

1）以最短杆的邻边为机架时，铰链四杆机构为曲柄摇杆机构。

2）以最短杆为机架时，铰链四杆机构为双曲柄机构。

3）以最短杆的对边为机架时，铰链四杆机构为双摇杆机构。

若机构不满足杆长之和条件则只能成为双摇杆机构。

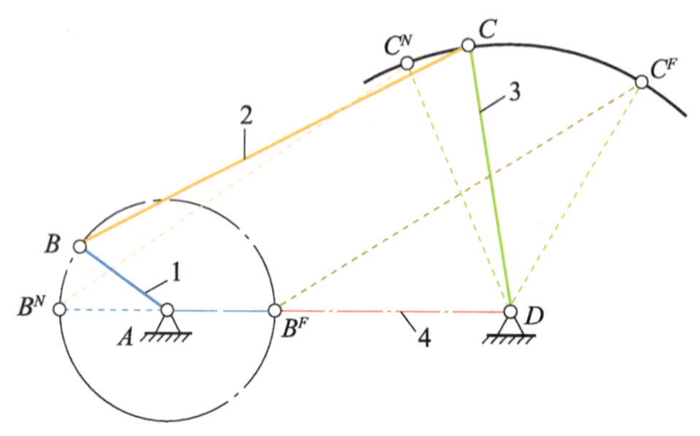


图 3-2-9　铰链四杆机构存在曲柄的条件

例 3-2-1　如图 3-2-10 所示的铰链四杆机构中，已知 $AB$、$BC$、$CD$、$AD$ 各杆长度为：$a$=300mm、$b$=200mm、$c$=350mm、$d$=100mm。分析该铰链四杆机构属于哪类机构。

解：$AD$ 为最短杆，$CD$ 为最长杆，故 $c+d=350+100<a+b=300+200$，满足杆长和条件。因此可知。

当 $AD$ 为机架，最短杆为机架，故此机构是双曲柄机构。

当 $AB$ 或 $CD$ 为机架，最短杆为连架杆，故此机构是曲柄摇杆机构。

当 $BC$ 为机架，最短杆为连杆，故此机构是双摇杆机构。

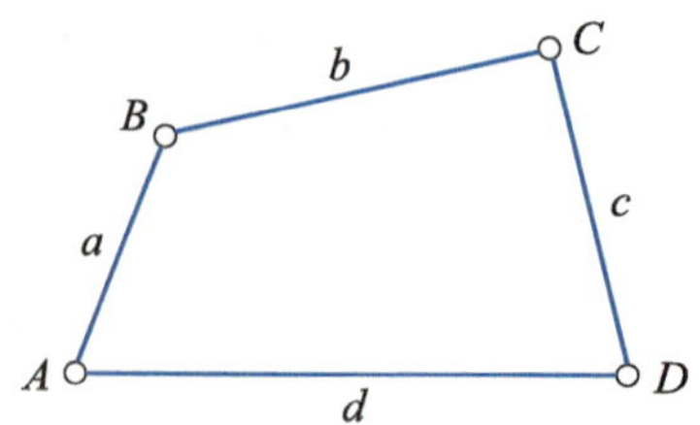


图 3-2-10　铰链四杆机构

## 学习目标

1. 能叙述凸轮机构的组成及特点。
2. 能叙述凸轮机构的分类。
3. 能解释凸轮机构的基本参数。
4. 通过探究活动，能分析凸轮机构的运动过程。

## 内容概要

凸轮机构在机器上的应用广泛，特别是在自动化和半自动化机械中，如汽车发动机配气机构、柴油机柱塞式喷油泵。在汽车发动机的配气机构中，通过连续转动的凸轮的轮廓，驱动气门杆往复运动，从而按预定的时刻打开或关闭气门，完成配气要求。学好凸轮机构可以为以后发动机的维修打下良好的基础。

## 知识准备

### 一、凸轮机构的组成及特点

**引导问题：分析图 3-3-1 所示的气门启闭凸轮机构，判断凸轮机构中一般哪个构件做主动件。**

如图 3-3-1 所示为内燃机中用以控制气门开闭的凸轮机构。凸轮作等速旋转，当凸轮的凸起部分与摇臂接触时，推动摇臂绕摇臂轴做顺时针旋转，摇臂克服气门弹簧的作用力，迫使气门杆向下移动，气门打开。当凸轮的凸起部分离开摇臂时，在气门弹簧力的作用下，气门杆向上移动，气门关闭。气门开启和关闭时间的长短及速度变化，取决于凸轮的轮廓曲线的形状。

从上例可知，凸轮机构是由凸轮、从动件和机架三个基本构件组成的高副机构，如图 3-3-2 所示。凸轮是一个具有曲线轮廓或凹槽的构件。凸轮机构中，主动件一般为凸轮，凸轮通常做等速转动或往复的直线运动，从动件做往复摆动或往复直线运动。通过凸轮与从动件的直接接触，驱使从动件获得预期运动规律。因从动件的运动规律取决于凸轮轮廓线的形状，故能获得较为复杂的运动规律，所以凸轮机构广泛应用于各种自动化机械、自动控制装置和仪表中。

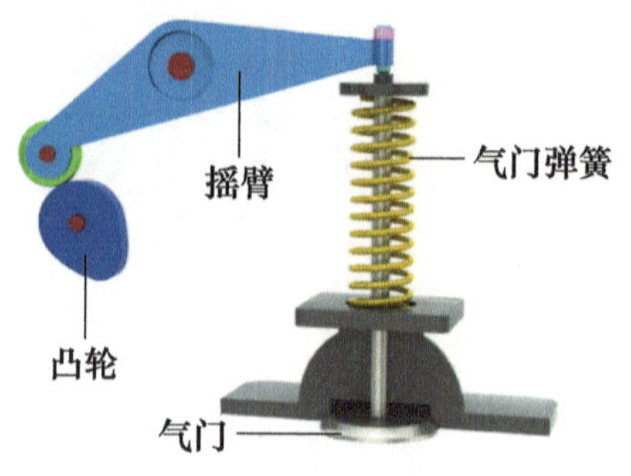


图 3-3-1 内燃机配气机构

图 3-3-2 凸轮的机构

凸轮机构结构简单、紧凑，设计方便，可以高速起动，动作准确可靠；但凸轮与从动件之间为点或线接触，属于高副机构，接触应力大，容易磨损。因此，凸轮机构一般用于传递动力不大的场合。

## 二、凸轮机构的分类

**引导问题：凸轮机构按凸轮的形状可以分为几类？能做往复直线移动的凸轮是什么凸轮？**

根据凸轮和从动件的不同形状和运动方式，凸轮机构有下面几种分类方式。

### 1. 按凸轮的形状不同分类

（1）盘形凸轮机构　盘形凸轮是一个绕固定轴线转动并具有径向廓线尺寸变化的盘形构件，如图 3-3-2 所示，它是凸轮的最基本形式，结构简单、应用广泛，但从动件的行程不能太大，否则将导致结构庞大。

（2）移动凸轮机构　移动凸轮可视为回转中心趋近于无穷远的盘形凸轮，它相对机架做直线往复移动，如图 3-3-3 所示。

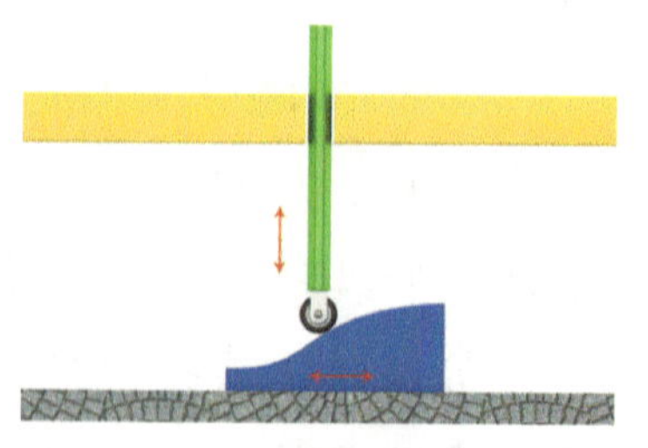

图 3-3-3 移动凸轮机构

（3）圆柱凸轮机构　圆柱凸轮是一个在圆柱面上开有曲线凹槽或在圆柱端面上制出曲线轮廓的构件，并绕其轴旋转，它的从动件可以获得较大的行程。

通常，轮廓曲线位于柱体端部并绕其轴线旋转的凸轮称为端面凸轮机构，如图 3–3–4 所示。轮廓曲线位于柱体面上并绕其轴线旋转的凸轮称为圆柱凸轮机构，如图 3–3–5 所示。

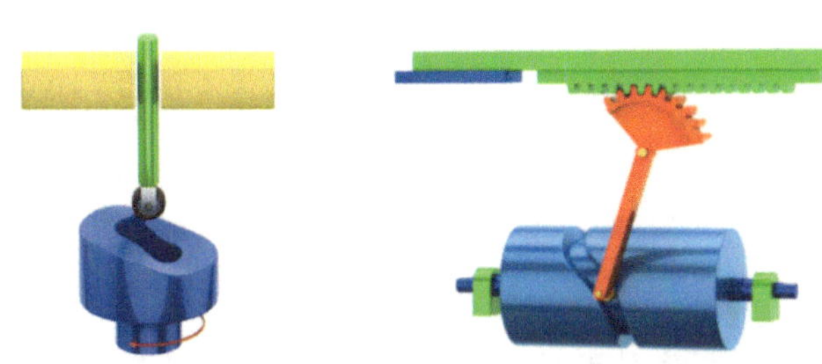

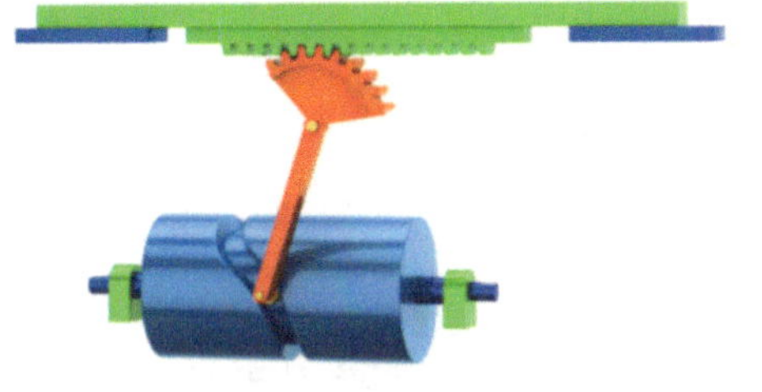

**图 3–3–4 端面凸轮机构**　　**图 3–3–5 圆柱凸轮机构**

### 2. 按从动件的运动形式分类

（1）移动从动件　从动件在直线位置做往复移动，如图 3–3–2、图 3–3–3 和图 3–3–4 所示，其对应的凸轮机构称为移动从动件凸轮机构。

（2）摆动从动件　摆动从动件就是从动件只做往复摆动，如图 3–3–5 和图 3–3–6 所示，其对应的凸轮机构称为摆动从动件凸轮机构。

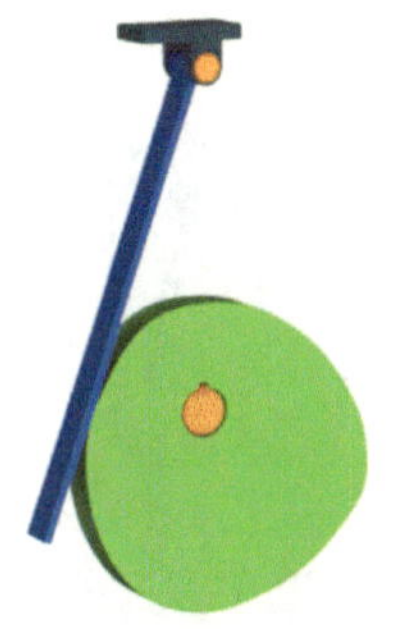

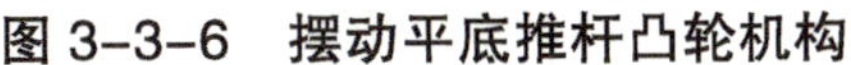

**图 3–3–6 摆动平底推杆凸轮机构**

### 3. 按从动件端部的结构形式分类

（1）尖顶从动件凸轮机构　尖顶从动件结构简单，如图 3–3–2 所示，它能与复杂的凸轮轮廓保持点或线接触，因而从动件可以实现复杂的运动规律。因为尖顶易磨损，故只适用于传递动力不大的低速凸轮机构中。

（2）平底从动件凸轮机构　平底从动件受力方向始终与底面垂直，如图 3–3–6 和图 3–3–7 所示，因此受力较平稳。在高速工作时，底面与凸轮之间较易形成油膜，从而减少摩擦、磨损，故在高速凸轮机构中应用较多。

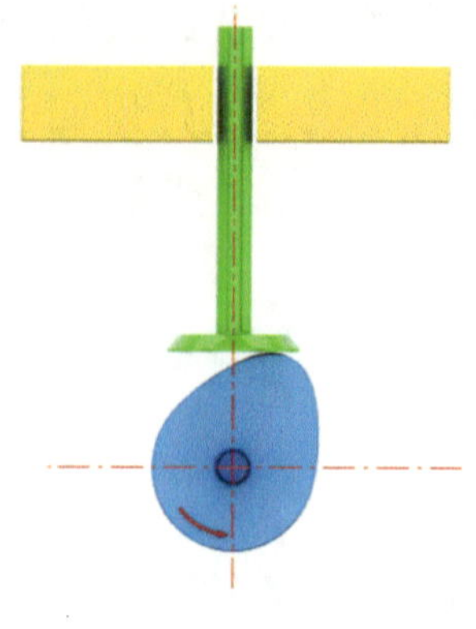

图 3-3-7　平底从动件凸轮机构

（3）滚子从动件凸轮机构　如图 3-3-8 所示，滚子从动件的滚子与凸轮做滚动摩擦，摩擦阻力小，不易磨损，因此可用来传递较大的动力。滚子从动件的滚子与凸轮耐磨损，承载力大，是最常用的一种形式。

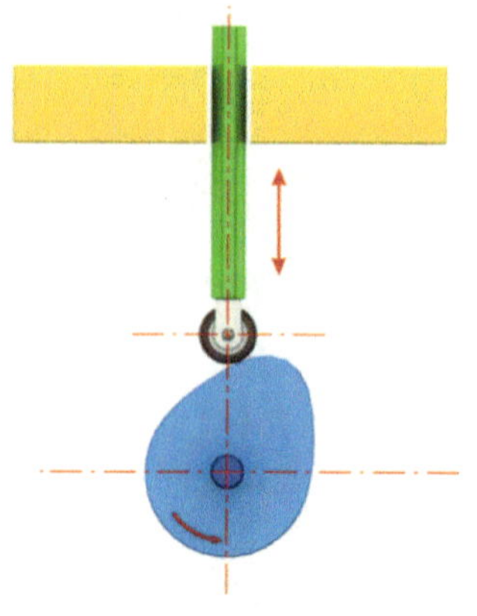

图 3-3-8　滚子从动件凸轮机构

# 模块四 汽车常用连接

## 模块导读

汽车的机械部分通常是由若干个零部件组成的，而零部件之间需要一定形式的连接才能构成具有一定功能的机构。长期的实践表明，机器或机构的损坏常发生在连接部位。连接种类很多，按连接拆开后连接是否损坏，可分为可拆连接与不可拆连接，螺纹连接、键连接为前者，铆接、焊接与黏接为后者。本模块主要学习螺纹连接与键连接。

通过本模块的学习，让学生能够了解螺纹连接和键连接的特点，以及螺纹连接和键连接的使用范围。

## 单元一 螺纹连接

### 学习目标

1. 能叙述螺纹的类型与特点。
2. 能识别螺纹的主要参数。
3. 能正确识读标记的螺纹以及正确标注螺纹参数。
4. 能正确选用螺纹连接类型。
5. 能举例说明螺纹连接在汽车上的应用情况。
6. 能分析总结螺纹连接的失效形式和原因。

### 内容概要

汽车是由各种不同的零件、部件和总成，经螺纹连接件或采用铆接、焊接、黏接等方法连接而成的。螺纹连接件由于具有拆装方便、形式多样、运用灵活等优点而在汽车上得到广泛应用。一辆普通的汽车上往往有上千个螺纹连接件，如汽车发动机气缸盖和缸体的连接；车轮和轮毂的连接等。汽车作为一种高速运动

的交通工具，与人们的生命、财产安全息息相关，如果不重视其螺纹连接件的正确使用和维护，后果可能不堪设想。通过学习了解螺纹的主要参数及螺纹连接的类型与特点；能正确分析螺纹连接失效形式与原因，可以为以后的检测与维修工作打下良好的基础。

## 知识准备

### 一、螺纹的形成与类型

**引导问题：生活中各种螺纹都是根据螺旋线形成的原理加工而成的，那么螺旋线和螺纹究竟是如何形成的呢？螺纹都有哪些类型呢？**

螺旋线与螺纹的形成 1（螺旋线的形成）

螺旋线与螺纹的形成 2（螺纹的形成）

#### 1. 螺纹的形成

如图 4-1-1 所示，将一直角三角形的底边与一圆柱体底面圆周重合，绕在圆柱体上，则三角形的斜边在圆柱体表面上形成螺旋线。再取一个通过圆柱轴线的牙型平面（如矩形、三角形、梯形），使其沿螺旋线移动，则此牙型平面的空间轨迹即构成螺纹。

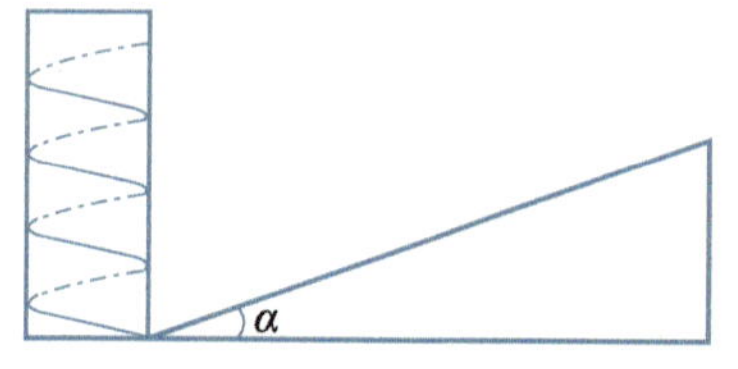


图 4-1-1　螺旋线与螺纹的形成

在圆柱体外表面形成的螺纹称为外螺纹，在空心圆柱体的内表面形成的螺纹称为内螺纹，其牙顶与牙底如图 4-1-2 所示。

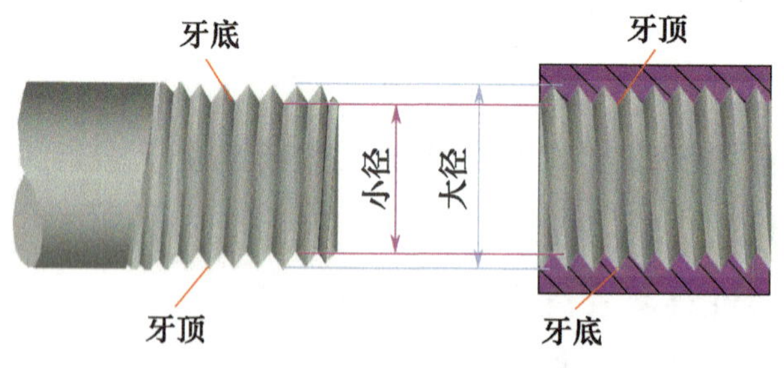


图 4-1-2　外螺纹与内螺纹

#### 2. 螺纹的类型

1）根据螺纹的牙型，可分为三角形螺纹、矩形螺纹、梯形螺纹和锯齿形螺纹等，见表 4-1-1，其特点和应用见表 4-1-2。

**表 4-1-1　螺纹的牙型**

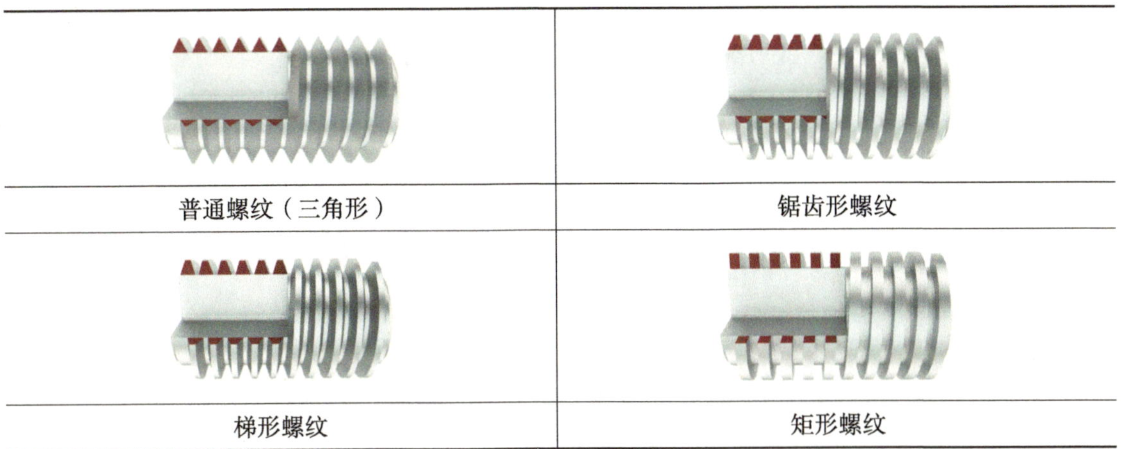

| | |
|---|---|
| 普通螺纹（三角形） | 锯齿形螺纹 |
| 梯形螺纹 | 矩形螺纹 |

**表 4-1-2　常见螺纹的特点和应用**

| 螺纹分类 | | 牙型 | 特征代号 | 应用 |
|---|---|---|---|---|
| 连接螺纹 | 普通螺纹 | | M | 普通螺纹应用最广，一般连接多用粗牙。细牙用于薄壁零件或受变载、振动及冲击载荷的连接，还可用于微调机构的调整 |
| | 米制密封螺纹 | | $M_E$ / $M_D$ | 多用于压力为 1.57MPa 以下的水、煤气管道及润滑和电线管道系统 |
| 传动螺纹 | 矩形螺纹 | | Tr | 一般用于力的传递，如千斤顶、小的压力机等 |
| | 梯形螺纹 | | Tr | 梯形螺纹是传动螺旋的主要螺纹形式，常用于丝杠、刀架丝杆等 |
| | 锯齿形螺纹 | | B | 用于承受单向压力，如螺旋压力机、起重机的吊钩等 |

2）根据螺旋线绕行方向，可分为左旋螺纹和右旋螺纹，如图 4–1–3 所示。

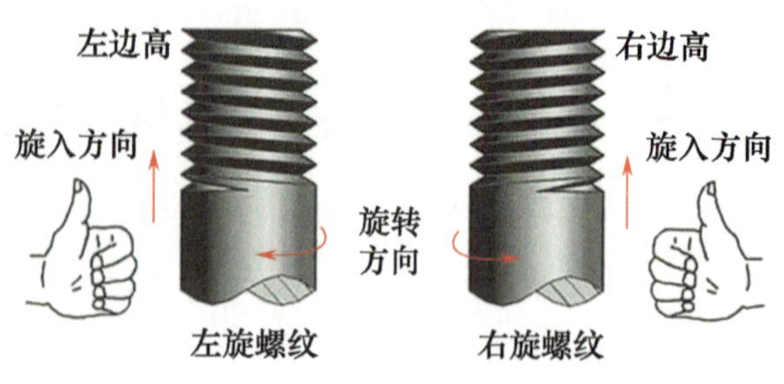


图 4–1–3　螺纹旋向

3）按照圆柱表面上螺旋线的数目，又可将螺纹分为单线螺纹和多线螺纹，如图 4–1–4 所示。为制造方便，螺纹线数一般不超过 4。单线螺纹自锁性能好，常用于连接；多线螺纹传动效率较高，常用于传动。

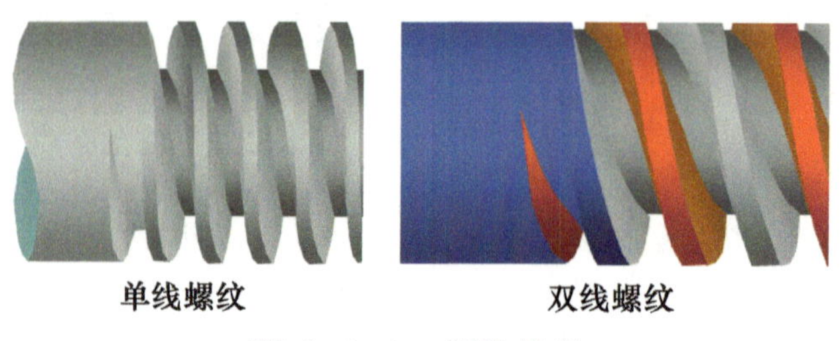


图 4–1–4　螺纹线数

4）根据螺纹是分布在内圆柱面上还是外圆柱面上，可以将其分为圆柱内螺纹和圆柱外螺纹，两者共同组成螺旋副。一般内螺纹的尺寸参数用大写字母表示，外螺纹的尺寸参数用小写字母表示。

## 二、螺纹的主要参数

**引导问题：如果想要在五金店购买到需要的螺栓，我们就必须要了解螺纹的相关参数，那么螺纹的参数有哪些呢？**

下面以普通螺纹为例说明螺纹的基本参数和几何尺寸，如图 4–1–5 所示。

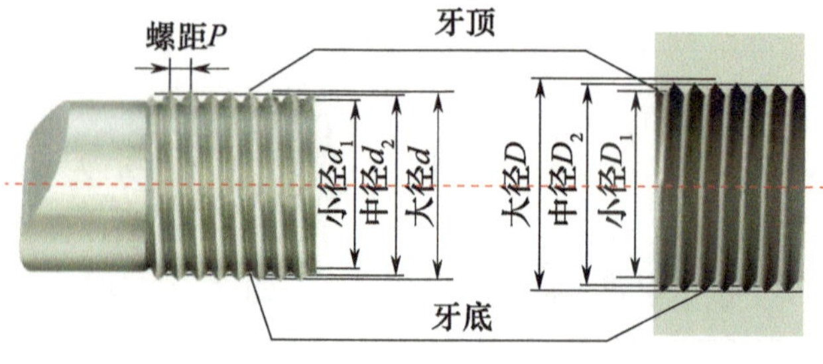


图 4–1–5　螺纹的基本参数

## 1. 牙型

在通过螺纹轴线的剖面区域上，螺纹的轮廓形状称为牙型。图 4–1–5 所示为三角形牙型的内、外螺纹。

## 2. 直径

螺纹直径有大径（$d$、$D$）、中径（$d_2$、$D_2$）和小径（$d_1$、$D_1$）之分，如图 4–1–5 所示。其中外螺纹大径 $d$ 和内螺纹小径 $D_1$ 也称顶径。螺纹的公称直径一般为大径。

1）大径（$d$、$D$）：螺纹的最大直径，与外螺纹牙顶或内螺纹牙底相重合的假想圆柱直径。

2）小径（$d_1$、$D_1$）：螺纹的最小直径，与外螺纹牙底或内螺纹牙顶相重合的假想圆柱直径。

3）中径（$d_2$、$D_2$）：螺纹的牙厚和牙间相等的假想圆柱直径。

## 3. 线数（$n$）

螺纹有单线和多线之分，沿一条螺旋线所形成的螺纹称单线螺纹；沿两条螺旋线所形成的螺纹称多线螺纹，图 4–1–5 所示为单线螺纹。

## 4. 螺距（$P$）与导程（$P_h$）

螺距是指相邻两牙在中径线上对应两点间的轴向距离。导程是指在同一条螺旋线上，相邻两牙在中径线上对应两点的轴向距离，如图 4–1–6 所示。

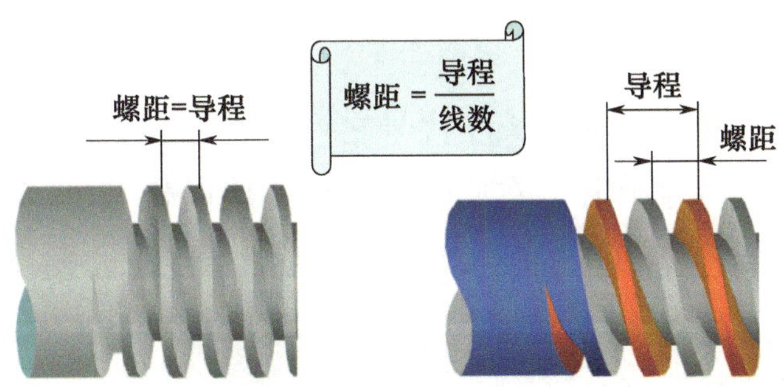


图 4–1–6　螺距和导程

螺距、导程、线数三者之间的关系式：

单线螺纹的导程等于螺距，即 $P_h=P$；多线螺纹的导程等于线数乘以螺距，即 $P_h=nP$。

### 5. 旋向

螺纹有右旋与左旋两种。顺时针旋转时旋入的螺纹，称右旋螺纹；逆时针旋转时旋入的螺纹，称左旋螺纹。将外螺纹垂直放置，螺纹的可见部分是右高左低时为右旋螺纹，左高右低时为左旋螺纹。工程上常用右旋螺纹。

螺纹的牙型、大径、螺距、线数和旋向称为螺纹五要素，只有五要素相同的内、外螺纹才能互相旋合。

## 三、螺纹的标注

**引导问题：由于螺纹的规定画法不能表达出螺纹的种类和螺纹的要素，因此在图中需要对标准螺纹进行正确的标注，那么如何对螺纹进行标注呢？**

### 1. 常用螺纹的标记

完整的螺纹标记由螺纹特征代号、尺寸代号、公差带代号及其他有必要做进一步说明的个别信息组成。普通螺纹的标注如下所示。

牙型代号公称直径 × 螺距 – 螺纹公差带代号 – 旋合长度代号 – 旋向

国标规定：

1）粗牙螺纹不标注螺距。

2）单线螺纹的尺寸代号为“公称直径 × 螺距”，公称直径和螺距数值的单位为毫米。对粗牙螺纹，可以省略标注其螺距项。

3）多线螺纹的尺寸代号为“公称直径 ×Ph 导程螺距”，公称直径、导程和螺距数值的单位为毫米。

4）对左旋螺纹，应在旋合长度代号之后标注“LH”代号。旋合长度代号与旋向代号间用“–”号分开。右旋螺纹不标注旋向代号。

5）对短旋合长度组和长旋合长度组的螺纹，宜在公差带代号后分别标注“S”和“L”代号。旋合长度代号与公差带间用“–”号分开。中等旋合长度组螺纹不标注旋合长度代号（N）。

6）中径和顶径公差带代号相同时，只标注一次。

### 2. 普通螺纹的标注示例

例 1：公称直径为 8mm 、螺距为 1mm 的单线细牙螺纹：M8 × 1

例 2：公称直径为 16mm、螺距为 1.5 mm、导程为 3 mm 的双线螺纹：M16×Ph3P1.5

例 3：中径公差带为 5g、顶径公差带为 6g 的外螺纹：M10×1－5g6g

例 4：中径公差带和顶径公差带为 6g 的粗牙外螺纹：M10－6g

例 5：公称直径为 6mm、螺距为 0.75mm、短旋合长度、左旋外螺纹：M6×0.75－5h6h－S－LH

## 四、螺纹连接的基本类型

**引导问题：常见螺纹连接件有哪些？螺纹连接的基本类型有哪些？各适用于什么场合？**

### 1. 螺纹连接件

如图 4-1-7 所示，常用的螺纹连接件有螺栓、双头螺柱、螺钉、螺母等。一端制有外螺纹且头上无槽的螺纹制件称为螺栓；一端制有外螺纹且头上有槽的螺纹制件称为螺钉；两端均制有外螺纹的螺纹制件称为双头螺柱；制有内螺纹与螺栓、螺柱相配的螺纹制件称为螺母；紧定螺钉属于无头螺钉。其中垫圈的主要作用是保护接触面，防止其在拧紧螺母时被擦伤，并可扩大接触面积以减小表面的挤压力；有的垫圈还起螺纹连接的防松作用，如弹性垫圈。垫圈的公称尺寸与相配螺栓的公称尺寸应该一致。

图 4-1-7 常用螺纹连接件

## 2. 螺纹连接基本类型

（1）螺栓连接　螺栓连接常用于连接两件都不太厚的零件。它又分为以下两种情况：一是普通螺栓连接，如图 4–1–8 所示。被连接件的孔无须切制螺纹，所以结构简单、装拆方便，应用广泛。二是铰制孔螺栓连接，如图 4–1–9 所示。孔与螺栓杆之间没有间隙，常采用基孔制过渡配合。铰制孔螺栓连接能精确固定被连接件的相对位置，并能承受横向载荷，但螺栓制造成本较高，对孔的加工精度要求也较高。

普通螺栓连接

铰制孔螺栓连接

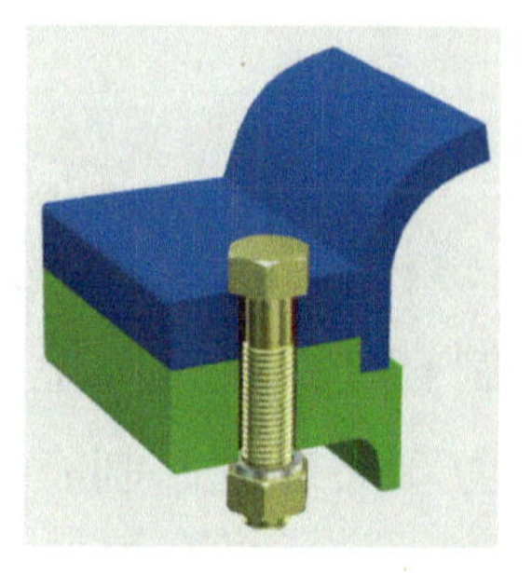

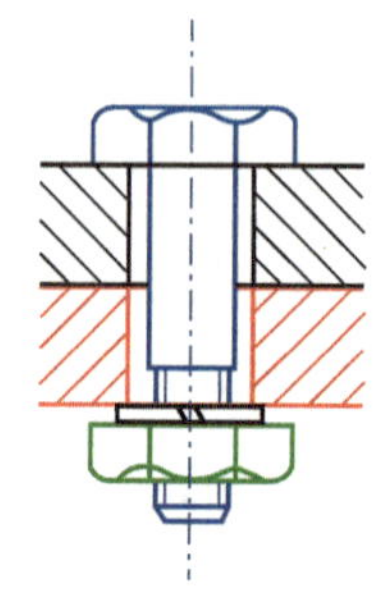

图 4–1–8　普通螺栓连接

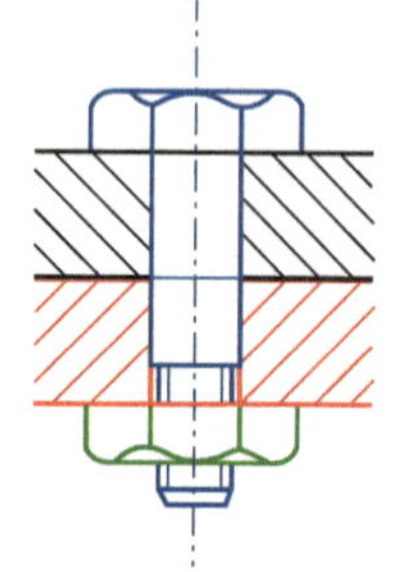

图 4–1–9　铰制孔螺栓连接

（2）双头螺柱连接　如图 4–1–10 所示的双头螺柱连接常用于连接一厚一薄两零件。拆装时只需拆螺母，而不需将双头螺柱从被连接件中拧出。

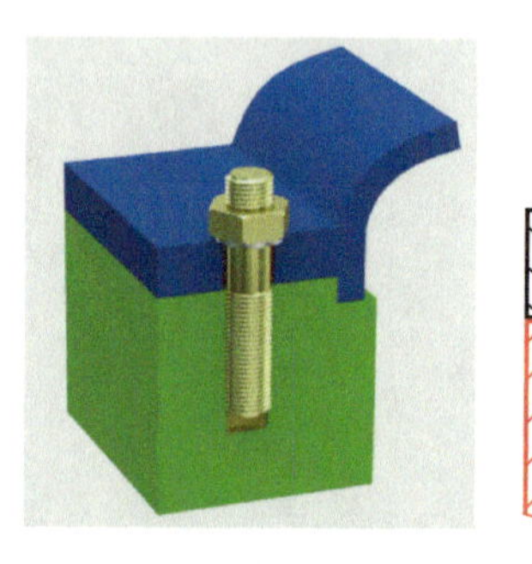

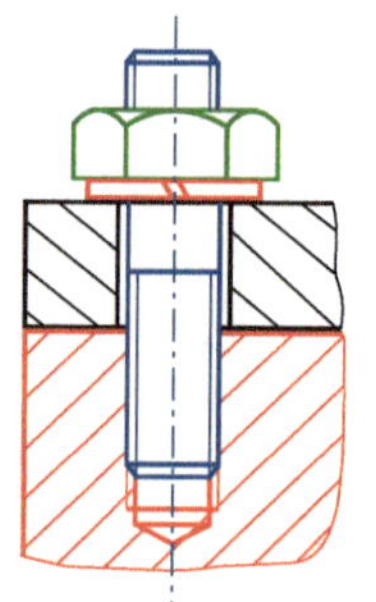

双头螺柱

图 4–1–10　双头螺柱

（3）螺钉连接　如图 4–1–11 所示的螺钉连接适用于被连接件之一太厚，且不宜经常装拆的场合。

（4）紧定螺钉连接　如图 4–1–12 所示，紧定螺钉连接是利用拧入被连接件螺纹孔中的螺钉末端顶在另一被连接件的表面相应的凹坑中，以固定两零件的相对位置，并传递不大的力和转矩。

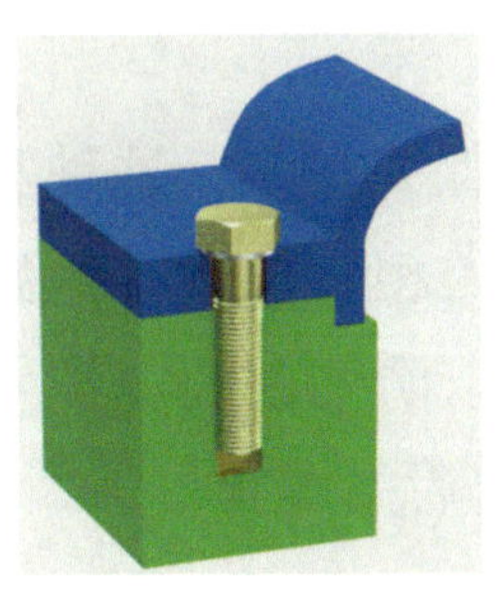

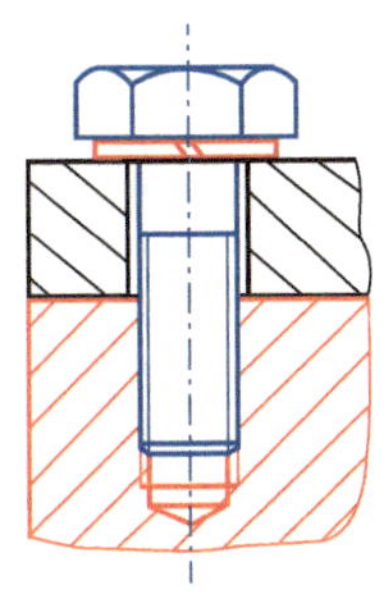

图 4-1-11 螺钉连接

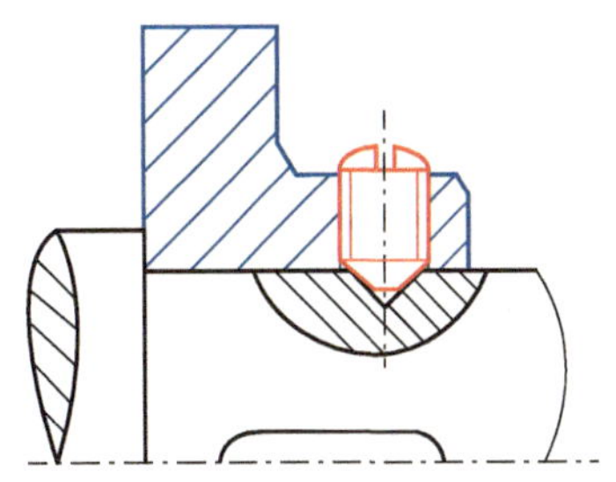

图 4-1-12 紧定螺钉

## 五、螺纹连接在汽车上的应用

**引导问题：螺纹连接件在汽车结构中应用广泛，所起的作用重要且复杂，那么螺纹连接在汽车上具体有哪些应用呢？又起着怎样的作用呢？**

螺纹连接件种类多，汽车上经常使用的主要是各种规格的螺栓、螺钉和螺母。根据螺纹连接件在汽车中的不同作用，螺纹连接在汽车上的典型应用如下。

### 1. 固定作用

螺纹连接件可以将 2 个零件或部件紧密地组成一个整体，如把气缸盖固定在气缸体上，把车厢固定在车架上和把曲轴轴承盖固定在轴承座上等。这种情况下螺栓承受的是拉应力作用，只要它的抗拉强度足够大，且固定部位没有松动，这种固定就是可靠的。

### 2. 传力作用

两个转动着的零件，通过螺纹连接件连接起来后，一个零件的扭矩便通过螺纹连接件传递给另一个零件。例如，汽车上用螺栓把前后两段传动轴、半轴凸缘跟轮毂、轮辋跟轮毂连接起来等。这种情况下，螺栓除了承受拉应力的作用外，还要承受剪切应力的作用。

### 3. 连接作用

经常需要拆卸的零件之间往往采用螺纹连接件，以便拆装。如汽车发动机油底壳与曲轴箱的连接、空气滤清器跟进气总管的连接、各种导线与电气零件的连接等。这种连接件一般承受的载荷不大，但是连接必须牢固、可靠，才能保证被连接件的正常工作。

### 4. 定位作用

汽车上有些零件之间保持着严格的相对位置关系，且这种关系经常需要变化或调整，调整之后依靠螺栓或螺钉固定它们的相对位置。例如，某缸气门间隙调整完毕，用相应气门摇臂上的螺母锁紧，以防气门间隙发生变化；离合器分离杠杆调整螺栓的固定及制动踏板拉杆调整之后的固定等。

### 5. 密封作用

汽车上许多经常需要更换介质的零件，如油底壳、变速器壳体、主减速器壳、转向机壳、燃油箱等，其底部都有放油螺塞。它与相应的壳体紧密结合，有的还被预先磁化因而可以吸附微小金属磨屑。这种螺塞虽然不承受大的载荷，但因为需要经常拆装，其尺寸一般较大，必须使之具有足够的强度。在螺塞与基体零件之间应放置铜垫圈起密封作用。

### 6. 调整作用

例如：汽车发动机润滑系和底盘制动系中使用的许多阀，都可以通过调整螺钉来调节弹簧的预紧力；离合器拉杆、驻车制动器拉杆、离合器分离杠杆和气门摇臂等均利用螺钉进行调整。以螺纹连接件作为调整载体，既方便又实用。

综上所述，螺纹连接件在汽车上的应用非常广泛，必须深刻理解和认真分析这些作用，从而更恰当地使用和维修汽车。

## 六、螺纹连接失效形式原因分析

**引导问题：生活中，任何有螺栓连接的地方都有连接失效的危险，一旦发生失效，轻则机器停止运转，重则机毁人亡。那么是什么引起螺纹连接失效呢？**

在汽车装配或后期维护中，由于人们认为螺栓体积小且非常廉价，常常忽视其重要性，在螺纹紧固件的制造、选型、使用操作及后续的维护等方面都缺少相应的重视，这使得螺纹连接件存在很大的潜在失效风险，许多重大事故背后的直接诱因都是由于螺纹紧固件连接失效造成的。例如：2012 年 4 月某汽车公司召回 6 万余辆，其召回的主要原因是后桥螺栓拧紧力矩不足，存在螺栓断裂的风险；2014 年 3 月某汽车公司在中国市场召回 23.2 万辆，其召回原因是汽车发动机运转过程中，凸轮轴螺栓可能松脱甚至断裂。

### 1. 失效形式

螺纹连接失效发生的部位通常在螺纹、栓杆。

1）受静载荷螺栓的失效形式多为部分的塑性变形或螺栓被拉断。

2）受交变载荷的螺栓的失效形式多为螺栓的疲劳断裂。

3）受横向载荷的铰制孔用螺栓连接，其失效形式主要为螺栓杆剪断，栓杆或被连接件孔接触表面挤压破坏。

4）如果螺纹精度低或者连接时常拆装，很可能发生滑扣现象。

5）螺纹连接件发生电化学腐蚀或空气氧化，锈蚀严重时会降低连接件强度。

图 4–1–13 展示了部分螺纹连接失效的形式。

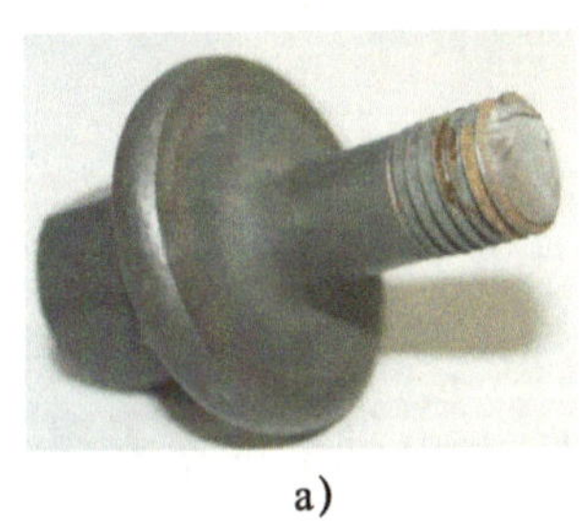
a)

b)

c)

**图 4–1–13 螺纹连接失效形式**

a）断裂 b）螺纹滑扣 c）锈蚀

### 2. 失效原因分析

1）普通螺纹连接在拧紧时，螺栓因承受拉力引起伸长，导致螺母支撑面附近的螺栓承受很大的载荷，而且螺母承受的压缩载荷也同样产生载荷集中效应。当外载荷增加时，螺栓继续弹性伸长，被连接件压缩变形相应减少（即紧固力减小），甚至消失；或因螺栓伸长超过了弹性极限，出现塑性屈服而产生永久变形，使紧固力减小，导致连接失效（畸变、断裂、丧失紧固性）。这种因载荷过大引起的失效是螺纹连接常见失效形式之一。

2）交变载荷作用在紧连接的螺栓上时，螺栓因受较大的交变应力产生疲劳裂纹甚至断裂。疲劳破坏是螺纹连接最常见的失效形式。疲劳失效大多位于螺母的支撑面、螺纹尾部或螺栓头与杆的过渡圆角处。螺纹连接受交变载荷也会使连接中的预紧力变化，导致螺纹松脱。

3）因材料蠕变造成的螺纹连接失效。在高温下，螺栓承载能力会随时间而降低，此时螺栓承载的应力并未超过材料的弹性极限。金属材料在恒定温度和恒定应力的长期作用下，随着时间的延长材料缓慢地发生塑性变形（蠕变），因此造成在高温下螺栓连接失效。

# 单元二 螺纹连接预紧与防松

## 学习目标

1. 能叙述螺纹连接预紧的目的。
2. 能正确使用测力矩扳手和定力矩扳手。
3. 能正确选用螺纹防松类型。
4. 能举例说明汽车螺纹连接件防松措施。

## 内容概要

螺纹连接因其结构紧凑、装拆容易等优点，在汽车行业等得到广泛运用。但其预紧和松动问题一直是螺纹紧固件的最大难题。传统的螺纹连接在静载荷作用且温度变化不大的条件下，一般不需要另外引入防松方法阻止松脱发生。但是螺纹连接在受到较大振动、冲击作用或温度变化较大时，易发生松动、松脱，在安全和关键的应用中，这种故障可能是灾难性的，比如连杆螺栓、气缸盖螺母、车轮螺栓等。通过对螺纹连接预紧与防松的学习，能掌握汽车关键螺栓的拧紧与防松方法，为以后的检测与维修工作打下良好的基础。

## 知识准备

### 一、螺纹连接的预紧

**引导问题：为什么螺纹连接需要预紧？如何确定螺纹连接的预紧力？在螺纹连接装配过程中，如何控制螺栓预紧力？**

#### 1. 螺纹连接预紧目的

大多数螺纹连接在装配时都必须拧紧，使连接在承受工作载荷之前，预先受到力的作用。这个预加作用力称为预紧力。预紧的目的在于增强螺纹连接的可靠性、紧密性，以防止受载后被连接件之间出现缝隙或发生相对滑移。经验证明，适当选用较大的预紧力，对螺纹连接的可靠性以及连接件的疲劳强度都是有效的，特别是对于像气缸盖、齿轮箱、轴承盖等紧密性要求较高的螺纹连接，预紧更为重要。对螺纹连接件进行装配拧紧时，若预紧力达不到规定要求就会造成零部件的松动，甚至使整机无法正常工作。如果预紧力过大就会引起人为的零部件损坏，如采用 O 形圈密封，如果预紧力过大就会挤坏 O 形圈，使密封失效。

### 2. 测力矩扳手、定力矩扳手

对于普通连接，可由操作者凭经验控制预紧力的大小；对于较重要的普通螺栓连接，可采用测力矩扳手（图 4-2-1）或定力矩扳手（图 4-2-2），利用控制拧紧力矩的方法来控制预紧力的大小。

图 4-2-1 测力矩扳手

测力矩扳手

测力矩扳手的工作原理是根据扳手上弹性元件在拧紧力的作用下所产生的弹性变形来指示拧紧力矩的大小。为方便计量，可将指示刻度直接以力矩值标出。

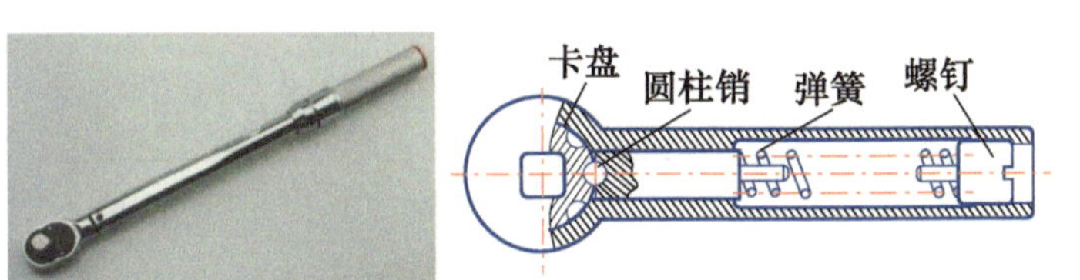


图 4-2-2 定力矩扳手

定力矩扳手

## 二、螺纹连接防松

**引导问题：螺纹连接一旦出现松脱，不仅会影响机器的正常运转，还可能造成严重事故。因此，为了防止连接松脱，可以采取哪些有效的防松措施呢？**

### 1. 螺纹连接防松类型与特点

在静载荷作用下，连接螺纹的升角较小，故能满足自锁条件。但在受冲击、振动或变载荷以及温度变化大时，连接有可能自动松脱，这就容易发生事故。防松目的是防止内、外螺纹间产生相对转动。按工作原理可分为三类：摩擦防松、机械防松、不可拆卸防松，具体见表 4-2-1。

表 4-2-1 螺纹连接的防松

| 防松方法 | | 结构形式 | 特点和应用 |
|---|---|---|---|
| 摩擦防松 | 对顶螺母 | | 两螺母对顶拧紧后，使旋合螺纹间始终受到附加的压力和摩擦力作用<br>结构简单，适用于平稳、低速和重载的固定装置上的连接 |
| | 弹簧垫圈 | | 螺母拧紧后，靠垫圈压平而产生的弹性反力使旋合螺纹间压紧。同时垫圈斜口的尖端抵住螺母与被连接件的支撑面也有防松作用<br>结构简单，使用方便。但由于垫圈弹力不均，在冲击、振动等工作条件下，其防松效果较差，多应用于不重要的连接 |
| | 自锁螺母 | | 螺母一端制成非圆形收口或开封后径向收口。当螺母拧紧后，收口胀开，利用收口的弹力使旋合螺纹间压紧<br>结构简单，防松可靠，可多次拆装而不降低防松性能 |
| 机械防松 | 开口销与开槽螺母 | | 开槽螺母拧紧后，将开口销穿入螺栓尾部小孔和螺母的槽内<br>适用于较大冲击、振动的高速机械中运动部分的连接 |
| | 止动垫圈 / 单耳止动垫圈 | | 螺母拧紧后，将单耳或双耳止动垫圈分别向连接件的侧面折弯，即可将螺母锁紧<br>结构简单、使用方便、防松可靠 |

（续）

| 防松方法 | | 结构形式 | 特点和应用 |
|---|---|---|---|
| 不可拆卸防松 | 冲点 | | 用冲头在螺栓杆末端与螺母的旋合缝处打冲，利用冲点防松。<br>防松可靠，拆卸后连接件不能重复使用 |
| | 黏合防松 | | 在旋合螺纹间涂以液体胶黏剂，拧紧螺母后，胶黏剂硬化、固着，防止螺纹副的相对运动 |
| | 端铆 | | 螺栓杆末端外螺长度为（1~1.5）$P$（螺距），当螺母拧紧后把螺栓末端伸出部分铆死。<br>防松可靠，拆卸后连接件不能重复使用 |

### 2. 汽车螺纹连接防松措施

螺纹连接件的连接牢靠与否直接影响汽车的使用与安全，汽车设计时采用了相应锁紧防松措施，常用防松措施如表 4-2-2 所示。

**表 4-2-2　汽车常用螺纹防松措施**

| 类型 | | 应用举例 |
|---|---|---|
| 摩擦力防松 | 弹簧垫圈 | 汽车电气线路线头的固定 |
| | 双螺母 | 离合器拉杆、驻车制动器拉杆及轮毂轴承的调整螺母和锁紧螺母等（气门摇臂的调节螺钉用锁止螺母锁止） |
| 机械防松 | 开口销与开槽螺母 | 汽车发动机连杆螺栓的锁紧、转向横拉杆和转向纵拉杆球头座螺塞的锁紧 |
| | 锁片锁紧 | 汽车差速器壳轴承固定螺母的锁紧等 |
| | 利用铁丝锁紧 | 变速器拨叉固定螺钉、飞轮螺栓、飞轮壳固定螺栓等采用铁丝锁紧方法 |

## 三、气缸盖螺钉的拧紧

**引导问题：汽车发动机大修中，在拧紧汽车气缸盖螺钉时需要注意哪些问题？**

在安装气缸盖时，常见一些修理人员对气缸盖螺栓都是根据螺栓直径的粗

细不同，凭经验估定扭矩大小，用扭力大扳手拧紧，有时安装中因扭矩过大将螺栓拧断，或者拧紧力矩不均匀以及未按照规定顺序松紧气缸盖螺栓造成气缸盖翘曲变形。因此，在拆装气缸盖螺栓过程中，应在常温下按照规范要求进行操作。

### 1. 气缸盖螺栓拧紧顺序

拧紧气缸盖螺栓时，拧紧顺序如图 4-2-3 所示，按标示的顺序分两次从中间到两边，对称、对角地对气缸盖螺栓进行拧紧。

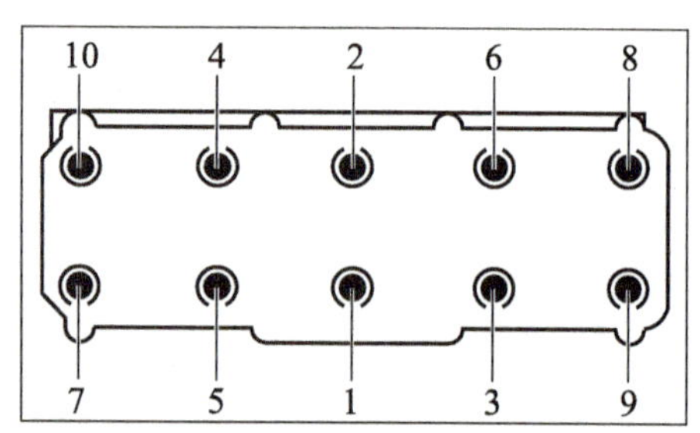


图 4-2-3　气缸盖螺栓拧紧顺序

⚠ 注意　安装气缸盖螺栓时，需对气缸盖螺栓进行润滑，即在气缸盖螺栓的螺纹与螺栓头处涂抹适量的润滑油。

### 2. 气缸盖螺栓拧紧方法

气缸盖螺栓的拧紧方法有 2 种，即扭矩拧紧法和“扭矩 + 角度”拧紧法。装配拧紧的本质是通过螺栓的轴向预紧力将 2 个工件（如缸盖与缸体）可靠地连接在一起。因此，对轴向预紧力的准确控制是保证装配质量的基础。

扭矩拧紧法是通过控制拧紧扭矩间接地实施预紧力，由于受到摩擦系数等多种不确定因素的影响，导致对轴向预紧力控制精度低，且轴向预紧力小而分散，容易造成材料利用率低和可靠性差。

“扭矩 + 角度”拧紧法主要通过将螺栓拉长到超弹性极限，达到屈服点，以实现既充分利用材料强度，又完成了高精度拧紧控制的目的。

螺栓在两种拧紧方法中获得的扭矩相当，区别在于使用扭矩拧紧法时，螺栓产生的预紧力的分散度是正确的“扭矩 + 角度”拧紧法的 2~3 倍。因此，实践中建议采用“扭矩 + 角度”拧紧法。

如图 4-2-4 所示，气缸盖螺栓的拧紧一般采用扭矩法 + 角度法，具体操作步骤如下：

1）用规定的扭矩拧螺栓。

2）螺栓顶上标上油漆标记。

3）螺栓先拧紧到规定力矩，然后再加上 90° 或 180° 。

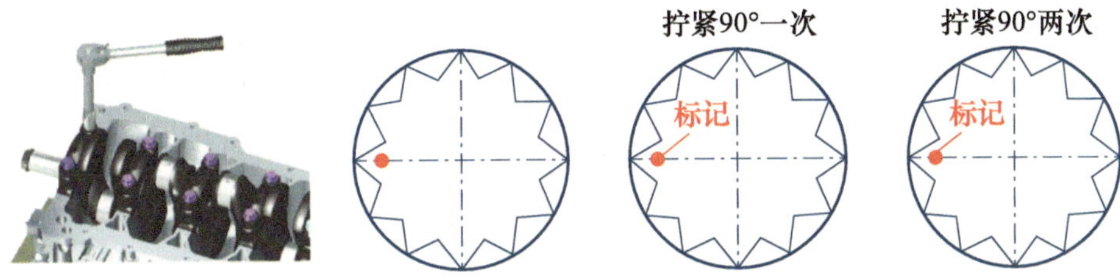


图 4-2-4 气缸盖螺栓的拧紧操作

## 四、螺纹连接预紧不当后果及原因分析

**引导问题：在螺纹连接装配中，如果螺纹紧固件拧得过紧或过松能正常使用吗？如果不能又会造成怎么的后果呢？**

合适的预紧力是增强连接可靠性和紧密性的重要前提。不合适的预紧力会带来以下后果。

### 1. 螺纹连接零件的静力破坏

若螺纹紧固件拧得过紧，即预紧力过大，就会引起人为的零部件损坏，螺栓可能被拧断，连接件被压碎、咬死、扭曲或断裂，也可能使螺纹牙型被剪断而脱扣。

### 2. 被连接件滑移、分离或紧固件松脱

对于承受横向载荷的普通螺栓连接，预紧力使被连接件之间产生正压力，依靠摩擦力抵抗外载荷，因此预紧力的大小决定了它的承载能力。若预紧力不足，被连接件将出现滑移，从而导致被连接件错位、歪斜、折皱，螺栓有可能被剪断。对于受轴向载荷的螺栓连接，预紧力使接合面上产生压紧力，受外载荷作用后的剩余预紧力是接合面上工作时的压紧力。若预紧力不足将会导致接合面松动，甚至导致两被连接件分离的严重后果。同时，预紧力不足还将引起强烈的横向振动，致使螺母松脱等故障发生。

### 3. 螺栓疲劳破坏

不合适的预紧力在大多数情况下会使螺栓因疲劳而失效。减小预紧力虽然能使螺栓上循环变化的总载荷的平均值减小，但却使载荷变幅增大，所以总的效果大多数是使螺栓疲劳寿命下降，引起疲劳破坏。

因此，在装配工艺中一定要确定预紧力的范围。根据被连接件的重要程度、受力情况、运动方式、结构特点、螺纹规格与等级、被连接件材料与连接的目的等方面综合考虑，确定科学合理的预紧力范围；在装配时严格遵守工艺规定的力矩要求。只有这样才能真正提高螺纹连接的可靠性以及连接件的抗疲劳强度。

# 单元三 键与花键

## 学习目标

1. 能叙述键连接的类型、结构及特点。
2. 能概括花键连接的结构及特点。
3. 能根据已知条件进行计算，正确选用键连接类型。
4. 能举例说明键连接在汽车上的应用情况。
5. 能分析总结键连接的失效形式及原因。

## 内容概要

键和花键主要用于轴和带毂零件（如齿轮、蜗轮、带轮、链轮等），实现周向固定以传递转矩的轮毂连接。键连接分为松键连接和紧键连接两大类。松键连接包括平键连接和半圆键连接，紧键连接包括楔键连接和切向键连接。键连接属于可拆连接，具有结构简单、工作可靠、拆装方便等优点。通过学习，了解键连接的结构与形式、工作特性，熟悉键连接的失效形式，掌握键连接在汽车上的应用以及拆装。

## 知识准备

### 一、键连接的类型与结构

**引导问题：键通常用来实现轴和轮毂之间的周向固定以传递扭矩，常见键连接有哪些类型？具有什么样的结构特点？**

键是一种标准零件，通常用来实现轴和轮毂之间的周向固定以传递扭矩，有的还能实现轴上零件的轴向固定或轴向滑动的导向。键连接的主要类型有：平键连接、半圆键连接、楔键连接和切向键连接。

#### 1. 平键连接

平键的上下表面和两侧面各互相平行，横截面为正方形或矩形，键的两侧面是工作面，键的上面与轮毂槽底之间留有间隙，为非工作面，如图 4-3-1 所示。由于平键连接具有结构简单、对中性好、拆装方便等优点，因而得到广泛

应用，但这种键连接对轴上零件不能起到轴向固定作用，不能承受轴向力。平键按用途可分为普通平键、导向平键和滑键。

图 4-3-1　平键连接

（1）普通平键　普通平键用于轴毂之间无相对轴向移动的静连接，普通平键的断面尺寸宽和高是根据轴的直径按国家标准选取的；普通平键的长度应该比轮毂的宽度略短，最长和轮毂的宽度一样大。按键的端部形状分为圆头（A 型）、方头（B 型）和单圆头（C 型）三种形式，如图 4-3-2a、图 4-3-2b、图 4-3-2c 所示。A 型和 B 型都用在轴的中间部位，C 型键应用较少，一般用在轴端的连接。

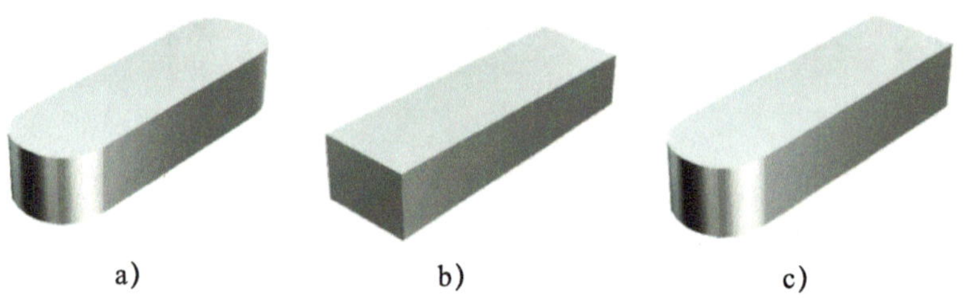


图 4-3-2　普通平键

a）圆头平键（A 型）　b）方头平键　（B 型）　c）单圆头平键（C 型）

（2）导向平键和滑键　导向平键和滑键用于动连接，即轴与轮毂间有轴向相对移动的连接。导向平键较长，需用螺钉固定在轴槽中，为便于拆装，在键中部制出起键螺纹孔，如图 4-3-3 所示，可扫码观看其结构。

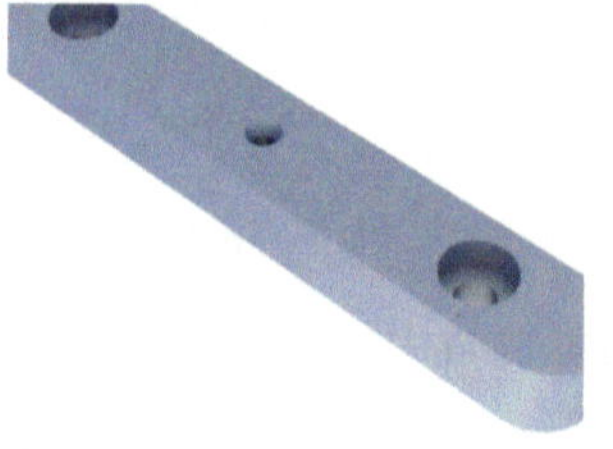

图 4-3-3　导向平键

轴上零件滑移距离越大，导键越长，制造越困难，这时宜采用滑键。滑键固定在轮毂上，轮毂带动滑键在轴槽中做轴向滑动，轴上应制出较长的键槽。滑键在轮毂上固定可采用不同方式，主要有双钩头滑键和单圆钩头滑键两种结构形式。图 4-3-4 和图 4-3-5 所示是这两种滑键的典型结构。双钩头滑键的结构特点是轮毂嵌在两个钩头之间，单圆钩头滑键的特点是单圆钩头嵌入轮毂中。汽车变速器中滑移齿轮与轴的连接就采用滑键连接。

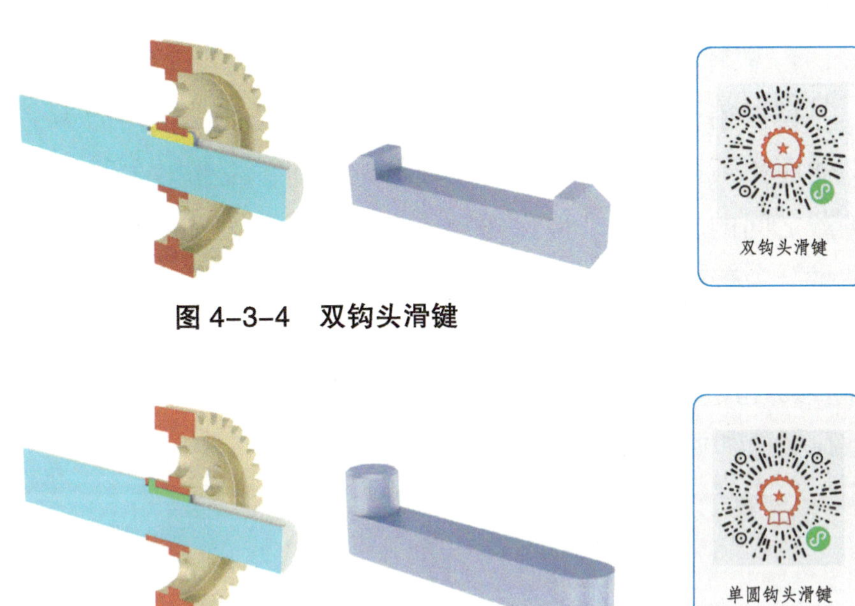


图 4-3-4　双钩头滑键

图 4-3-5　单圆钩头滑键

## 2. 半圆键连接

半圆键用于静连接，键的侧面是工作面。半圆键的上表面与轮毂键槽底面间有间隙，两侧面为半圆形，键在轴槽中能绕其几何中心摆动，以适应轮毂上键槽的斜度，如图 4-3-6 所示。

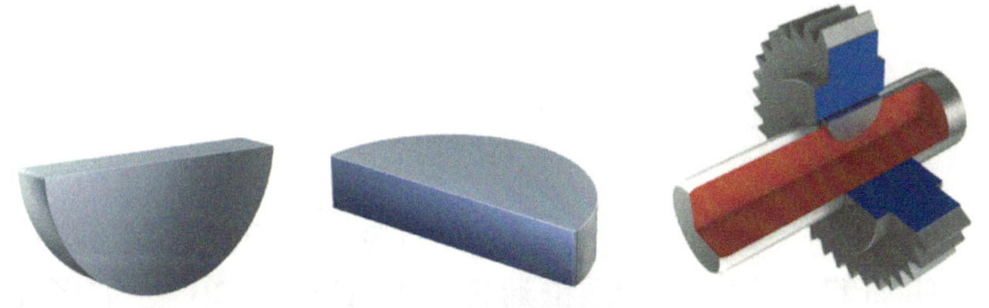

图 4-3-6　半圆键连接

半圆键连接工作时，也是靠键的侧面受挤压传递运动和扭矩，但其传递的扭矩不能太大。轴与轮毂同轴度高，但轴上的键槽较深，对轴的强度削弱较大。它主要用于轻载或锥形轴头的场合。

平键和半圆键连接制造简易，拆装方便，在一般情况下不影响被连接件的定心，因而应用相当广泛。平键和半圆键不能实现轴上零件的轴向固定，所以不能传递轴向力。

### 3. 楔键连接

楔键用于静连接。如图 4-3-7 所示，键的上下两面为工作面，键与键槽的两侧面并不接触，键被楔紧在轴与轮毂间，工作时主要靠键和键槽之间及轴与轮毂之间的摩擦力来传递扭矩。楔键的上表面和毂槽底面均有 1:100 的斜度。楔键分为普通楔键和钩头楔键。这种键连接的优点是能轴向固定零件和承受单方向轴向力，缺点是在楔紧时破坏了轴与轮毂的对中性，又由于是靠摩擦力工作，在冲击、振动或变载荷作用下键易松动，因此主要用于定心精度要求不高、载荷平稳和低速的场合。

楔键

**图 4-3-7 楔键**

a）普通楔键 b）钩头楔键

### 4. 切向键连接

切向键是由两个具有 1 :100 斜度的普通楔键组成，如图 4-3-8 所示，两键以其斜面相互贴紧，上、下两个工作面是平行的轴和轮毂键槽并无斜度。切向键中一个工作面在通过轴心线的平面内。当连接工作时，工作面上的挤压力沿轴的切线方向，靠挤压传递扭矩。由于键的楔紧作用，轴与轮毂间存在一定的摩擦力，但它主要不依靠摩擦力传递扭矩。

一个切向键只能传递单向扭矩，当需要传递双向扭矩时，要用两个切向键。为不致严重削弱轴的强度，两个键槽通常错开 120°~130°，如图 4-3-9 所示。切向键的承载能力很大，适于传递较大的扭矩，但由于键槽对轴的削弱较大，故常用于轴径大于 100mm，且对中精度要求不高的重型机械上。

从键的结构特点可知，楔键和切向键都属于斜键，它们的主要缺点是引起轴上零件与轴的配合偏心，在冲击、振动或变载作用下容易松动，因此不宜用于要求准确定心、高速和承受冲击、振动或变载的连接。

图 4-3-8 切向键

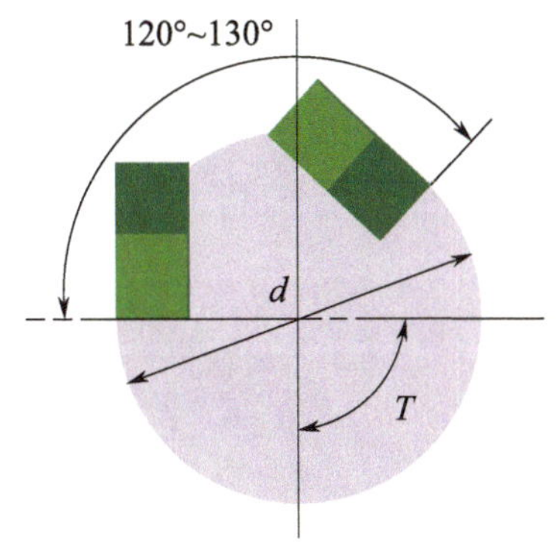


图 4-3-9 两个切向键

## 二、键的选用

**引导问题：键是一种标准件，类型和尺寸不一，在实际应用中，应该如何根据工作条件正确选用键连接类型？如何确定键的尺寸呢？**

键的选用包括类型选择和尺寸选择两方面。

1）根据键连接的结构特点、使用要求和工作条件，确定键的类型。

2）按轴的直径 $d$ 查标准（表 4-3-1）确定键的截面尺寸 $b \times h$。

3）按轮毂宽度 $B$ 确定键的长度 $L$。

普通平键的长度 $L$ 按轮毂的宽度而定；导向平键的长度 $L$ 按轮毂的宽度及其滑动距离而定。轮毂宽度 $B$ 约为（1.5~2）$d$。

表 4-3-1 普通平键的主要尺寸

| 轴的直径 $d$/mm | 6~8 | >8~10 | >10~12 | >12~17 | >17~22 | >22~30 | >30~38 | >38~44 |
|---|---|---|---|---|---|---|---|---|
| 键宽 $b$× 键高 $h$/mm × mm | 2 × 2 | 3 × 3 | 4 × 4 | 5 × 5 | 6 × 6 | 8 × 7 | 10 × 8 | 12 × 8 |
| 轴的直径 $d$/mm | >44~50 | >50~58 | >58~65 | >65~75 | >75~85 | >85~95 | >95~100 | >100~130 |
| 键宽 $b$× 键高 $h$/mm × mm | 14 × 9 | 16 × 10 | 18 × 11 | 20 × 12 | 22 × 14 | 25 × 14 | 28 × 16 | 32 × 18 |
| 键的长度系列 $L$/m | 6，8，10，12，14，16，18，20，22，25，28，32，36，40，45，50，56，63，70，80，90，100，110，125，140，180，200，220，250，… | | | | | | | |

## 三、花键连接

**引导问题：单键连接在受重载、定心精度要求高或经常要求滑动的场合中满足不了要求，需要选用花键连接，那么花键连接都有哪些特点呢？**

### 1. 花键连接结构特点

花键连接是由带有多个纵向键齿的轴与毂组成的，花键可视为由多个平键组成，键齿侧面为工作面，如图 4-3-10 所示。

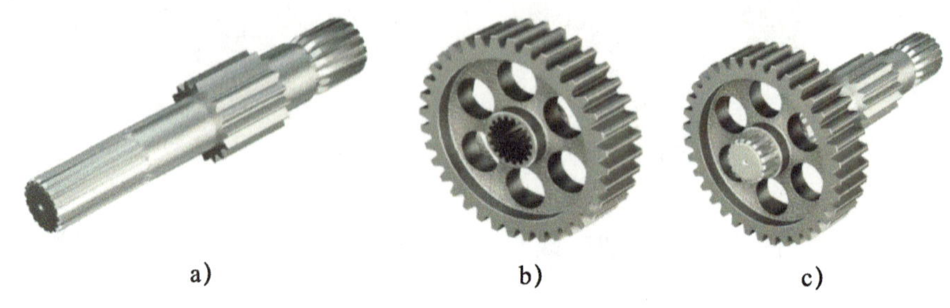

a) b) c)

**图 4-3-10 花键连接**

a）花键轴 b）花键毂 c）花键连接

花键连接齿数多，受力均匀，槽浅，应力集中小，对轴和毂的强度削弱小，对中性和导向性好，适用于载荷较大、定心精度要求较高的静连接和动连接中。但是花键结构复杂，加工需专门的刀具和设备，成本较高。

与平键连接比较，花键连接有以下优点。

1）齿对称布置，使轴毂受力匀称。

2）齿轴一体而且齿槽较浅，齿根的应力集中较小，被连接件的强度削弱较少。

3）齿数多，总接触面积大，压力分布较均匀。这些都使花键连接具有较高的承载能力。此外，齿可以利用较完善的制造工艺，因而被连接件能得到较好的定心和轴上零件沿轴移动时能得到较好的引导，而且零件的互换性也容易保证，特别是作为轴毂的动连接更有独特的优越性，以上各点使花键连接的应用日趋广泛。

### 2. 花键连接类型

花键连接用于静连接或动连接。按齿形不同花键分为矩形花键和渐开线花键。

（1）矩形花键 如图 4-3-11a 所示，齿侧边为直线，廓形简单，加工方便，应用广泛。国家标准 GB/T 10952—2005 规定，其尺寸规格用 $N \times d \times D \times B$ 表示键数、小径、大径和键宽；按齿高的不同，分为四个尺寸系列，即轻系列、中系列、重系列及补充系列。轻系列的承载能力小，多用于静连接；中系列适用于中等载荷的静连接或仅在空载下移动的动连接。重系列的承载能力较大，多用于动连接。标准还规定矩形花键采用小径定心，这种定心方式的定心精度高、稳定性好，内、外花键小径均可在热处理后磨削加工，以消除热处理变形。

（2）渐开线花键　如图 4-3-11b 所示，两侧边齿形为渐开线。国家标准 GB/T 5104—2008 规定，渐开线花键齿形的标准压力角为 30°。渐开线花键连接的定心方式有按齿宽定心和按外径定心两种。齿宽定心方式具有自动定心作用，各齿受力均匀，应用较广；外径定心方式常用于径向载荷较大的动连接，需用专用滚刀和插刀切齿。渐开线花键可用加工齿轮的方法制造，工艺性好，易获得较高的精度和互换性，齿根强度高，应力集中小，寿命长。因此，常用于载荷较大、定心要求较高以及尺寸较大的连接。

a)

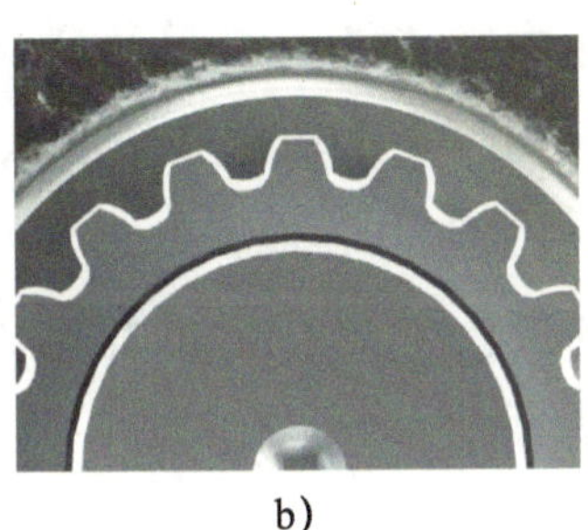
b)

图 4-3-11　花键齿形

a）矩形花键　b）渐开线花键

## 四、键连接失效形式及原因分析

**引导问题：键连接用于传递机械扭矩，如果发生故障则不能正常传递扭矩，那么是什么原因引起键连接失效的呢？**

### 1. 平键连接失效形式及原因分析

平键连接的理想状态是可以长时间准确传递扭矩而不出现松动和轴向窜动，如果键连接发生故障则不能正常传递扭矩，出现松动等现象。

平键连接传递转矩时，连接中各零件的受力情况如图 4-3-12 所示。由图中可以看出，键连接的工作面受挤压力，键的截面受剪力，因此普通平键连接（静连接）的主要失效形式为工作面被压溃、被挤压破

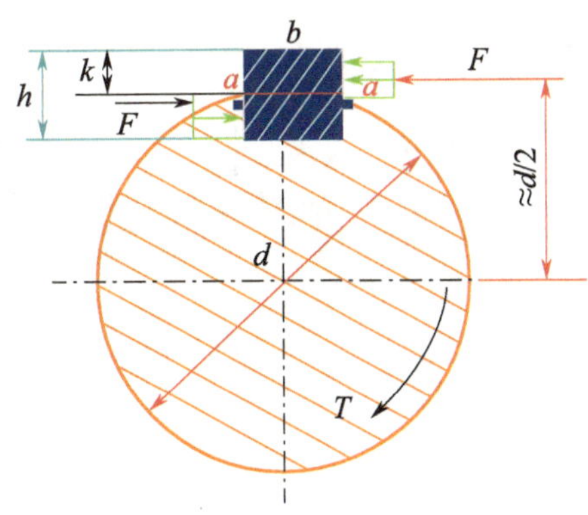

图 4-3-12　平键连接受力分析

坏；如果有严重过载，可能会出现键的剪断（沿图 4-3-12 中 *a*—*a* 面剪断），如图 4-3-13 所示。对于导向平键和滑键连接（动连接），其主要失效形式为工作面的过度磨损。

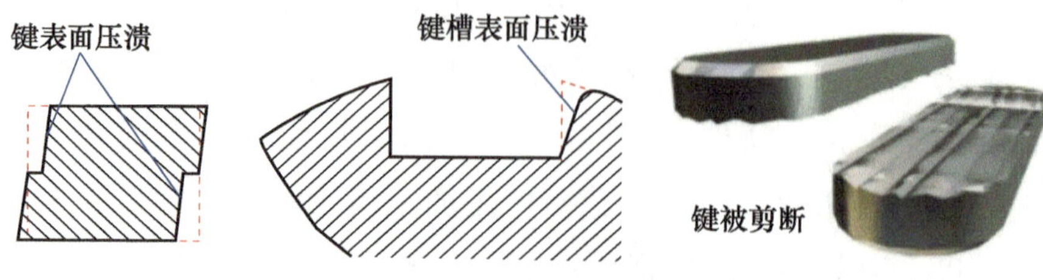


图 4-3-13　键连接失效形式

1）键的工作面被压溃、被挤压破坏。键的两侧面是工作面，靠键同键槽侧面的挤压进行工作。如果键的工作面太粗糙，受力不均匀和强度不够，键的工作面之间存在间隙，则键在脉动挤压应力作用下将逐渐磨损，出现松动等现象。

2）键被剪断。键的设计宽度和长度不够，在严重过载的情况下，键承受的剪应力超过最大极限应力，或周期性剪应力使键出现疲劳破坏。

## 2. 花键连接失效形式及原因分析

花键连接的理想状态为可以长时间定心，精度高、对中性好，正常传递扭矩而不出现松动和轴向窜动。如果花键连接发生故障，则不能正常传递扭矩，出现松动、花键轴断裂等现象。

花键连接各零件的受力情况如图 4-3-14 所示，其主要失效形式为工作面挤压破坏和剪切破坏（静连接）或工作面过度磨损（动连接），如图 4-3-15 所示。

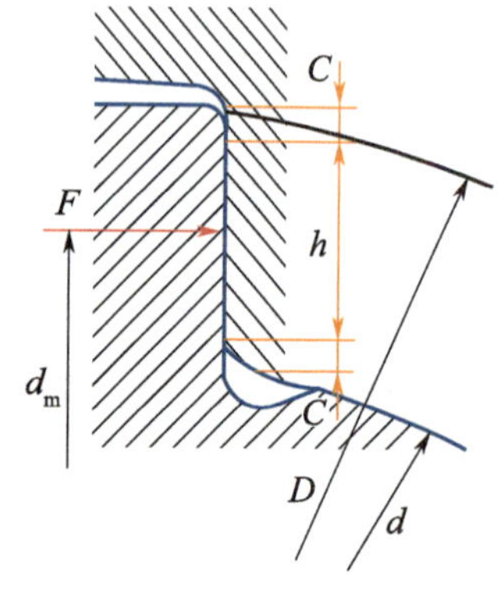


图 4-3-14　花键连接受力分析

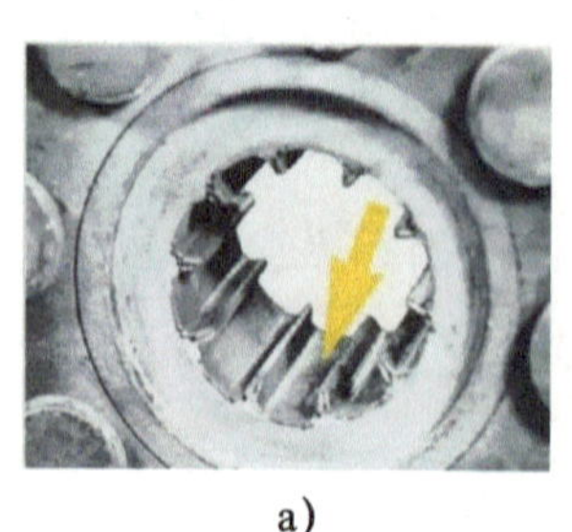

a)

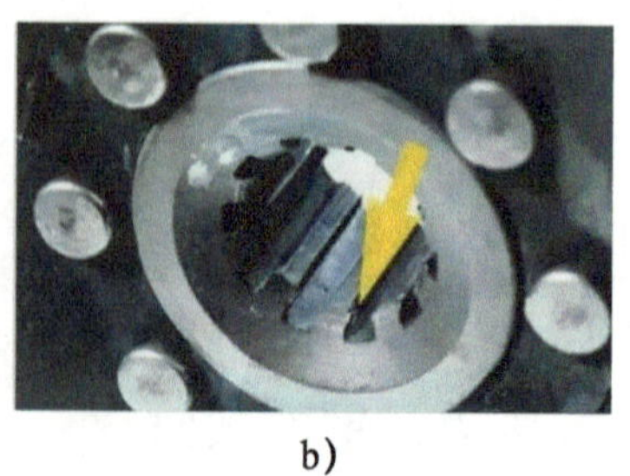

b)

c)

图 4-3-15　花键连接失效形式

a）花键轴套磨损　b）花键轴套损坏　c）花键轴断裂

1）内外花键齿工作面磨损，传动失效。

2）由于花键连接存在着间隙，在脉动载荷和振动作用下，内外键齿间发生相对运动，出现摩擦磨损。当磨损增大到一定量时，由于间隙增大，冲击加剧，而花键齿已被削弱，其最薄弱的部分相继出现局部断裂，从而加速花键连接的破坏，最终导致整个连接失效。

3）内外花键齿出现剪切断裂，机构停止工作。由于瞬间的工作载荷过大，出现突然断裂，或者由于脉动应力幅过大，出现疲劳破坏。

4）内外花键齿出现变形，缝隙增大。瞬间或长期的应力集中，导致键齿变形。

5）花键轴出现断裂，键连接失效。

6）瞬间工作扭矩过大，花键轴扭转刚度太小，花键轴出现扭曲或断裂。

## 五、键连接在汽车上的应用

**引导问题：除螺纹连接外，键、花键连接是汽车中最常用的连接，能否举例说出键及花键连接在汽车上的具体应用？**

### 1. 平键连接在汽车上的应用

汽车带轮与轴的配合及曲轴颈端的连接上通常会使用平键进行装配，如图 4–3–16 所示。

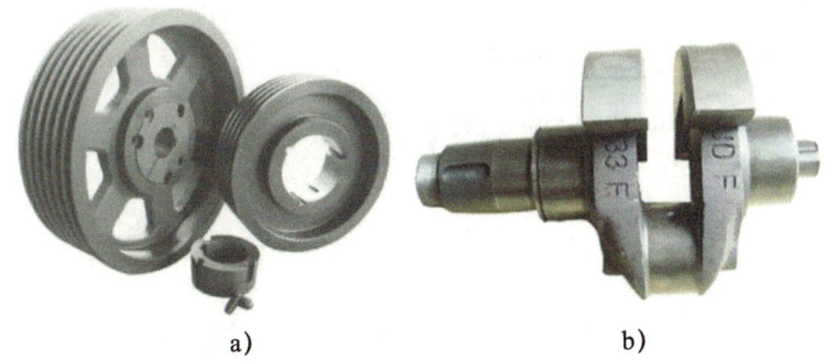

a) b)

**图 4–3–16 平键连接在汽车上的应用**

a）带轮的平键连接 b）曲轴颈端的平键应用

### 2. 半圆键连接在汽车上的应用

汽车的中间轴上会用半圆键进行装配，如图 4–3–17 所示。

图 4-3-17 中间轴的半圆键

### 3. 花键连接在汽车上的应用

花键连接适用于定心精度要求高、载荷大或经常要求滑动的连接，如汽车传动轴万向节叉、汽车半轴、变速器中同步器等部位的连接，如图 4-3-18 所示。

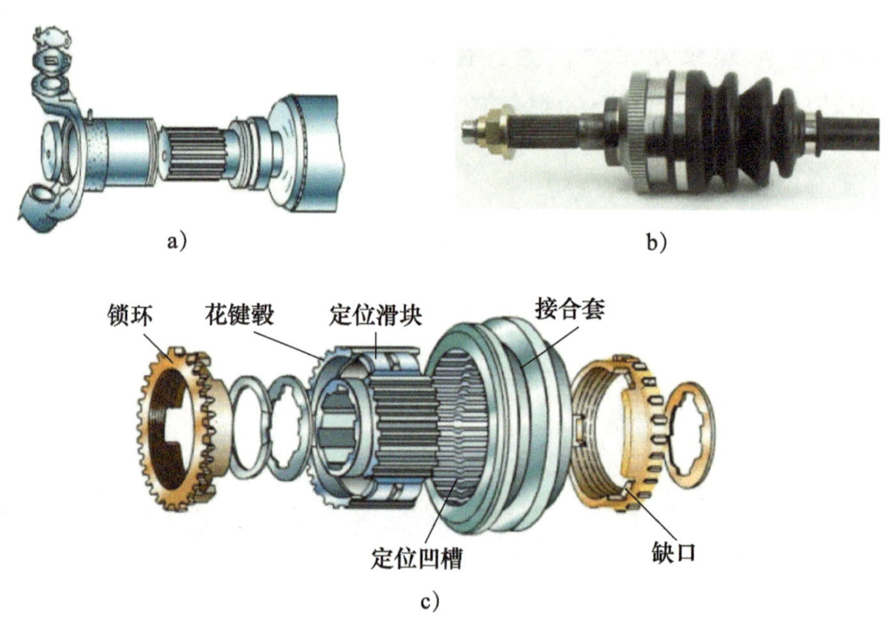


图 4-3-18 花键连接在汽车上应用

a）万向节叉花键 b）汽车半轴花键 c）同步器花键

# 模块五 汽车常用传动

## 模块导读

机械传动是机械传递运动和动力的方式之一，汽车上很多地方用到机械传动。机械传动主要可分为两类：

1）靠机件间的摩擦力传递动力和运动的摩擦传动，包括带传动、绳传动和摩擦轮传动等。摩擦传动容易实现无级变速，大都能适应轴间距较大的传动场合，过载打滑还能起到缓冲和保护传动装置的作用，但这种传动一般不能用于大功率的场合，也不能保证准确的传动比。

2）靠主动件与从动件啮合或借助中间件啮合传递动力或运动的啮合传动，包括齿轮传动、链传动等。啮合传动能够用于大功率的场合，传动比准确，但一般要求较高的制造精度和安装精度。

通过本模块的学习，让学生能够了解带传动、链传动、齿轮传动和轮系、蜗杆传动的结构、原理与传动特性。

## 单元一 带传动装置

### 学习目标

1. 能叙述带传动装置的分类、组成与特点。
2. 能叙述带传动装置的工作原理与传动比的计算。
3. 能叙述带传动有效拉力的影响因素。
4. 能分析带传动装置的失效形式和原因。
5. 能够对带传动进行正确使用与维护。

### 内容概要

汽车传动带是发动机的重要部件，带传动在汽车上的应用主要有以下几类：

用于凸轮轴与曲轴之间的正时传动的同步带；用于驱动发动机前端辅件，如发电机、转向助力泵、风扇、水泵及空调压缩机等部件传动的 V 带和多楔带；用于无级变速器（CVT）传动的变速胶带或钢带。通过对带传动的学习，能正确分析带传动的故障与失效的原因，为以后的检测与维修工作打下良好的基础。

## 知识准备

### 一、带传动的组成与分类

**引导问题：带传动装置由哪些部件组成？带传动装置的类型分哪几种？传动带的类型有哪些，分别应用在什么场景？**

带传动是一种常用的机械传动装置，利用张紧在带轮上的传动带与带轮之间的摩擦或啮合来传递运动和动力，主要的作用是传递转矩和改变转速。

如图 5-1-1 所示，带传动一般是由主动带轮、从动带轮、紧套在两轮上的挠性带组成。当原动机驱动主动带轮转动时，依靠带与带轮接触面间产生的摩擦力或啮合力的作用，使从动带轮一起转动，从而实现运动和动力的传递。

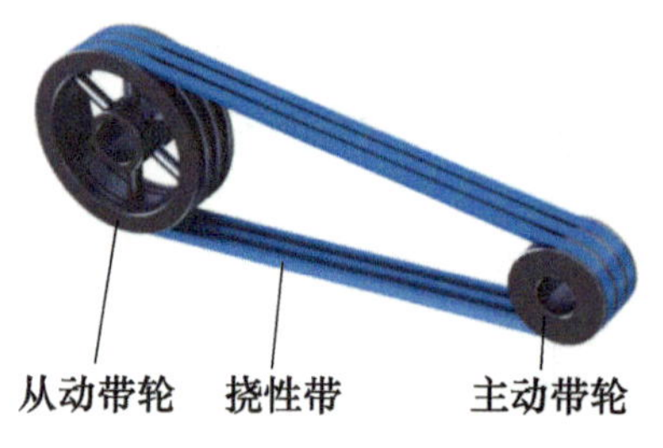


图 5-1-1　带传动的组成

按工作原理的不同带传动可分为摩擦带传动和啮合带传动两大类。

1）摩擦带传动：如图 5-1-2a 所示，带传动靠传动带与带轮间的摩擦力实现动力传递，当主动轮转动时，带和带轮之间将产生摩擦力而驱动带运动，带又通过摩擦力使从动轮克服阻力而转动。摩擦带按截面形状不同可以分为平带、V 带、多楔带、圆带等。

2）啮合带传动：如图 5-1-2b 所示，啮合带传动靠带内侧凸齿与带轮外缘上的齿槽相啮合实现传动，啮合带的内周制成齿状，使其与齿形带轮啮合。由于带与带轮间无相对滑动，能保持两轮的圆周速度完全一致，故又称为同步带传动。啮合带的柔韧性好，传递的功率大，传动比准确，多用于要求传动平稳、传动精度较高的场合。

带传动的类型与应用范围见表 5-1-1。

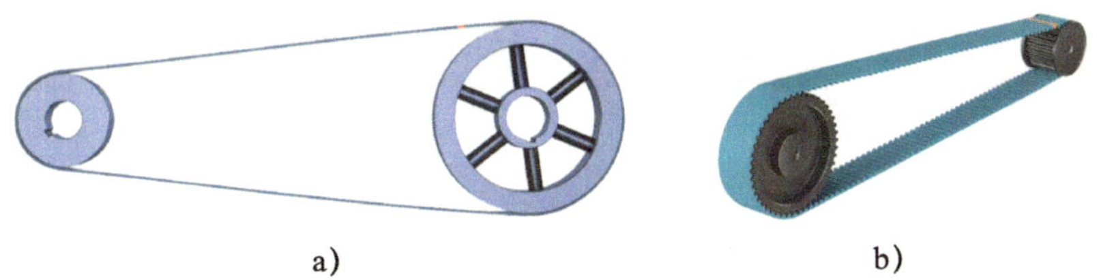


图 5-1-2 带传动的类型

a）摩擦带传动 b）啮合带传动

表 5-1-1 带传动的类型与应用范围

| 名称 | 结构 | 截面形状 | 应用 |
| --- | --- | --- | --- |
| 平带 | | | 主要应用于两轴平行、转向相同、中心距较大的场合 |
| V 带 | | | V 带传动产生的摩擦力比平带大，传递功率大，传动能力强，结构紧凑，应用非常广泛 |
| 多楔带 | | | 可避免多根 V 带长度不等、传力不均的缺点，常用于传递功率较大且要求结构紧凑的场合 |
| 圆带 | | | 只用于小功率传动，常用于如缝纫机、仪表等低速、小功率传动的场合 |
| 同步带 | | | 常用于数控机床、纺织机械等需要速度同步的场合，以及部分汽车上发动机配气机构中的正时传动 |

如图 5-1-3 所示，传动带轮的典型结构有实心式、腹板式和轮辐式三种。带轮的结构设计，主要是根据带轮的基准直径选择结构形式。直径较小时选用实心式；中等直径 $d \leqslant 350$mm 时，选用腹板式；直径较大 $d>350$mm 时选用轮辐式。根据带的截面形状确定轮槽尺寸。带轮的其他结构尺寸通常按经验公式计算确定。

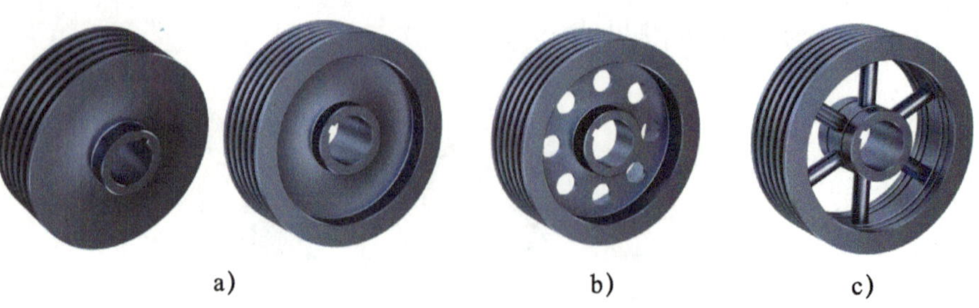

a) b) c)

图 5-1-3 传动带轮的结构

a）实心式 b）腹板式 c）轮辐式

## 二、V 带

**引导问题：普通 V 带的结构是怎样的？普通 V 带具有哪些参数，如何正确使用 V 带？**

### 1. V 带的结构

汽车发动机附件如发电机、空调压缩机和水泵均由曲轴通过 V 带驱动。V 带的横截面为等腰梯形，其工作面是两侧面，V 带安装在带轮相应的槽内，仅与轮槽的两侧接触，而不与槽底接触。经证明，V 带的传动摩擦力可达平带传动摩擦力的三倍，且 V 带无接头，并已经标准化，所以 V 带的应用更为广泛，在汽车上普遍采用。

V 带的结构如图 5-1-4 所示，由包布、顶胶、抗拉体和底胶四部分组成。V 带包布材料为胶帆布，顶胶和底胶材料为橡胶。抗拉体是 V 带工作时的主要承载部分，结构有绳芯和帘布芯两种。帘布芯结构的 V 带抗拉强度高，制造方便；绳芯结构的 V 带柔韧性好，抗弯强度高，适用于转速较高、带轮直径较小的场合。现代生产中，绳芯结构的 V 带使用越来越广泛。最常用的 V 带两侧面的楔角 $\varphi$ 为 40°。

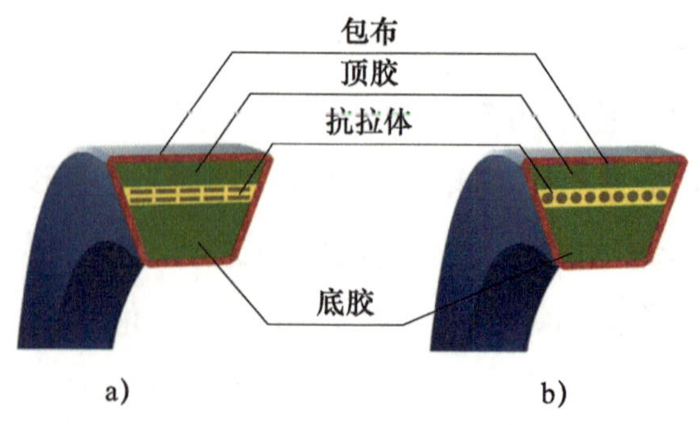


a) b)

图 5-1-4 V 带的结构

a）帘布芯结构 b）绳芯结构

## 2. 普通 V 带主要参数

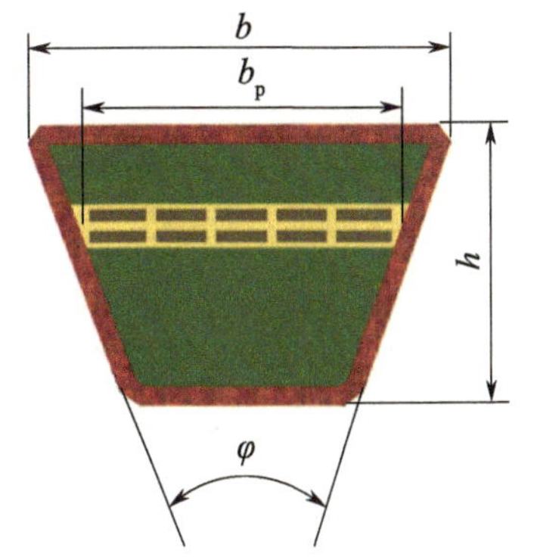

图 5-1-5 普通 V 带的截面尺寸

1）普通 V 带的截面形状。如图 5-1-5 所示，普通 V 带按截面尺寸分为 Y、Z、A、B、C、D、E 七种型号，Y 型的截面积最小，E 型的截面积最大。V 带截面积越大，所传递的功率也越大。普通 V 带各型号的截面尺寸见表 5-1-2。

表 5-1-2 普通 V 带各型号的截面尺寸

| 型号 | 节宽 $b_p$ / mm | 顶宽 $b$ / mm | 高度 $h$ / mm | 楔角 $\varphi$/（°） |
|---|---|---|---|---|
| Y | 5.3 | 6 | 4 | 40 |
| Z | 8.5 | 10 | 6 | |
| A | 11 | 13 | 8 | |
| B | 14 | 17 | 11 | |
| C | 19 | 22 | 14 | |
| D | 27 | 32 | 19 | |
| E | 32 | 38 | 25 | |

2）V 带的节宽 $b_p$。当 V 带弯曲时，带的顶部受到拉伸而底部受压缩，所以顶部长度增加而底部长度减少。带中保持原长度不变的层面称为节面。节宽 $b_p$ 就是节面的宽度，当 V 带弯曲时，节宽保持不变。

3）V 带的基准长度 $L_d$。V 带在规定的张紧力作用下，位于节面上 V 带的周线长度，用 $L_d$ 表示。

4）带轮的基准直径。对应 V 带节宽处带轮的直径称为带轮的基准直径，用 $d_d$ 表示。

5）楔角。V 带两侧面为工作面，两侧面的夹角称为 V 带的楔角，普通 V 带的楔角 $\varphi$=40°。为保证变形后的 V 带两侧与轮槽两侧的工作面紧密贴合，轮槽的楔角比 V 带的楔角略小，轮槽的楔角通常取 38°、36°、34°。

## 3. 普通 V 带的正确使用

1）V 带在轮槽中的安装位置要正确（图 5-1-6）。应正确选用 V 带的型号，使其与轮槽的装配位置关系如图 5-1-6 所示；V 带在轮槽中位置过高或过低都

不利于 V 带正常工作，应及时纠正，如图 5-1-6 所示。

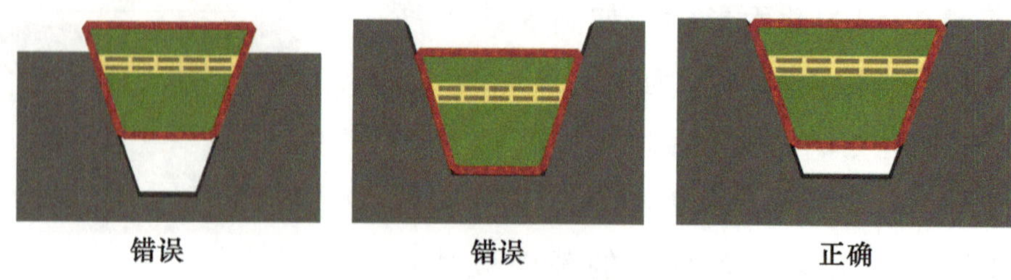


图 5-1-6 V 带在轮槽中的位置

2）安装带轮时，各带轮的周线应相互平行。各带轮相对应的 V 形槽的对称平面要在同一平面内，误差不得超过 20°，如图 5-1-7 所示。

3）V 带的张紧程度要适当，不宜过松或过紧。实践经验表明，V 带安装后用大拇指能将带按下 15mm 左右，则张紧程度较合适，如图 5-1-8 所示。

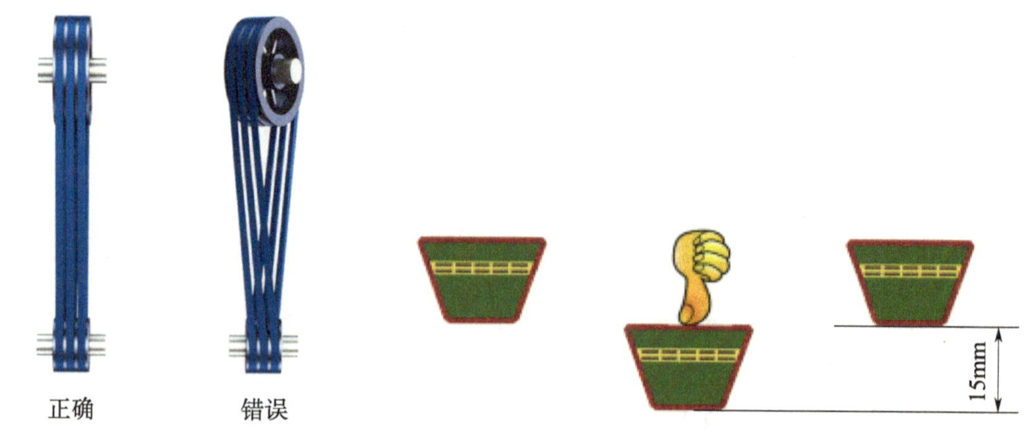


图 5-1-7 两带轮的相对位置

图 5-1-8 V 带的张紧度测试

## 三、多楔带

多楔带又称复合三角带，它是在平带基体下附有若干纵向三角形楔的环形带，其结构如图 5-1-9 所示，楔形面是工作面。相对于单根 V 带，多楔带具有厚度小、宽度大、工作面多等特点。

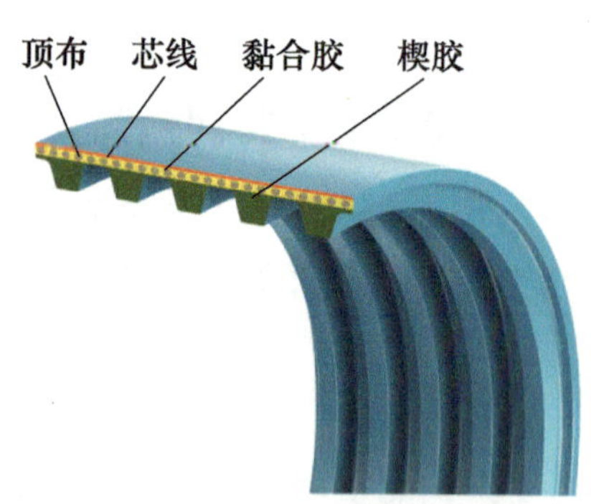


图 5-1-9 多楔带结构图

由于多楔带结合了平带柔软、强韧和普通 V 带紧凑、高效的性能，因此它具有以下优点：

1）多楔带与带轮的接触面积和摩擦力较大，载荷沿带宽的分布较均匀，因而传动能力更大。

2）由于带体薄而轻、柔性好、结构合理，故弯曲应力小，可在较小的带轮上工作。

3）多楔带还具有传动振动小、散热快、运转平稳、使用伸长小、传动比大和极限线速度高等特点，同时使用寿命也更长。

4）传动效率高，节能效果明显，传动紧凑，占据空间小。

此外，多楔带的背面也能传动，而且可使用自动张力调整器，使传动更加安全、可靠。多楔带特别适用于结构要求紧凑、传动功率大的高速传动。由于多楔带性能优于普通 V 带，所以汽车发动机的附件越来越多地采用多楔带传动。

## 四、同步带

发动机正常工作依赖于各部件之间精密的时间配合，每个气门的开闭时间和火花塞的点火时间是由发动机的正时系统来保证的，曲轴每转两圈，凸轮轴就转一圈，各气门就正好动作一次，而且角度相对位置也是非常严格的，这样才能保证气门不仅是曲轴每转两圈开闭一次，而且要在合适的时间，即活塞运动到适当的位置时才能开闭。由于普通 V 带具有弹性滑动以及过载打滑现象，无法确保精确且恒定的传动比，所以，大部分汽车的发动机曲轴与凸轮轴间的带传动（正时带传动），均采用同步带传动。

同步带的结构如图 5-1-10 所示，同步带传动属于啮合传动，传动带工作面上的凸齿和带轮外缘上的齿槽进行啮合传动。同步带传动具有传动比恒定、不打滑、效率高、初张力小、对轴及轴承的压力小，以及允许采用较小的带轮直径、较短的轴间距、较大的速比等优点，可以使传动系统具有结构紧凑的特点。

图 5-1-11 所示为科鲁兹发动机的同步带传动结构，用以实现曲轴与凸轮轴之间的定时、定比传动。曲轴与凸轮轴的传动比为 2∶1，所以从动轮凸轮轴上的带轮齿数是曲轴带轮齿数的 2 倍。张紧轮的作用是使同步带保持一定的张紧力，以便传动带不发生松脱。采用同步带传动，与链传动相比减小了噪声和机构的重量，降低了成本，目前在汽车发动机上广泛使用。

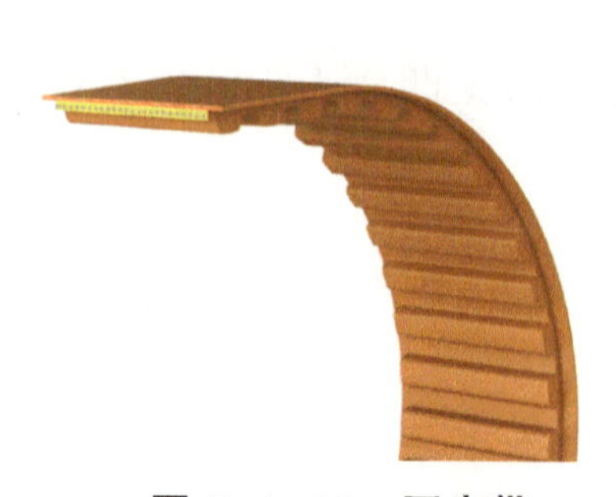

图 5-1-10 同步带

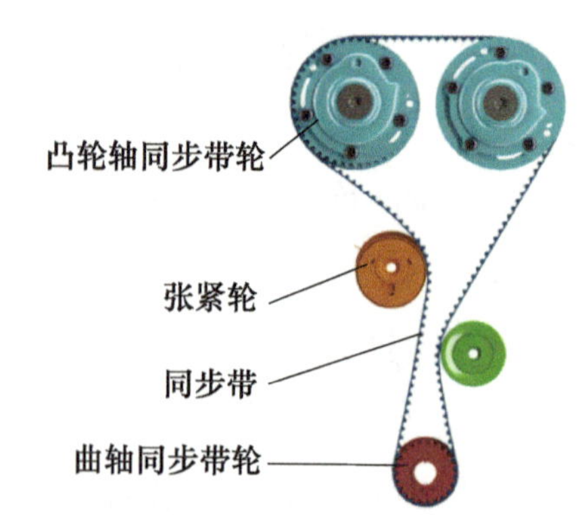


图 5-1-11 发动机同步带传动结构

## 五、带传动的张紧装置

由于带传动长期在拉力作用下，导致出现塑性变形，从而使带的长度增加，张紧力随之减小，传动能力下降。为了保证带传动正常工作，必须调整带的张紧度。常用的张紧方法有以下两种：调整中心距张紧和采用张紧轮张紧。

### 1. 调整中心距张紧

当带传动的中心距可调时，采用改变中心距的方法调节带的初拉力。调整中心距常采用定期张紧和自动张紧，下面用电动机带传动示例。

1）定期张紧：定期调整中心距以恢复张紧力。图 5-1-12 所示为常见的定期张紧装置，有滑道式（图 5-1-12a）和摆动式（图 5-1-12b）两种。滑道式用调整螺钉推动电动机沿滑道移动，从而将带张紧。滑道式适用于水平传动或倾斜不大的场合。摆动式用螺杆的调节螺母使电动机在托架上绕定点摆动，从而将带张紧。

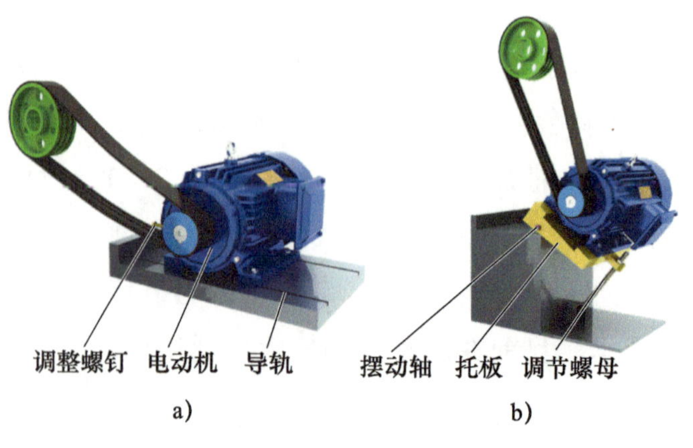


图 5-1-12 定期张紧装置

a）滑道式 b）摆动式

2）自动张紧。将装有带轮的电动机安装在浮动的摆架上，使带轮绕固定轴摆动，利用电动机的自重张紧传动带，通过载荷的大小自动调节张紧力，如图 5-1-13 所示。

图 5-1-13 自动张紧装置

## 2. 张紧轮张紧

当中心距不能调节时，可采用张紧轮将带张紧，图 5-1-14a 所示为 V 带的张紧轮布置图。V 带传动的张紧轮一般放在松边的内侧，使带只受单向弯曲，同时张紧轮还应尽量靠近大轮，以免过分影响带在小轮上的包角。张紧轮的轮槽尺寸与带轮的相同，且直径小于小带轮的直径。这样，张紧轮受力小，带的弯应力也不改变方向，能延长带的使用寿命。图 5-1-14b 为平带的张紧轮布置图，与 V 带相比，平带厚度较小，所受弯曲应力小，平带的张紧以增加包角为主，所以平带传动的张紧轮宜装在松边外侧，靠近小轮处，以增加小轮上带的包角。

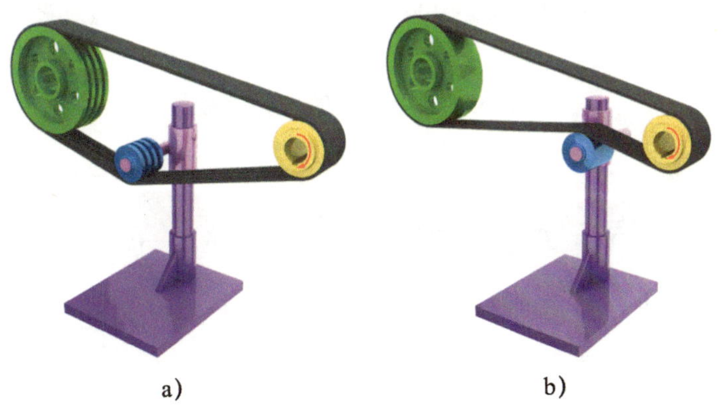

a)　　b)

图 5-1-14 张紧轮张紧

a）V 带的张紧轮　b）平带的张紧轮

## 六、带传动的失效形式及原因分析

**引导问题：带传动的失效形式及原因有哪些？**

发动机附件传动带检查是汽车定期维护中的一项内容。检查时发现传动带出现龟裂等老化现象则需更换传动带。

带传动工作的失效形式主要有打滑与异响以及带的疲劳破坏等两种。

### 1. 传动带打滑与异响

带传动是靠摩擦工作的，当初拉力 $F_0$ 一定时，带与带轮之间的摩擦力总和有一个极限值。当传递的有效圆周力 $F$ 的值超过了极限摩擦力时，带将在带轮的轮面上产生明显的滑动，这种现象称为打滑，传动带打滑时通常会伴有啸叫的响声。正常情况下打滑将使传动失效并加剧带的磨损，应予以避免；但过载时打滑则可以起到保护其他零件的作用。

### 2. 带的疲劳破坏

带在交变应力状态下工作，当应力循环次数达到一定值时，带将发生疲劳破坏，如脱皮、撕裂和拉断，从而使传动失效，如图 5-1-15 所示。

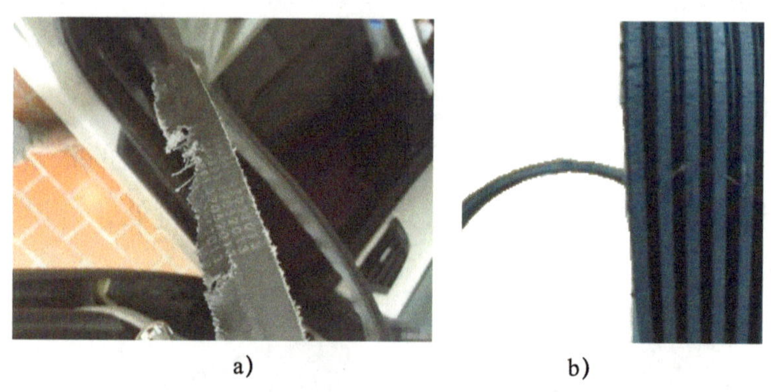

a)　　b)

图 5-1-15　带的失效形式

a）拉断　b）撕裂

## 七、带传动在汽车上的应用

**引导问题：V 带、同步带、多楔带用在汽车上的什么地方呢？**

### 1. V 带在汽车上的应用

轿车发动机中很少使用 V 带传动。在一些大型客车中使用 V 带传动的机构较多，主要是发动机的曲轴与冷却风扇，水泵、发电机、空调压缩机等机构之间的传动。

### 2. 同步带在汽车上的应用

同步带不仅具有一般带传动的优点，同时不打滑，能保证固定的传动比，所以在汽车上广泛应用于配气系统的正时机构，因而又称正时带，如图 5–1–16 所示。

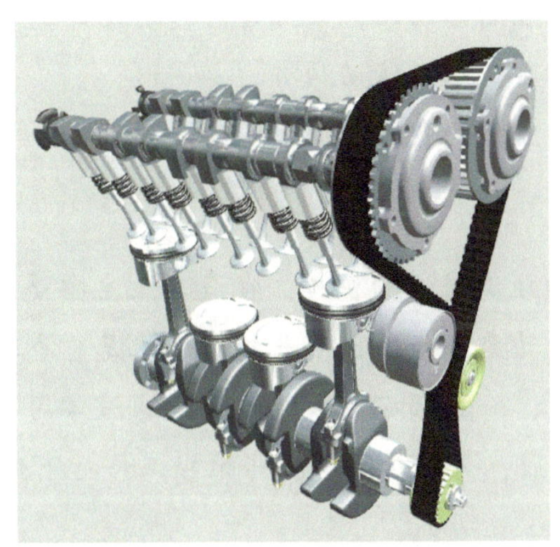

图 5–1–16　汽车发动机同步带

### 3. 多楔带在汽车上的应用

多楔带，俗称空调传动带，如图 5–1–17 所示。它的作用是带动发电机、空调压缩机、转向助力泵，挂在曲轴带轮上，由空调传动带张紧轮张紧。

图 5–1–17　汽车空调传动带

# 单元二 链传动

## 学习目标

1. 能叙述链传动装置的特点。
2. 能识别链传动的结构，区别不同种类的链条。
3. 能分析链传动装置的传动比，并且进行传动比计算。
4. 能调整链的张紧度，给链传动润滑。
5. 能概括链传动的失效形式。

## 内容概要

链传动常用于传动距离较远的机构，在汽车上主要是应用于配气机构的正时链。链传动比同步带传动更加坚固，不易折断。但是它也有突出的缺陷，长期使用的传动链会出现噪声，一旦损坏更换难度大。通过学习链传动，能正确分析链传动的故障与失效的原因，为以后的检测与维修工作打下良好的基础。

## 知识准备

### 一、链传动的应用

**引导问题：汽车发动机的曲轴与凸轮轴之间要达到定时、定比传动，常用的传动方式有齿轮传动、同步（正时）带传动和链传动，那么正时链与正时带结构有什么区别？**

#### 1. 链传动在发动机中的应用

链传动是由链条和具有特殊齿形的链轮组成的传递运动和（或）动力的装置。它是一种具有中间挠性件（链条）的啮合传动。图 5-2-1 所示是利用链传动来驱动凸轮轴的结构。

#### 2. 链传动的应用特点

链传动常用于两轴平行、中心距较远、传递功率较大且平均传动比要求准确、不宜采用带传动或齿轮传动的场合。与同属挠性类（具有中间挠性件的）传动的带传动相比，链传动具有下列特点。

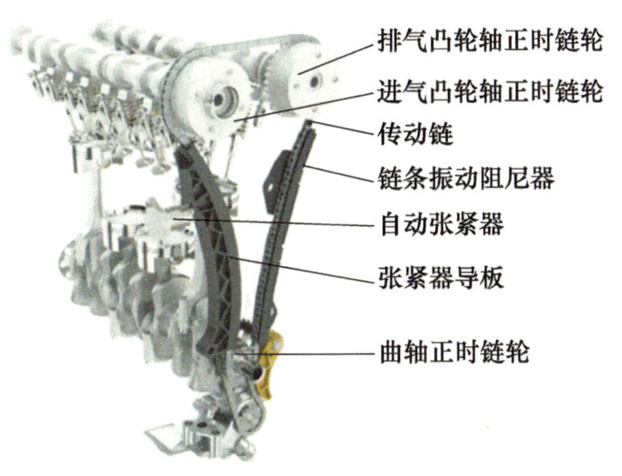

图 5-2-1　正时链传动装置

1）无滑动，能保证准确的平均传动比，且张紧力小，作用在轴和轴承上的力小。

2）传递功率大，传动效率高，一般可达 0.95~0.98。

3）能在低速、重载和高温条件下，以及尘土飞扬、淋油等不良环境中工作。

4）链条的铰链磨损后，链条节距将变大，工作时链条容易脱落。

5）由于链节的多边形运动，所以瞬时传动比是变化的，瞬时链速不是常数，传动中会产生动载荷和冲击，因此不宜用于要求精密传动的机械上。

6）安装和维护要求较高，无过载保护作用。

## 二、链传动的组成与结构

### 1. 链传动的组成

链传动通常由安装在两根平行轴上的主动链轮和从动链轮以及链条组成。它是靠链轮轮齿与链条的啮合来传递运动和动力的，如图 5-2-2 所示。

图 5-2-2　链传动

设主、从动链轮的齿数分别是 $z_1$、$z_2$，主、从动链轮的转速分别是 $n_1$、$n_2$。主动链轮每转过一个齿，从动链轮被链条带动转过一个齿。单位时间内，主动链轮转过的齿数（$z_1$ 与转速 $n_1$ 的乘积）等于从动链轮转过的齿数（$z_2$ 与转速 $n_2$ 的乘积），即

$$z_1n_1=z_2n_2$$

链传动的传动比是主动链轮的转速与从动链轮的转速的比值，也等于两链轮齿数的反比，即

$$i_{12}=\frac{n_1}{n_2}=\frac{z_2}{z_1}$$

### 2. 滚子链的结构

如图 5-2-3 所示，滚子链由外链板、内链板、滚子、套筒和销轴组成。销轴与外链板用过盈配合组成外链节，套筒与内链板用过盈配合组成内链节，销轴与套筒之间的转动副使得当链条屈伸时，内外链节能相对转动。滚子套在套筒上可自由转动，滚子与链轮轮齿相对滚动，摩擦阻力小，减小磨损。

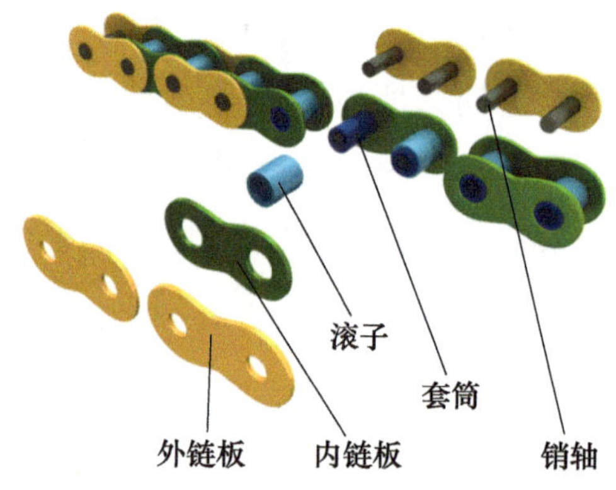


图 5-2-3　滚子链的结构

节距 $P$ 是相邻两链节转动副理论中心距。节距 $P$ 是链传动的主要参数之一，节距 $P$ 越大，链的各部分尺寸也越大。

滚子链的连接方法有连接链节连接和过渡链节连接两种。当链条两端均为内链节时使用由外链板和销轴组成的可拆卸连接链节连接。用开口销（钢丝锁销）或弹性锁片锁止（图 5-2-4a 和图 5-2-4b），连接后链条的链节数应为偶数。当链条一端为内链节另一端为外链节时，使用过渡链节连接（图 5-2-4c），连接后的链条的链节数为奇数。由于过渡链节制造复杂，而且抗拉强度较低，

一般情况应尽量不用。

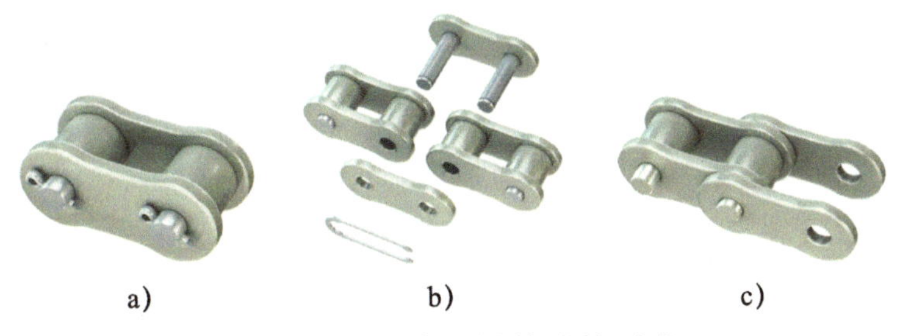


**图 5-2-4 滚子链的连接形式**

a）开口销 b）弹性锁片 c）过渡链节

## 三、链传动的张紧

链传动中如松边垂度过大，将引起啮合不良和链条振动，所以链传动张紧的目的和带传动不同，张紧力并不决定链的工作能力，而只是决定松边垂度的大小。

张紧的方法很多，最常见的是移动链轮以增大两轮的中心矩。但如中心距不可调时，也可以采用张紧轮张紧，如图 5-2-5a 和图 5-2-5b 所示。张紧轮应装在靠近主动链轮的松边上。不论是带齿的还是不带齿的张紧轮，其分度圆直径最好与小链轮的分度圆直径相近。此外，还可以用压板或托板张紧，如图 5-2-5c 和图 5-2-5d 所示。特别是中心距大的链传动，用托板控制垂度更为合理。

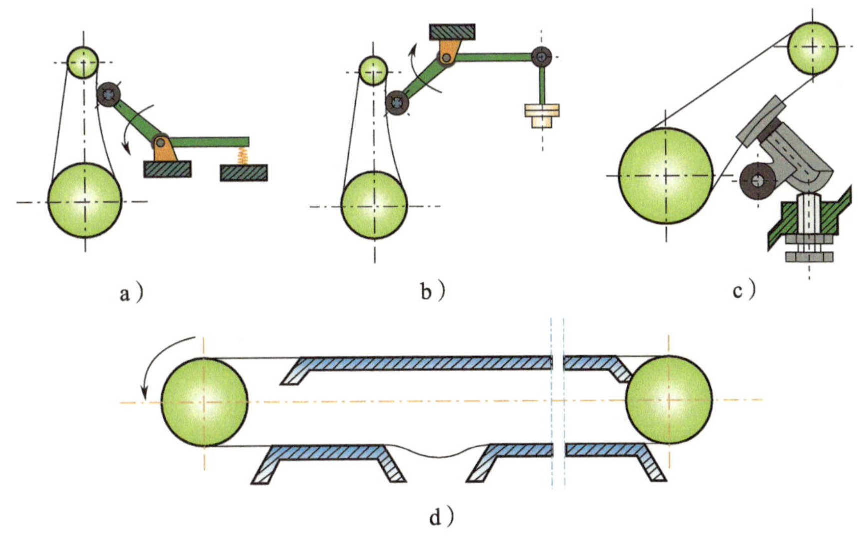


**图 5-2-5 链传动的张紧**

## 四、链传动的失效

**引导问题：发动机正时齿链是怎么保证其使用寿命的，其损坏的形式有哪些？**

链传动的失效形式主要有以下几种。

1）链板疲劳破坏。链在松边拉力和紧边拉力的反复作用下，经过一定的循环次数，链板会发生疲劳破坏。正常润滑条件下，链板疲劳强度是限定链传动承载能力的主要因素。

2）滚子、套筒的冲击疲劳破坏。在反复多次的冲击下，经过一定的循环次数，滚子、套筒可能会发生冲击疲劳破坏。这种失效形式多发生于中、高速闭式链传动中。

3）销轴与套筒的胶合。润滑不当或速度过高时，销轴和套筒的工作表面会发生胶合。胶合限定了链传动的极限速度。

4）链条铰链磨损。铰链磨损后链节变长，容易引起跳齿或脱链。开式传动、环境条件恶劣或润滑密封不良时，容易引起铰链磨损，从而急剧降低链条的使用寿命。

5）过载拉断。这种形式的失效常发生于低速重载的传动中。

# 单元三 齿轮传动

## 学习目标

1. 能叙述齿轮传动的特点与分类。

2. 能识别渐开线直齿圆柱齿轮各部分的名称与代号，并且分析它们之间的计算关系。

3. 能对标准直齿圆柱齿轮主要参数进行计算。

4. 能判断标准直齿圆柱齿轮的正确啮合条件。

5. 能叙述斜齿圆柱齿轮传动的特点和啮合条件。

6. 能叙述锥齿轮传动的特点和啮合条件。

7. 能叙述齿条传动的机构特点，并且能够对运动速度进行计算。

8. 能分析蜗杆传动组成、传动比及特点。

9. 能判断蜗杆传动方向。

10. 能解释各种齿轮传动的失效形式。

## 内容概要

齿轮是汽车变速器、减速器、差速器等重要总成的组成部分，齿轮传动是利用两个或多个相互啮合的齿轮来传递运动和动力。本学习任务主要学习齿轮传动的类型与特点、各种齿轮传动在汽车上的应用，以及齿轮传动的失效形式，为以后深入学习汽车检测与维修打下良好的基础。

## 知识准备

### 一、齿轮传动的特点与分类

**引导问题：齿轮出现在汽车的哪些部件上，分别是什么类型？为什么要用齿轮传递动力呢？**

齿轮传动由主动轮、从动轮和支撑件等组成，是利用两齿轮的轮齿相互啮合传递动力和运动的机械传动。它具有结构紧凑、效率高、寿命长等优点，在汽车动力传递中应用非常广泛。

## 1. 齿轮传动的特点

1）传动比稳定，且能保证瞬时传动比恒定，传动比范围较宽。

2）传动平稳、准确、可靠，传递的功率和速度范围较大。

3）传动效率高、结构紧凑、使用寿命长。

4）齿轮的制造和安装要求较高，且不宜用于中心距较大的场合。

## 2. 齿轮传动的分类

各种齿轮传动的类型与特点见表 5-3-1。

表 5-3-1 齿轮传动的类型与特点

| | | | | | |
|---|---|---|---|---|---|
| 平行轴 | 直齿圆柱齿轮 | 外啮合 | | | 轮齿分布在圆柱体外表面且与其轴线平行，两轮的转动方向相反 |
| | | 内啮合 | | | 两轮的轮齿分别排列在圆柱体的内、外表面上，两轮的转动方向相同 |
| | | 齿轮齿条 | | | 齿数趋于无穷多的外齿轮演变成齿条，它与外齿轮啮合时，齿轮转动，齿条直线移动 |
| | 斜齿圆柱齿轮 | | | | 轮齿与其轴线倾斜一个角度，沿螺旋线方向排列在圆柱体上。两轮转向相反，传动平稳，适合于高速重载传动，但有轴向力 |
| | 人字齿轮传动 | | | | 它相当于两个全等、但螺旋方向相反的斜齿轮拼接而成，其轴向力被相互抵消。适合高速和重载传动，但制造成本较高 |

（续）

| | | | | |
|---|---|---|---|---|
| 相交轴 | 直齿锥齿轮 | | | 轮齿沿圆锥母线排列于截锥表面，用来传递两轴相交的旋转运动和动力，常见轴交角为 90° ，制造较为简单 |
| | 斜齿锥齿轮 | | | 与直齿锥齿轮相似，传动更为平稳 |
| 交错轴 | 交错轴斜齿轮传动 | | | 两螺旋角数值不等的斜齿轮啮合时，可组成两轴线任意交错传动，两轮齿为点接触，且滑动速度较大，主要用于传递运动或轻载传动 |
| | 蜗杆传动 | | | 两轴垂直交错，传动比大。广泛应用于机床、汽车、起重设备等传统机械中 |

## 二、直齿圆柱齿轮各部分的名称与主要参数

**引导问题：为什么发动机正时齿轮和变速器齿轮的齿廓都完全一致，它们是采用了什么线型，又是通过怎样啮合来保证传动稳定性？**

### 1. 渐开线的形成

如图 5-3-1 所示，当一直线 $n$—$n$ 沿一个半径为 $r_b$ 的圆的圆周做纯滚动时，该直线上任一点 $K$ 的轨迹 $AK$ 称为该圆的渐开线。该圆称为基圆，该直线称为渐开线的发生线。

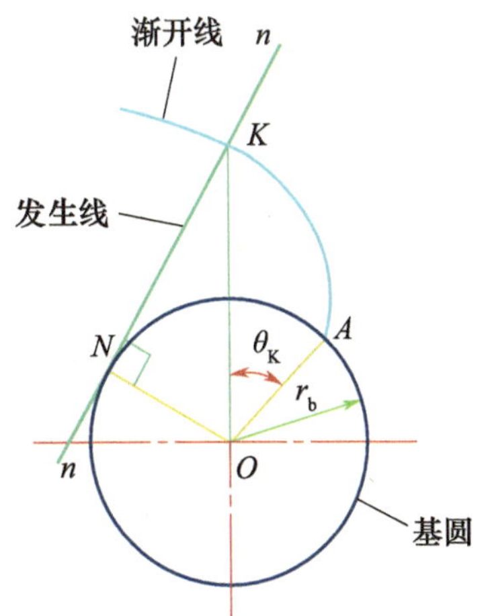

图 5-3-1 渐开线发生原理

### 2. 直齿圆柱齿轮各部分的名称

直齿圆柱齿轮各部分的名称如图 5-3-2 所示。

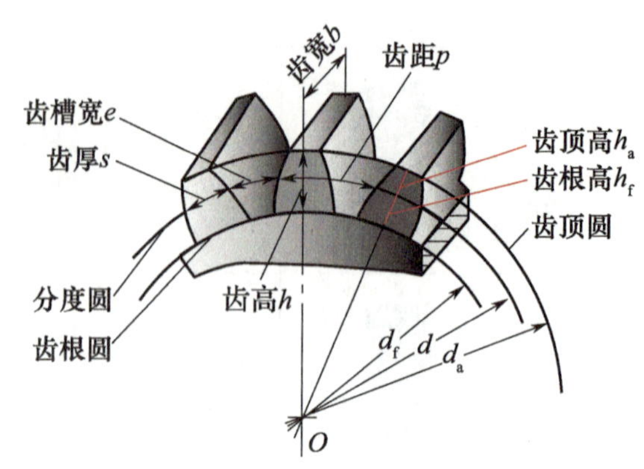


图 5–3–2 直齿圆柱齿轮各部分名称

1）齿顶圆。过齿轮所有轮齿顶端的圆称为齿顶圆，用 $r_a$ 和 $d_a$ 分别表示其半径和直径。

2）齿根圆。过齿轮所有齿槽底的圆称为齿根圆，用 $r_f$ 和 $d_f$ 分别表示其半径和直径。

3）分度圆。在齿顶圆和齿根圆之间，人为规定一个圆作为计算齿轮各部分尺寸的基准，分度圆直径为 $d$（半径为 $r$），渐开线标准直齿圆柱齿轮的分度圆位于齿廓的中部，齿槽宽与齿厚相同的位置。

4）基圆。形成渐开线的圆。

5）齿槽宽。齿轮相邻两齿之间的空间称为齿槽，在任意圆周上所量得齿槽的弧长称为该圆周上的齿槽宽，以 $e_i$ 表示，分度圆上的齿槽宽用 $e$ 表示。

6）齿厚。沿任意圆周上所量得的同一轮齿两侧齿廓之间的弧长称为该圆周上的齿厚，以 $s_i$ 表示。分度圆上的齿厚用 $s$ 表示。

7）齿距。沿任意圆周上所量得的相邻两齿同侧齿廓之间的弧长称为该圆周上的齿距，以 $p_i$ 表示。分度圆上的齿距用 $p$ 表示。

8）齿顶高、齿根高、齿高。轮齿被分度圆分为两部分，轮齿在分度圆和齿顶圆之间的部分称为齿顶，其径向高度称为齿顶高，以 $h_a$ 表示。介于分度圆和齿根圆之间的部分称为齿根，其径向高度称为齿根高，以 $h_f$ 表示，轮齿在齿顶圆和齿根圆之间的径向高度称为齿高，以 $h$ 表示。为了方便记忆，通常我们将齿轮参数归纳为“四圆、三弧、三高”。

### 3. 直齿圆柱齿轮的主要参数

1）齿数。在齿轮整个圆周上轮齿的总数称为该齿轮的齿数，用 $z$ 表示。

2）模数。分度圆圆周长为 $\pi d$，齿距为 $p$，齿数为 $z$，可得 $\pi d=pz$。由于 $\pi$ 为无理数，为了设计、制造和计算方便，人为地把 $p/\pi$ 规定为有理数，即齿距 $p$ 除以圆周率 $\pi$ 所得的商称为模数，用 $m$ 表示，单位为 mm。

$$m=\frac{p}{\pi}=\frac{d}{z}$$

得

$$d=mz$$

由式 $d=mz$ 可知，当齿数相同时，模数越大，齿轮的直径越大，轮齿的承载能力也越大，如图 5-3-3 所示。两个齿轮想要能够啮合，其模数必须相同。

模数是齿轮几何尺寸计算的重要参数，其值已经标准化，见表 5-3-2。

**表 5-3-2 渐开线圆柱齿轮模数** （单位：mm）

| | | | | | | | | | | | |
|---|---|---|---|---|---|---|---|---|---|---|---|
| 第一系列 | 0.1 | 0.12 | 0.15 | 0.2 | 0.25 | 0.3 | 0.4 | 0.5 | 0.6 | 0.8 | 1 |
| | 1.25 | 1.5 | 2 | 2.5 | 3 | 4 | 5 | 6 | 8 | 10 | 12 |
| | 16 | 20 | 25 | 32 | 40 | 50 | | | | | |
| 第二系列 | 0.35 | 0.7 | 0.9 | 1.75 | 2.25 | 2.75（3.25） | | 3.5（3.75） | | 4.5 | 5.5 |
| | （6.5） | 7 | 9 | （11） | 14 | 18 22 | | 28 | | 36 | 45 |

注：优先选用第一系列，括号内的模数尽可能不用，对于斜齿轮是指法向模数，摘自 GB/T 1357—2008。

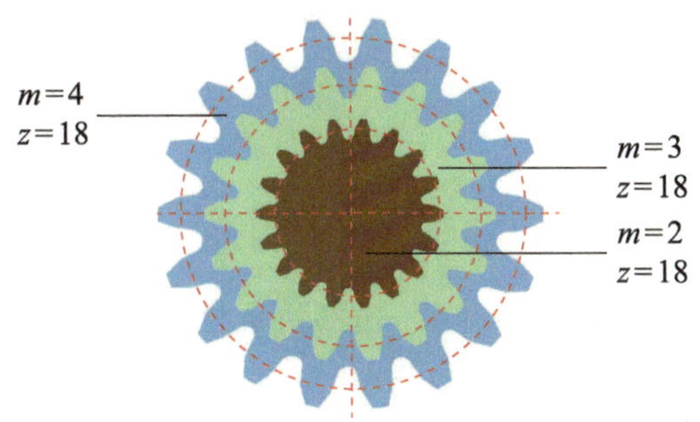


**图 5-3-3 不同模数对应的齿轮**

3）齿顶高系数 $h_a^*$ 和顶隙系数 $c^*$。齿顶高用模数的倍数表示，标准齿顶高为

$$h_a=h_a^*m$$

系数 $h_a^*$ 称为齿顶高系数，已标准化，其值见表 5-3-3。

一对齿轮相啮合时，为了避免一轮的齿顶与另一轮的齿槽底相抵触，并留有一定空隙储存润滑油以便润滑，应使一齿轮齿顶圆与另一齿轮齿根圆之间留

有一定的间隙。此间隙沿径向度量，称为顶隙，用 $c$ 表示。顶隙也可用模数的倍数表示，标准顶隙为

$$c = c^* m$$

式中，$c^*$ 为顶隙系数，已标准化，其值见表 5–3–3。

**表 5–3–3　齿顶高系数和顶隙系数**　（单位：mm）

| 系数 | 正常齿 | | 短齿 |
|---|---|---|---|
| | $m \geqslant 1$ | $m<1$ | |
| $h_a^*$ | 1 | 1 | 0.8 |
| $c^*$ | 0.25 | 0.35 | 0.3 |

根据齿根高的定义可知，齿根高等于齿顶高加顶隙，即

$$h_f = m\,(c^* + h_a^*)$$

4）齿形角 $\alpha$。齿轮齿廓上某点径向直线与齿廓在该点的切线所夹的锐角称为该点的齿形角。通常所说的齿形角即为分度圆上的齿形角，且我国规定标准直齿圆柱齿轮的齿形角为 20°，如图 5–3–4 所示。

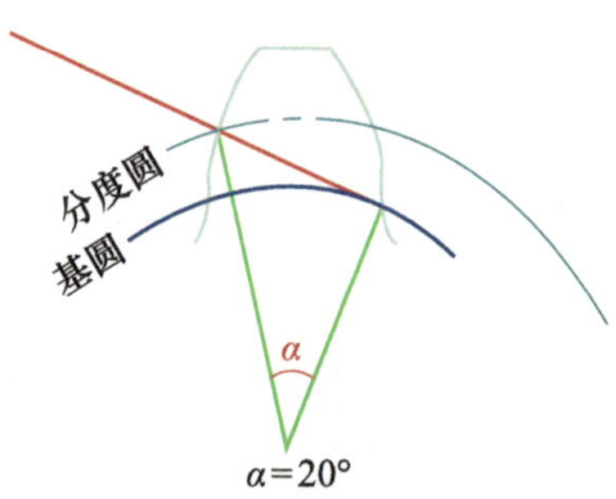


**图 5–3–4　齿形角示意图**

### 4. 标准直齿圆柱齿轮的正确啮合条件和连续传动条件

（1）齿轮副的正确啮合条件　一对齿轮能连续顺利地传动，需要各对轮齿依次正确啮合互不干涉。为保证传动时不出现因两齿廓局部重叠或侧隙过大而引起的卡死或冲击现象，必须使两齿轮的基圆齿距相等，由此可得齿轮副的正确啮合条件如下：两齿轮的模数必须相等，即 $m_1=m_2$；两齿轮分度圆上的压力角必须相等，即 $\alpha_1=\alpha_2$。

（2）齿轮副的连续传动条件　前一对轮齿啮合终止的瞬间，后继的一对轮齿正好开始啮合，齿轮副即能连续传动，称之为重合度，用 $\varepsilon$ 表示，此时

$\varepsilon=1$。但由于制造、安装误差的影响，实际上必须使 $\varepsilon>1$，才能可靠地保证传动的连续性，重合度 $\varepsilon$ 越大，传动越平稳。

对于一般齿轮传动，连续传动的条件 $\varepsilon\geqslant1.2$。对直齿圆柱齿轮（$\alpha=20°$，$h_a^*=1$）来说，$1<\varepsilon\leqslant2$。标准齿轮传动均能满足上述条件。应注意，中心距加大时，重合度会降低。

## 三、斜齿圆柱齿轮传动

**引导问题：在手动变速器中广泛采用了斜齿轮，分析各档位的传动线路为什么需要采用斜齿轮？**

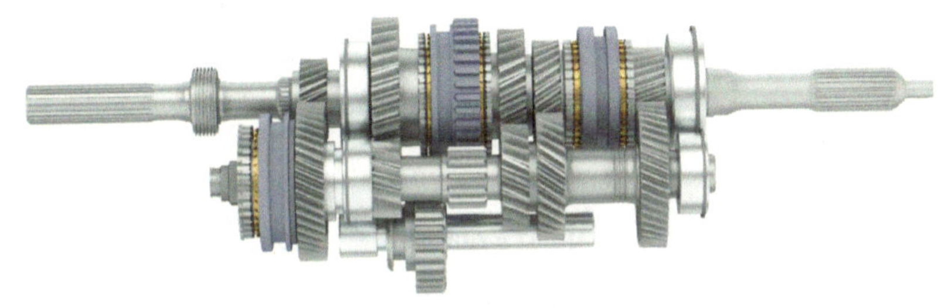

图 5-3-5　变速器齿轮结构

如图 5-3-5 所示，在汽车变速器中使用的齿轮大多数都为斜齿轮。而直齿圆柱齿轮使用较少，其主要原因是：直齿圆柱齿轮啮合时，轮齿接触线是一条平行于轴线的直线，并沿齿面移动，如图 5-3-6a 所示。因此在传动过程中，两轮齿将沿着整个齿宽同时进入啮合或同时退出啮合，从而使轮齿上所受载荷也是突然加上或突然卸下，传动平稳性差，易产生冲击和噪声。

斜齿圆柱齿轮啮合时，其瞬时接触线是斜直线，且长度变化。一对轮齿从开始啮合起，接触线的长度从零逐渐增加到最大，然后又由长变短，直至脱离啮合，如图 5-3-6b 所示。因此，轮齿上的载荷也是逐渐由小到大，再由大到小，所以传动平稳，冲击和噪声较小。此外，一对轮齿从进入到退出，总接触线较长，重合度大，同时参与啮合的齿对多，故承载能力高。斜齿轮在传动过程中会产生轴向力。

斜齿圆柱齿轮的轮齿并不平行于齿轮轴线，其齿廓曲面与任意圆柱面的交线都是一个螺旋线，该螺旋线的切线与过切点的圆柱母线间所夹的锐角，称为该圆柱面上的螺旋角。螺旋角越大，轮齿越倾斜，传动平稳性越好，但轴向力

也越大。

斜齿轮按轮齿的旋向可以分为左旋和右旋两种。如图 5–3–7 中，齿轮 1 为右旋，齿轮 2 为左旋。

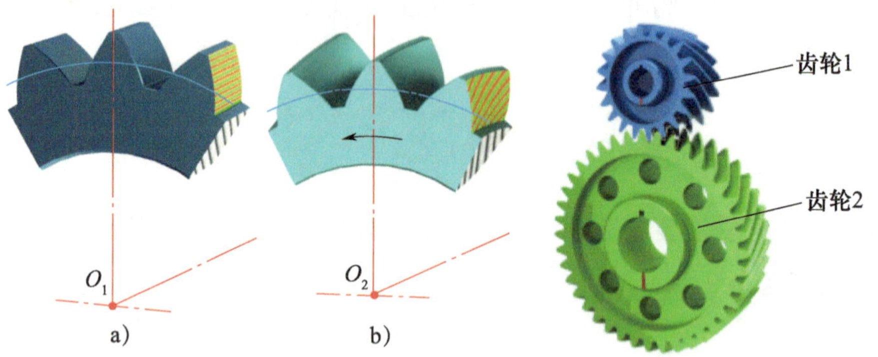


图 5–3–6　直齿轮与斜齿轮的接触线对比　　图 5–3–7　斜齿轮的旋向

## 四、锥齿轮传动

**引导问题：锥齿轮为什么要用到传动桥上？它改变了什么？**

图 5–3–8 所示为锥齿轮，可用于传递两轴相交的旋转运动。在汽车的驱动桥中常用锥齿轮将动力旋转平面改变 90°，使其与驱动轮转动方向一致。锥齿轮传动时它的轮齿分布在圆锥面上，所以锥齿轮的轮齿从大端渐渐向锥顶缩小，沿齿宽各截面尺寸都不相等，大端尺寸最大。锥齿轮种类较多，在汽车中常见的有直齿锥齿轮和弧齿锥齿轮，如图 5–3–9 所示。

图 5–3–8　传动桥的锥齿轮

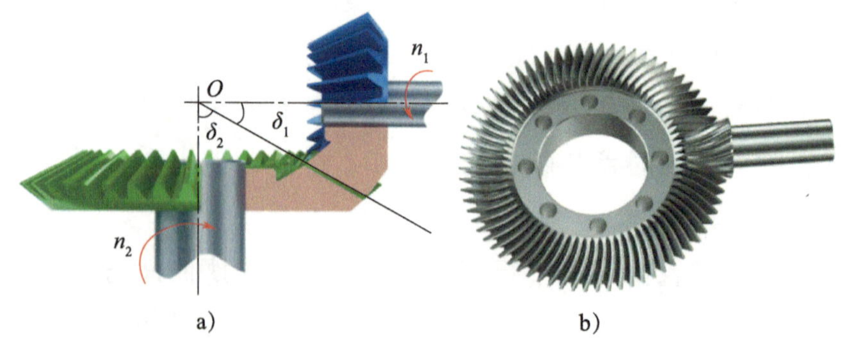


图 5–3–9　锥齿轮传动

a）直齿锥齿轮传动　b）弧齿锥齿轮传动

### 1. 直齿锥齿轮

（1）直齿锥齿轮的几何特点　分度圆锥面上的齿线是直母线的锥齿轮称为直齿锥齿轮。直齿锥齿轮用于相交轴齿轮传动，两轴的轴交角通常为 90°（即 $\Sigma=90°$），如图 5–3–9a 所示。

（2）直齿锥齿轮的正确啮合条件　标准直齿锥齿轮副的轴交角 $\Sigma=90°$，直齿锥齿轮的正确啮合条件如下：

1）两齿轮的大端端面模数相等，即 $m_1=m_2$。

2）两齿轮的压力角相等，即 $\alpha_1=\alpha_2$。

### 2. 弧齿锥齿轮

如图 5–3–9b 所示为弧齿锥齿轮传动，它克服了直齿锥齿轮传动中重叠系数小、传动不平稳、承载能力低的缺点，现代汽车的主减速器中广泛采用弧齿锥齿轮传动（如解放 CA1092 型汽车等）。弧齿锥齿轮的轮齿是弯曲的，按齿面线（齿面与分度圆锥面的交线）的形状分为圆弧线弧齿锥齿轮和延伸外摆线弧齿锥齿轮两种。

## 五、齿轮齿条传动

**引导问题：齿轮齿条传动用在转向机上有什么优势？**

如图 5–3–10 所示，当齿轮的基圆半径增大到无穷大时，圆弧变成一条直线，这时的齿轮就变成了齿条，其分度圆、齿顶圆、齿根圆和基圆变成了相互平行的直线，即分度线、齿顶线、齿根线、基准线。

**图 5–3–10　齿轮齿条传动**

齿轮齿条啮合传动时，把齿条的直线往复运动变为齿轮的回转运动，或将齿轮的回转运动变为齿条的直线往复运动，齿条上各点速度大小和方向都是一

致的。齿廓上各点的压力角相等，如果是标准齿条，压力角 $\alpha=20°$ ，齿条上各齿同侧齿廓线平行且齿距相等。

齿轮齿条传动应用在汽车的转向器上。图 5-3-11 所示的汽车转向器是以齿轮为主动件，齿条为从动件，它的结构简单，传动比不可变而且较小，在微型汽车上应用较多（如长安奥拓轿车等）。采用转向加力器后，齿轮齿条转向器的应用更为广泛。

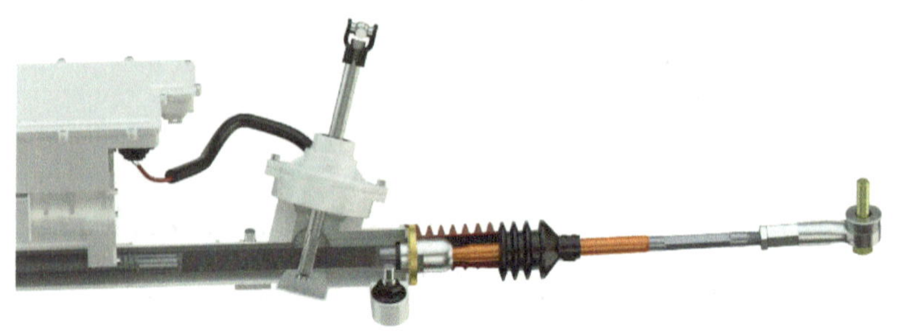

图 5-3-11 汽车的转向器

## 六、蜗杆传动

**引导问题：蜗杆传动中蜗轮和蜗杆方向怎么确定?**

蜗杆传动在汽车上的应用主要有蜗轮蜗杆转向器、驱动桥的主减速器、车速表中的驱动蜗轮蜗杆、电动刮水器中的减速机构等。

### 1. 蜗杆传动的组成、传动比及特点

（1）蜗杆传动的组成　蜗杆传动由蜗杆、蜗轮和机架组成。通常蜗轮、蜗杆的轴线在空间成直角交错，如图 5-3-12 所示，用来传递空间两轴的运动和动力。通常蜗杆为主动件，蜗轮为从动件，完成减速传动。

图 5-3-12 蜗杆传动

（2）蜗杆传动的传动比　蜗杆轴向剖面和梯形螺纹相似。蜗杆也有左旋和右旋之分，如图 5–3–13 所示。一对相啮合的蜗杆传动，其蜗轮和蜗杆的轮齿旋向是相同的，且螺旋角之和为 90°。

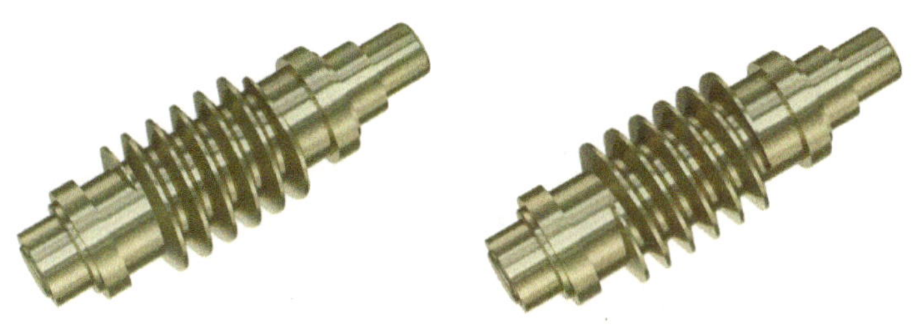

图 5–3–13　蜗杆的旋向

蜗杆的齿数称为头数，用 $z_1$ 表示。蜗杆的头数相当于蜗杆上的螺旋线的线数，如图 5–3–14 所示。蜗杆头数的选择与传动比、传动效率及制造的难易程度等因素有关，头数越多，其传动效率越高，但加工越困难。

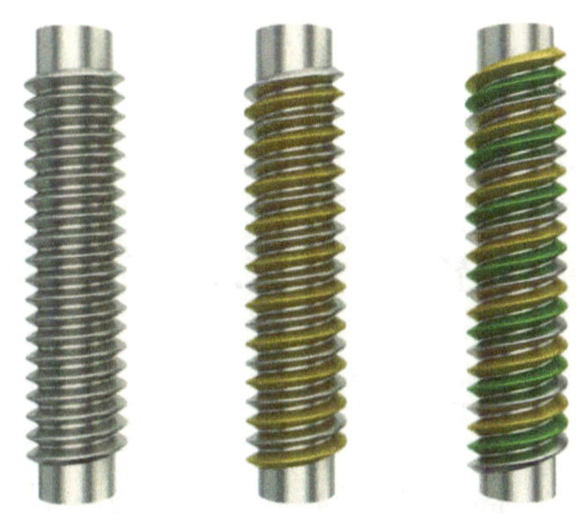

图 5–3–14　蜗杆的头数

设蜗杆的头数为 $z_1$，蜗轮的齿数为 $z_2$。当蜗杆的转速为 $n_1$ 时，则蜗轮的转速 $n_2=n_1z_1/z_2$，故蜗轮蜗杆的传动比为

$$i_{12}=n_1/n_2=z_2/z_1$$

蜗杆的头数一般取 $z_1$=1~4。当传动比大于 40 或要求蜗杆自锁时，常取 $z_1$=1；当传递功率较大时，常取 $z_1$=2~4。

（3）蜗杆传动的特点　与其他机械传动相比，蜗杆传动具有以下特点：传动比大，结构紧凑；传动平稳，无噪声；有自锁性，蜗杆的螺旋升角很小时，蜗杆只能带动蜗轮传动；蜗杆传动效率低，一般认为蜗杆传动效率比齿轮传动低；发热量大，齿面容易磨损，成本高。

### 2. 蜗轮旋转方向的判断

在蜗杆传动机构中，蜗轮和蜗杆的轮齿旋向是相同的。当蜗杆的螺旋方向和转动方向为已知时，可以根据螺旋副的运动规律，用“左右手法则”确定蜗轮的旋转方向。如图 5–3–15 所示，当蜗杆为右旋时，则用右手法则：右手握拳，四指顺着蜗杆的旋转方向，与大拇指方向相反的方向则为蜗轮上在啮合处的线速度方向。当蜗杆为左旋时，则用左手法则按同样的方法判断，如图 5–3–16 所示。

图 5–3–15 右旋蜗杆传动

图 5–3–16 左旋蜗杆传动

## 七、齿轮传动的失效形式

**引导问题：变速器中出现异响，是什么原因造成的，如何避免这样的情况发生？**

齿轮传动就其装置而言，有开式、半开式及闭式；就其使用情况来说，有低速、高速及轻载、重载；就齿轮材料及热处理工艺的不同，有较脆或较韧，齿面有较硬或较软等。因此，齿轮的失效形式也不同。一般来说，齿轮传动的失效主要是轮齿的失效。其主要失效形式有轮齿折断、齿面疲劳点蚀、齿面磨损、齿面胶合及齿面塑性变形等。

（1）轮齿折断　因为轮齿受力时齿根弯曲应力最大，而且有应力集中，因此，轮齿折断一般发生在齿根部分，如图 5–3–17 所示。轮齿因短时意外的严重过载而引起的突然折断，称为过载折断。

（2）齿面疲劳点蚀　齿轮传动工作时，齿面间的接触相当于轴线平行的两圆柱滚子间的接触，在接触处将产生变化的接触应力，在反复作用下，轮齿表面出现疲劳裂纹，疲劳裂纹扩展的结果是齿面金属脱落而形成麻点状凹坑，这种现象称为齿面疲劳点蚀，如图 5–3–18 所示。

实践表明，疲劳点蚀首先出现在齿面节线附近的齿根部分。发生点蚀后，齿廓形状遭破坏，齿轮在啮合过程中会产生强烈振动，噪声增大，以至于齿轮不能正常工作而使传动失效。提高齿面硬度、降低齿面的表面粗糙度、合理选用润滑油等，都能提高齿面的抗点蚀能力。

（3）齿面磨损　当啮合齿面间落入磨料性物质（如砂粒、铁屑等）时，轮齿工作表面被逐渐磨损，使齿轮失去原有的曲面形状，同时轮齿变薄而导致传动失效，这种磨损称为磨粒磨损，如图 5-3-19 所示。它是开式传动的主要失效形式之一。改用闭式传动是避免齿面磨损最有效的办法。

图 5-3-17　轮齿折断

图 5-3-18　齿面疲劳点蚀

图 5-3-19　齿面磨损

（4）齿面胶合　在高速重载传动中，常因啮合区温度升高而引起润滑失效，致使两齿面金属直接接触并发生黏着，当两齿面相对运动时，较软的齿面沿滑动方向被撕下而形成沟纹，这种现象称为齿面胶合，如图 5-3-20 所示。在低速重载传动中，由于齿面间的润滑油膜不易形成也可能产生胶合破坏。提高齿面硬度和减小表面粗糙度值能增强抗胶合能力。对于低速传动采用黏度较大的润滑油；对于高速传动采用含抗胶合添加剂的润滑油也很有效。

（5）齿面塑性变形　若轮齿的材料较软，载荷及摩擦力又都很大时，齿面材料就会沿着摩擦力的方向产生塑性变形，如图 5-3-21 所示。这种情况一般发生在硬度较低的齿面上。提高齿面硬度和采用黏度较高的润滑油，都有助于防止或减轻齿面的塑性变形。

图 5-3-20　齿面胶合

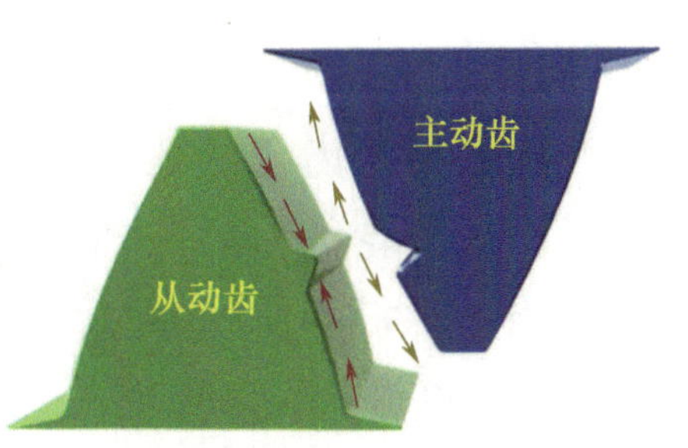



图 5-3-21　齿面塑性变形

# 单元四 轮系

## 学习目标

1. 能辨别轮系的种类。
2. 能计算定轴轮系的传动比。
3. 能分析手动变速器传动链。
4. 能叙述周转轮系的组成与类型。
5. 能计算周转轮系的传动比。

## 内容概要

轮系是汽车底盘传动系统的主要构成形式，轮系传动不但可以准确地传递动力，而且可以分解动力输出状态，是解决多种运动方式输出的重要结构设计。本学习任务主要学习各种轮系的类型与特点、传动比计算和在汽车上的应用。为以后深入学习汽车检测与维修打下良好的基础。

## 知识准备

轮系按照运转时各轮轴线的位置相对于机架是否固定，可分为定轴轮系、周转轮系和混合轮系。汽车上的手动变速器用的就是定轴轮系，自动变速器用的就是周转轮系。

### 一、定轴轮系

**引导问题：齿轮传动如何能实现远距离传动？汽车传动系统中常常使用一组齿轮传动，为什么这样设计，要完成哪些功能？**

定轴轮系 a) 平面定轴轮系

定轴轮系 b) 空间定轴轮系

#### 1. 定轴轮系的分类

在传动中，若轮系中各齿轮的几何轴线均是固定的，则这种轮系称为定轴轮系，各齿轮轴线相互平行的定轴轮系称为平面定轴轮系，如图 5-4-1a 所示。而轴线不平行的定轴轮系称为空间定轴轮系，如图 5-4-1b 所示。

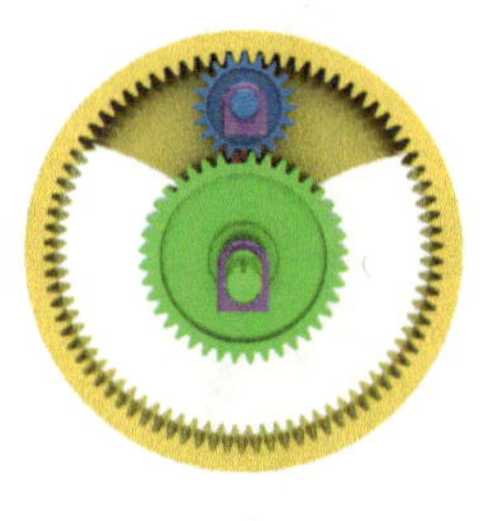

a)

b)

图 5-4-1 定轴轮系

## 2. 定轴轮系传动比的计算

定轴轮系的传动比是指轮系中首、末两构件的角速度之比。包括传动比的大小和首、末两构件的转向关系两方面的内容。

如果定轴轮系是由两个齿轮所组成，如图 5–4–2 所示，其中轮 1 是主动轮，齿数为 $z_1$；轮 2 是从动轮，齿数为 $z_2$。则该轮系的传动比为

$$i_{12}=\omega_1/\omega_2=z_2/z_1$$

两轮的转动方向如图 5–4–2 所示。

当定轴轮系是由多个齿轮组成，如图 5–4–3 所示，设已知各轮的齿数，轮 1 为主动轮，轮 5 为从动轮，要求此轮系的传动比 $i_{15}=\omega_1/\omega_5$。

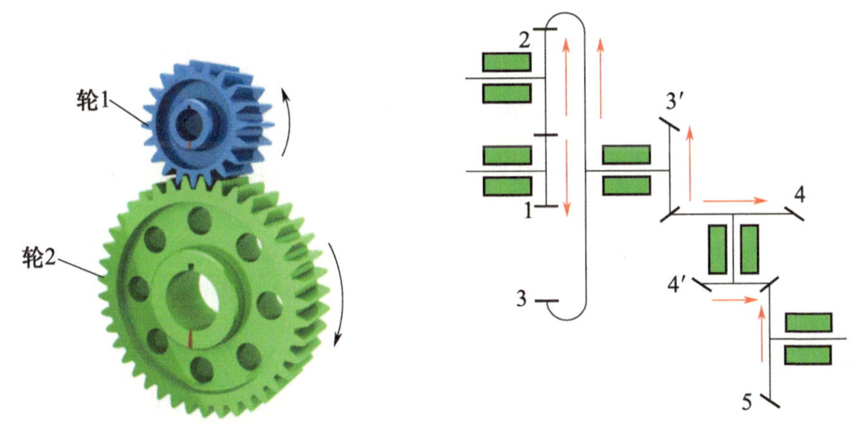


图 5–4–2　齿轮转动方向　　图 5–4–3　齿轮系各齿轮的转动方向

从图 5–4–3 中可知，轮 1 与轮 2 为外啮合，轮 2 与轮 3 为内啮合，轮 3′ 与轮 4 为外啮合，轮 4′ 与轮 5 为外啮合。轮 3 和轮 3′ 为同轴的两个齿轮，二者的角速度相同。同理，轮 4 与轮 4′ 的角速度也相同。该轮系中各对齿轮的传动比分别为

$$i_{12}=\omega_1/\omega_2=z_2/z_1$$

$$i_{23}=\omega_2/\omega_3=z_3/z_2$$

$$i_{3'4}=\omega_3/\omega_4=z_4/z_{3'}$$

$$i_{4'5}=\omega_4/\omega_5=z_5/z_{4'}$$

将以上各式两边分别连乘，可得

$$i_{15}=\frac{\omega_1}{\omega_5}=\frac{z_2z_3z_4z_5}{z_1z_2z_{3'}z_{4'}}$$

上式表明：定轴轮系的总传动比等于组成该轮系的各对啮合齿轮传动比的连乘积，其大小等于各对齿轮中从动轮齿数的连乘积与各对齿轮中主动齿轮齿数的连乘积之比，即

$$\text{定轴轮系的传动比}=\frac{\text{所有从动齿轮齿数的连乘积}}{\text{所有主动齿轮齿数的连乘积}}$$

定轴轮系的首、末两轮的转向关系，一般用标注箭头的方法来确定。两齿轮相啮合，箭头方向要么同时指向啮合点，要么同时背离啮合点。如图所示，该轮系首、末两轮的转向相反。

对于平行轴轮系，可用“+”与“-”来表示一对啮合齿轮的转向关系。两轮的转向相同用“+”表示；两轮转向相反，用“-”表示。通常，外啮合的两个齿轮转向相反，内啮合的两个齿轮转向相同。如果首末两轮的轴平行，可以根据轮系中外啮合的次数来确定首末两轮的转向关系。外啮合的数量为偶数，则首末两轮的转向相同；外啮合的数量为奇数，则首末两轮转向相反。

## 二、周转轮系

### 1. 周转轮系的组成

请先扫码观察周转轮系与定轴轮系的区别。如图 5-4-4 所示，在周转轮系中，外齿轮（太阳轮）1 和内齿轮（齿圈）3 的几何轴线为固定轴线，行星轮系中几何轴线固定的外齿轮称为中心轮或太阳轮。齿轮 2 空套在构件 H 上，构件 H 可以绕固定轴线转动，此构件称为行星架 4。齿轮 2 既可绕自身几何轴线转动，又能绕太阳轮的固定几何轴线转动，就像行星一样，兼做自转和公转，习惯上称这组齿轮为行星轮。

定轴轮系与周转轮系 a）定轴轮系

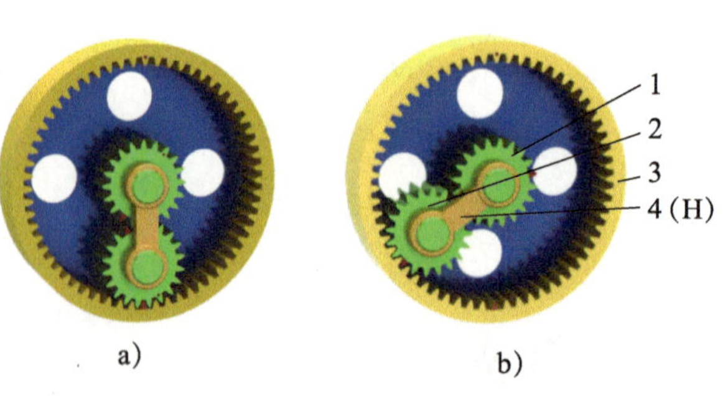


图 5-4-4　定轴轮系与周转轮系

a）定轴轮系　　b）周转轮系

定轴轮系与周转轮系 b）周转轮系

## 2. 周转轮系的分类

根据自由度数量的不同可以将周转轮系分为行星轮系和差动轮系。扫码观看视频，比较二者的区别。

行星轮系与差动轮系 a）行星轮系

行星轮系与差动轮系 b）差动轮系

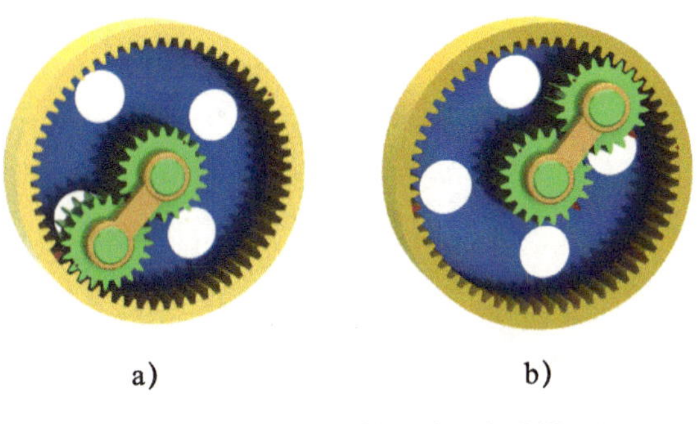

图 5-4-5　行星轮系与差动轮系

a）行星轮系　　b）差动轮系

如图 5-4-5 所示，在行星轮系中，齿圈固定不动，轮系只有一个自由度。当轮系有一个原动件时，轮系就具有确定运动。而在差动轮系中，轮系具有两个自由度，轮系需要两个原动件，才能具有确定运动。

## 3. 周转轮系的传动比计算

周转轮系的组成如图 5-4-6 所示。

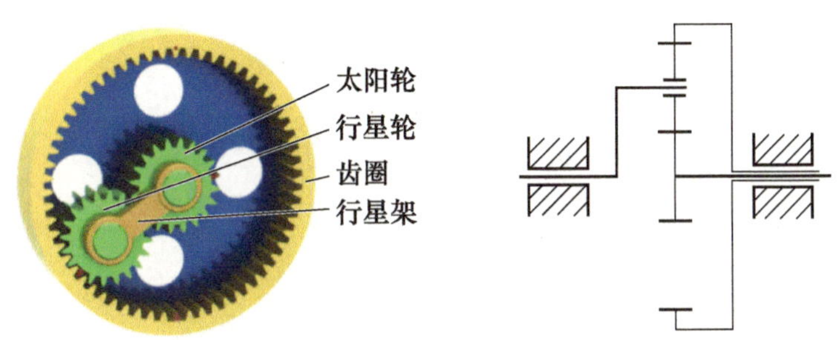

图 5-4-6　周转轮系的组成

由前面动画演示比较可知，周转轮系和定轴轮系的差别在于前者中有转动的行星架，使得行星轮既自转又公转，因此，周转轮系的传动比就不能直接按定轴轮系传动比的求法来计算。通常采用“转化机构法”来求周转轮系的传动比。

根据相对运动原理，设给整个周转轮系加上一个“$-\omega_H$”使之绕行星架轴回转，此时各构件间的相对运动仍将保持不变，而行星架则“静止不动”了，

这样周转轮系就转化成了定轴轮系，如图 5-4-7 所示。这种假想的定轴轮系就称为原周转轮系的转化轮系或转化机构。因此，周转轮系的传动比是通过对其转化轮系传动比的计算而进行求解的。扫码观看演化过程。

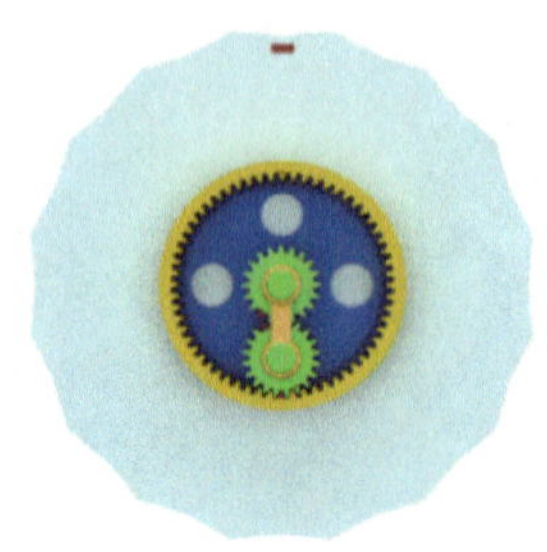

图 5-4-7　周转轮系的转化

周转轮系与其转化轮系各构件转速之间的关系如表 5-4-1 所示。

表 5-4-1　周转轮系与其转化轮系各构件转速之间的关系

| 构件代号 | 周转轮系中的转速 | 转化轮系中的转速 |
| --- | --- | --- |
| 1 | $n_1$ | $n_1^H=n_1-n_H$ |
| 2 | $n_2$ | $n_2^H=n_2-n_H$ |
| 3 | $n_3$ | $n_3^H=n_3-n_H$ |
| H | $n_H$ | $n_H^H=n_H-n_H=0$ |

在周转轮系的转化轮系中的传动比为

$$i_{13}^{H}=\frac{\omega_1^H}{\omega_3^H}=\frac{\omega_1-\omega_H}{\omega_3-\omega_H}=-\frac{z_2z_3}{z_1z_2}=-\frac{z_3}{z_1}$$

式中的“-”表示，首末两轮的旋转方向相反。

## 三、混合轮系

如图 5-4-8 所示，为混合轮系，其左侧为定轴轮系，右侧为周转轮系。对于混合轮系，既不能将其视为单一的定轴轮系来计算传动比，也不能将其视为单一的周转轮系来计算传动比，而是要将它们分开，分别计算出定轴轮系的传动比和周转轮系的传动比，进行联立求解。

因此，混合轮系传动比的计算方法和步骤可以概括为：正确划分轮系，分别列出算式，进行联立求解。其中正确划分轮系是关键，主要是要将周转轮系先划分出来。

例 5-4-1 在图 5-4-8 所示的混合轮系中，设已知各轮齿数，求该轮系的传动比 $i_{1H}$。

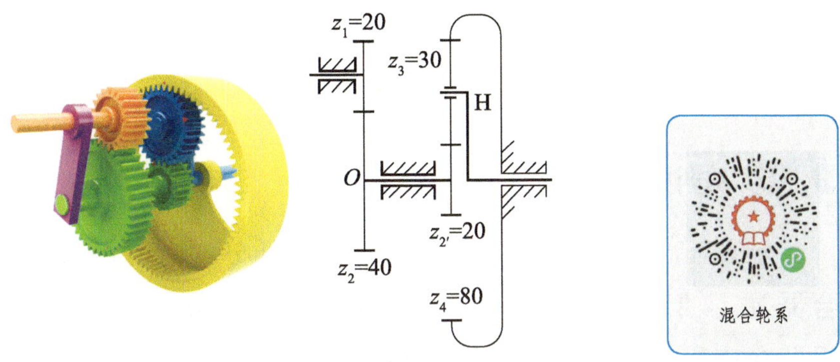


**图 5-4-8 混合轮系**

解：该轮系由定轴轮系（齿轮 1、2）和行星轮系（齿轮 2′、3、4 及行星架 H）组成。分别计算它们的传动比，即

$$i_{12}=\frac{n_1}{n_2}=-\frac{z_2}{z_1}=-\frac{40}{20}=-2$$

$$i_{2'H}=1-i_{2'4}^{H}=1-\left(-\frac{z_4}{z_{2'}}\right)=1+\frac{80}{20}=5$$

$$i_{1H}=i_{12}i_{2'H}=-2\times5=-10$$

# 模块六 汽车轴系零部件

## 模块导读

轴系零部件是汽车机械的重要组成部分，主要包括轴、轴承、联轴器和离合器等。轴系零部件在汽车上应用广泛，如汽车半轴、传动轴、发动机曲轴、手动变速器输入轴、输出轴、倒档轴等；发动机曲轴两端一般采用滑动轴承支承，变速器轴两端一般采用滚动轴承支承。联轴器和离合器都是用来连接两轴，传递轴与轴之间的运动和动力的。在实际应用的过程中，只有了解和掌握轴系零部件相关的组成、特点和工作原理，才能对汽车动力系统、传动系统进行正确使用、检测和维护。

## 单元一 轴

### 学习目标

1. 能叙述轴的作用与轴的分类。
2. 能区分轴结构与归纳各个结构的作用。
3. 能识别轴的定位与轴的固定方法。
4. 能判断轴的失效形式。

### 内容概要

轴是机械中不可缺少的重要零件，轴的作用是支承旋转零件（如齿轮、带轮、链轮等）并传递运动和扭矩。根据承载情况不同，轴可分为心轴、转轴和传动轴三类。轴主要由轴颈、轴头和轴身三部分组成。轴上零件的定位和固定可分为轴向定位和周向定位两种。零件在轴上的轴向定位和固定可采用轴肩、轴环、套筒、圆螺母和弹性挡圈、轴端挡圈等，此外轴承端盖常用来做整个轴的轴向定位。机器上所安装的旋转零件，如带轮、齿轮、联轴器和离合器等都必须用轴来支撑，这样才能正常工作。

## 知识准备

### 一、轴的分类

**引导问题：轴是组成机器的重要零件之一，那轴的作用是什么呢？不同类型的机器会采用不同结构的轴，那么轴是如何进行分类的？**

凡是做回转运动的零件（如带轮、齿轮、涡轮等）都必须用轴来支撑才能实现运动和动力的传递。轴具有两点功用：一是支撑轴上零件；二是传递运动和动力。具体情况下轴有时仅起第一个作用或第二个作用，但在大多数情况下，轴同时具有上述两种作用。

#### 1. 根据承载情况不同，轴可分为心轴、转轴和传动轴三类

（1）心轴　心轴仅用来起到支承作用，而不传递动力。因此心轴只受弯矩作用而不受扭矩作用。心轴按照其是否可以转动，分为旋转心轴和固定心轴。火车的车轮轴为旋转心轴，如图 6-1-1 所示；轿车的后桥则为固定心轴，如图 6-1-2 所示。自行车的前轮轴则为固定心轴，如图 6-1-3 所示。

图 6-1-1　火车车轮轴——旋转心轴　图 6-1-2　轿车的后桥——固定心轴

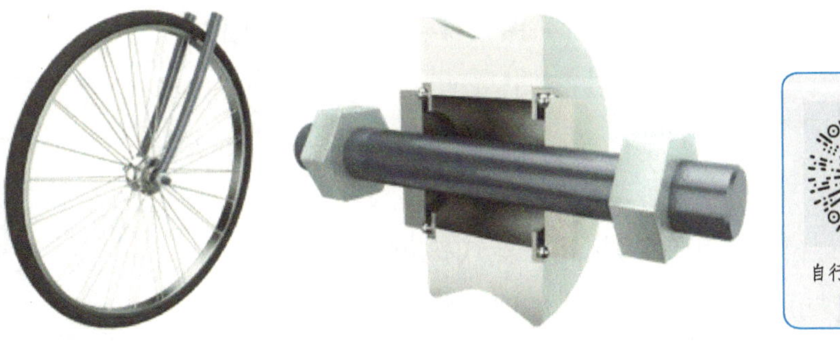

自行车前轮轴—
固定心轴

图 6-1-3　自行车前轮轴——固定心轴

（2）转轴　既承受弯矩又承受扭矩的轴称为转轴，示例如图 6–1–4 所示。变速器的输入、输出轴都是转轴，如图 6–1–5 所示。

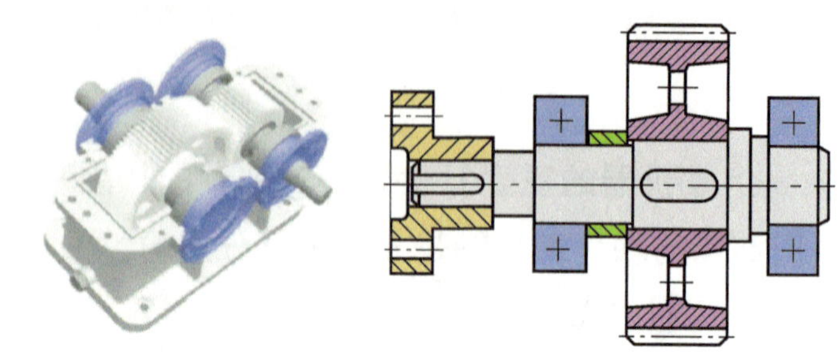

图 6–1–4　两轴变速器轴

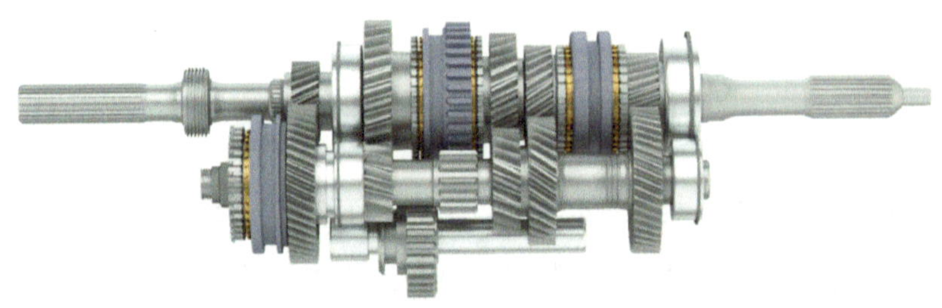

图 6–1–5　变速器输入、输出轴

（3）传动轴　主要承受扭矩，不承受或承受很小的弯矩的轴称为传动轴，汽车变速器和后桥之间的轴就是传动轴，如图 6–1–6 所示。

图 6–1–6　汽车传动轴

## 2. 根据轴线的形状不同，轴又可以分为曲轴、直轴、挠性钢丝轴

（1）曲轴　曲轴常用于往复式机械中，如内燃机、空气压缩机等。可以实现直线运动与旋转运动的转换，如图 6–1–7 所示。

图 6–1–7　曲轴

（2）直轴　直轴应用较广，按照外形不同可分为光轴、阶梯轴及一些特殊用途的轴，如凸轮轴、花键轴、齿轮轴及蜗杆轴等，分别如图 6-1-8、图 6-1-9 和图 6-1-10 所示。阶梯轴便于轴上零件的拆装和定位。

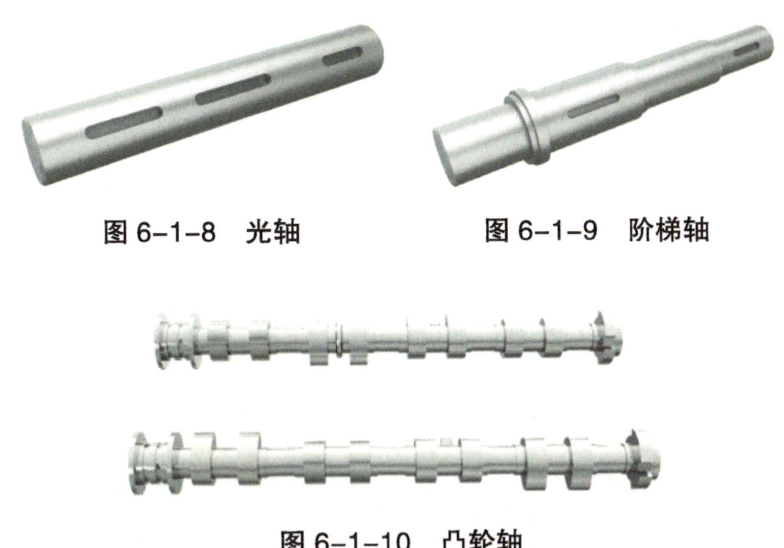

图 6-1-8　光轴

图 6-1-9　阶梯轴

图 6-1-10　凸轮轴

（3）挠性钢丝轴　挠性钢丝轴是由多组钢丝分层卷绕而成的，如图 6-1-11 所示。它的挠性好，能在轴线弯曲的状态下灵活地传递运动和扭矩。它主要用于两个传动件轴线不在同一直线，或工作时彼此有相对运动的空间中传动，还可用于受连续振动的场合，以缓和冲击。比如摩托车的里程表传感器轴、一些汽车的车速表传感器轴。

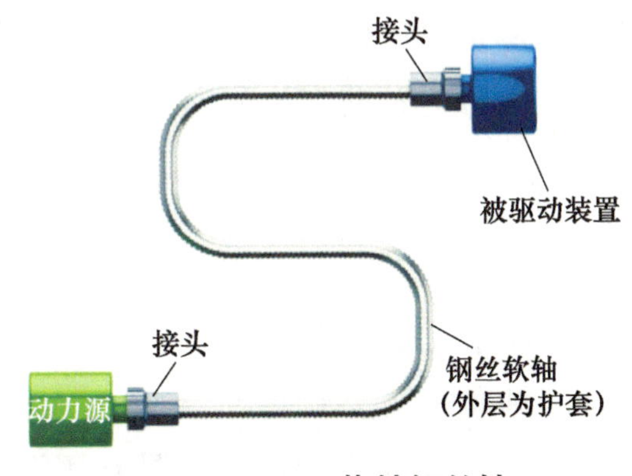


图 6-1-11　挠性钢丝轴

## 二、阶梯轴的结构

如图 6-1-12 所示，阶梯轴主要由轴头、轴颈、轴身、轴肩和轴环组成。

1）轴头。轴上安装轮毂的部分称为轴头，轴头的长度应稍小于轮毂的宽度，以便实现回转件轴向固定。

2）轴颈。轴和轴承配合部分称为轴颈，当用滑动轴承支撑轴时，轴承与轴颈之间通过轴瓦连接，为间隙配合；当用滚动轴承支撑轴时，轴承与轴颈之间多为过渡或过盈配合。

3）轴身。连接轴头和轴颈等的非配合部分称为轴身。

4）轴肩、轴环。阶梯轴上，截面变化的、用作零件轴向固定的台阶部分称为轴肩，轴上直径最大而且最短的环形部分称为轴环。轴肩或者轴环可作为轴向定位面，它是齿轮、滚动轴承等轴上零部件的安装基准。轴肩或轴环的圆角半径应小于毂孔的圆角半径或倒角高度，以保证零部件安装时准确到位。

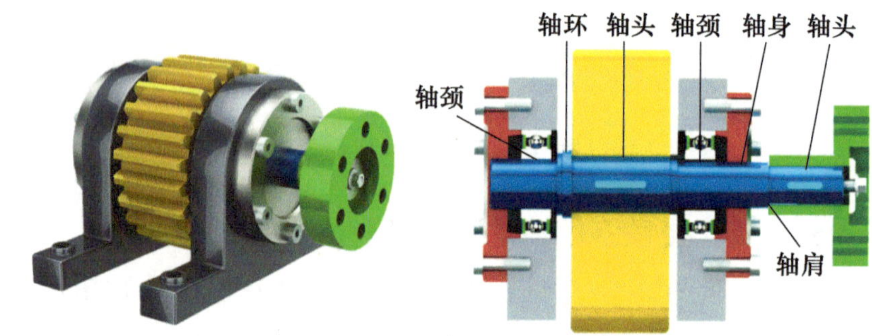


图 6-1-12　阶梯轴的结构

## 三、轴上零件的定位与固定

**引导问题：轴上的许多零件是如何在轴上进行定位和固定的?**

轴上零件的定位和固定可分为轴向定位和周向定位两种。

### 1. 轴上零件的轴向定位

轴向定位的作用和目的是防止轴向移动造成串位，零件在轴上的轴向定位和固定可采用轴肩、轴环、套筒、圆螺母和弹性挡圈、轴端挡圈等。此外，轴承端盖常用来作为整个轴的轴向定位。

（1）轴肩和轴环　如图 6-1-13 中的齿轮就是利用轴环进行轴向定位，而联轴器则是利用轴肩进行轴向定位的。用轴肩和轴环对轴上零件进行轴向定位，简单可靠，不需附加零件，能承受较大的轴向力，但会使轴径增大，阶梯处形成应力集中，而且阶梯过多也不利于加工。为使零件与轴肩贴合，轴上圆角半

径 $r$ 应较轴上零件孔端的圆角半径 $R$ 或倒角 $C$ 稍小，如图 6-1-13 所示。

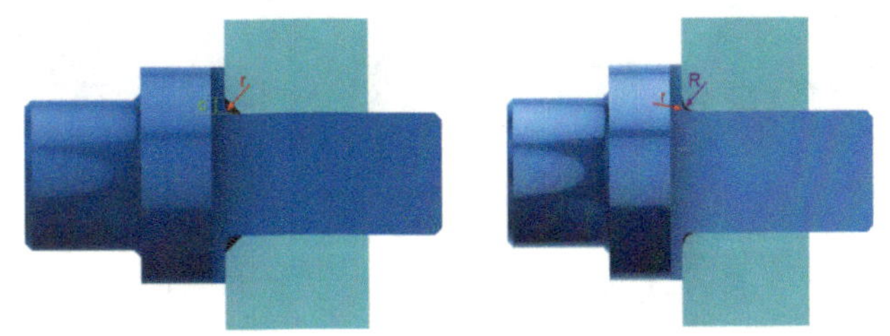

图 6-1-13 轴肩和轴环定位

用轴肩对滚动轴承进行定位时，必须注意轴肩高度应小于滚动轴承内圈高度，如图 6-1-14 所示。

图 6-1-14 轴肩高度应小于滚动轴承内圈高度
a）错误 b）正确

（2）套筒 如图 6-1-15 所示，右边的轴承内圈就是利用套筒进行轴向定位的。套筒定位可以简化轴的结构，减小应力集中，结构简单、定位可靠，多用于轴上零件间距离较小的场合。但由于套筒与轴之间存在间隙，所以在高速情况下不宜使用。

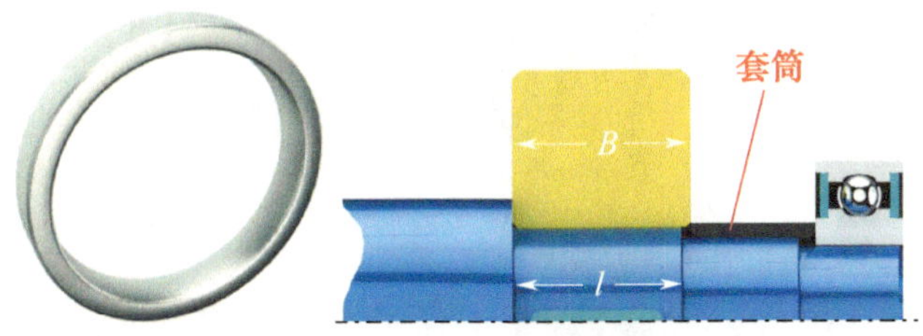


图 6-1-15 套筒定位

（3）圆螺母 当套筒过长或无法采用套筒，而轴上又允许车制螺纹时，可采用圆螺母定位，如图 6-1-16 所示。圆螺母可承受较大的轴向力，但切制螺纹处有较大的应力集中，会降低轴的疲劳强度。

图 6-1-16 圆螺母与止动垫圈定位

（4）弹性挡圈 如图 6-1-17 所示，弹性挡圈用于轴向定位。结构简单紧凑，常用于滚动轴承的轴向固定，但承受的轴向力较小。切槽尺寸需要一定的精度，否则可能出现与被固定件间存在间隙，或弹性挡圈不能装入切槽的现象。

图 6-1-17 弹性挡圈定位

（5）轴端挡圈 轴端挡圈具有消除间隙的作用，能承受冲击载荷，对中精度要求较高，主要用于有振动和冲击的轴端零件的轴向固定，其结构如图 6-1-18 所示。

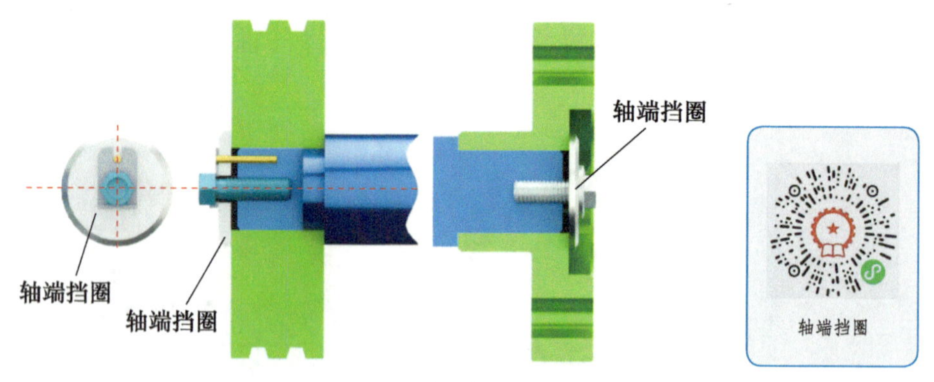


图 6-1-18 轴端挡圈结构

当用轴肩、轴环、套筒、圆螺母、轴端挡圈进行零件的轴向定位时，为保证轴向定位可靠，一般装配零件的轴头长度应比零件的轮毂长度短 2~3mm，即 $l_{轴}<L_{毂}$，如图 6-1-19 所示，以确保套筒、螺母或轴端挡圈能靠紧零件端面，否

则容易造成定位不可靠，如图 6-1-20 所示。

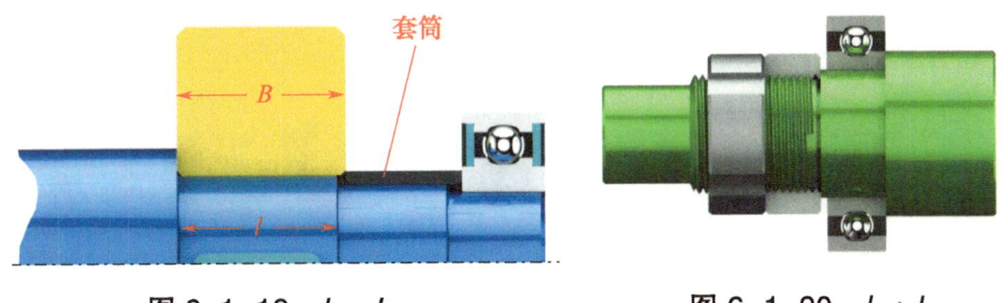


图 6-1-19　$l_{轴}<L_{毂}$　　图 6-1-20　$l_{轴}>L_{毂}$

### 2. 轴上零件的周向定位和固定

周向固定的作用和目的是防止零件传递扭矩时与轴产生相对的转动。通常的方法有键连接、花键连接和过盈配合等。当传递的扭矩很小时，可采用紧定螺钉连接或销连接，同时实现轴向和周向固定，如图 6-1-21 所示。

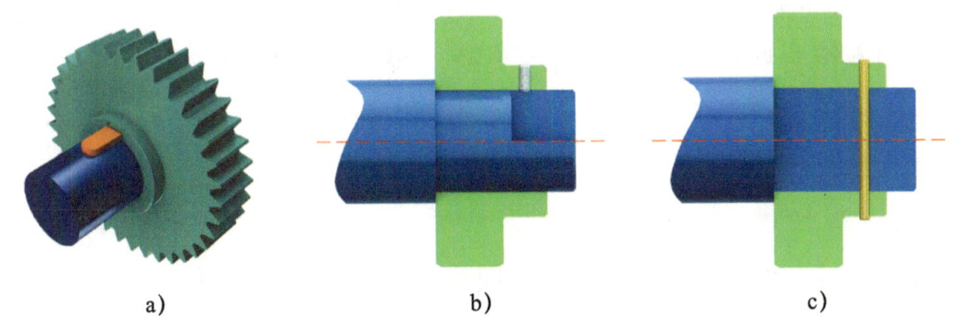


图 6-1-21　周向定位和固定

a）键连接　b）紧定螺钉连接　c）销连接

## 四、轴的失效和检查

**引导问题：不同类型的轴有不同的功能，那么轴的失效形式及原因有哪些?**

### 1. 轴的失效

轴的主要作用是承受弯矩与扭矩，可能在弯矩和扭矩的作用下承受交变应力，轴肩处有应力集中，因此轴的失效形式主要有疲劳强度不足而产生的疲劳断裂；因静强度不足而产生的塑形变形或脆性断裂、磨损超过允许范围的变形和振动等。

不同级别和不同要求的汽车，其对轴的强度要求也是不一样的，所以提高

轴的疲劳强度和刚度是降低轴的疲劳磨损的必要手段。在生产制造过程中提高轴的疲劳强度和刚度的主要措施如下。

1）减小应力集中。

2）降低轴的表面粗糙度。

3）强化轴的表面，如滚压、喷丸、表面淬火、渗碳。

### 2. 轴的使用和检查

1）轴在使用前，应注意轴和轴上零件固连要可靠；轴与轴上有相对移动和转动的零件间的间隙应适当；轴颈润滑应符合要求，润滑不当是使轴颈非正常磨损的重要原因。

2）轴在使用中，应避免突加、突减负荷或超载，尤其是对新配滑动轴瓦和使用已久的轴更应注意，以防止疲劳断裂和弯扭变形。

3）在机器大修或者中修时，通常应检查轴有无裂纹、弯曲、扭曲及轴径磨损等，如不符合要求应进行修复或更换。裂纹通常集中在应力集中处，由此导致轴的疲劳断裂，应予以注意。轴上的裂纹可用放大镜和磁力探伤器等检查。轴径的最大磨损量为测得的最小直径同公差径之差，当超过规定值时应进行修磨。

4）对于液体润滑轴承中的轴颈，应检查其圆度和圆柱度，因为失圆的轴颈运转时，会使油膜的压力波动，不仅加速轴瓦材料的疲劳损坏，也增加了轴瓦和轴径的直接接触，使磨损加剧。轴上花键的磨损，可通过检查配合的齿侧间隙或用标准花键套在花键轴上检查。

# 单元二 曲轴和传动轴

## 学习目标

1. 叙述曲轴的结构、定位和失效形式。
2. 概括十字万向节的传动原理与传动特点。
3. 叙述传动轴的分类和传动轴在汽车上的应用。
4. 通过活动探究，分析曲轴的结构特点和曲柄连杆机构的受力情况。

## 内容概要

曲轴是发动机最重要的器件之一，曲轴可以将活塞连杆组传来的推力转变成使曲轴旋转的力矩向外输出，曲轴由前端轴、曲拐、后端轴三部分组成。曲轴安装时需轴向定位和径向定位，以控制轴的窜动量。传动轴是汽车传动系中传递动力的重要部件，它的作用是与变速器、驱动桥一起将发动机的动力传递给车轮，使汽车产生驱动力。传动轴是由轴管、伸缩管（伸缩花键）和万向节组成。汽车半轴也称驱动轴，它是将差速器与驱动轮连接起来的轴。半轴的作用是将差速器传来的动力传递给左右驱动轮。

## 知识准备

### 一、曲轴的结构

**引导问题：如图 6-2-1 所示为典型的发动机曲轴，从结构上看，曲轴较直轴复杂，但发动机为什么不采用直轴而采用曲轴呢？**

图 6-2-1　典型的发动机曲轴

曲轴可将活塞连杆组传来的推力转变成使曲轴旋转的力矩向外输出；并驱动发动机的配气机构及其他辅助装置（如发电机、冷却液泵、风扇、润滑油泵、

空调压缩机等）工作。发动机曲轴在工作中承受着周期性变化的气体力、往复运动质量惯性力、旋转运动离心力及摩擦力的共同作用。

典型发动机曲轴的结构如图 6-2-2 所示。

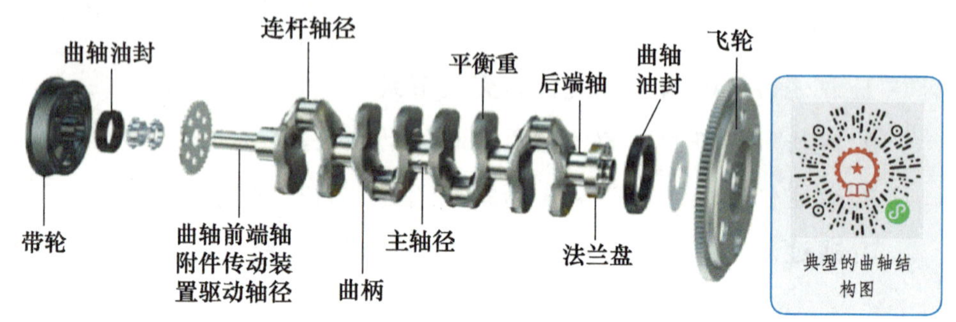


图 6-2-2 典型的曲轴结构图

### 1. 前端轴和后端轴

1）前端轴。前端轴上有安装驱动附件传动装置的带轮轴颈，可用于驱动冷却液泵、助力泵、空调压缩机、发电机等附属机构；还可以安装正时装置（齿轮、链轮或正时带轮）。

2）后端轴。后端轴上安装有法兰盘的轴颈，用以连接飞轮。

3）前后段的密封。曲轴前后段均伸出了曲轴箱，为了防止润滑油沿轴颈外漏，在曲轴的前后段均设有防漏密封装置。常见的密封装置有挡油盘、填料油封、自紧油封、回油螺纹等。一般发动机多采用两种以上防漏装置组成复合式防漏结构。

### 2. 曲拐

每个连杆轴颈与两端的曲柄及主轴颈共同构成一个曲拐。一般的直列式发动机曲轴的曲拐数等于发动机的气缸数，而 V 型发动机曲轴的曲拐数是气缸数的一半。

1）连杆轴颈。连杆轴颈在曲轴上，与连杆大头通过连杆轴承装配在一起。在直列发动机上，连杆轴颈数与气缸数相等；在 V 型发动机上，一个连杆轴颈上安装两个连杆（推动相对的两个气缸），连杆轴颈数为气缸数的一半。连杆轴颈内部有润滑油道与主轴颈内部的润滑油道相通。

2）主轴颈。主轴颈是曲轴的支承部分。根据主轴颈的设置，可以把曲轴的支承方式分为全支承和非全支承。全支承曲轴每个连杆轴颈两边各有一个主轴颈为支承点，故主轴颈数总是比连杆轴颈数多一个，如图 6-2-3 所示。非全支承曲轴主轴颈数等于或少于连杆轴颈数，结构较紧凑，但会降低曲轴的刚度和弯曲强度，只适合中小负荷的发动机，如图 6-2-4 所示。主轴颈和连杆轴颈是发动机中最关键的滑动运动副。为了提高轴颈的耐磨性，必须进行表面淬火，轴颈过渡圆角处必须进行滚压处理，以提高抗疲劳强度。

图 6-2-3　全支承曲轴

图 6-2-4　非全支承曲轴

### 3. 曲柄和平衡重

曲柄用来连接主轴颈和连杆轴颈。连杆、连杆轴颈和曲柄等质心不在曲轴转动中心上，容易引起振动。平衡重的作用是将偏离了转动中心的曲轴质心调整到转动中心，使发动机运转平稳，加平衡重会增加曲轴质量，使材料消耗增多，制造工艺复杂，成本上升。

曲轴在装配前必须经过平衡校验，对不平衡的曲轴，常在曲柄上钻去一部分质量，以达到平衡要求。

## 二、汽车传动轴

**引导问题：传动轴的作用是什么？传动轴在汽车上有哪些应用？**

### 1. 万向联轴器

万向联轴器又称十字铰链联轴器，其结构如图 6-2-5 所示。它的中间是一个相互垂直的十字头，十字头的四端用铰链分别与两轴上的叉形接头相连。因此，当轴Ⅱ的位置固定后，轴Ⅰ可以在任意方向偏斜，角位移 $\alpha$ 可达 40°~45° 。但是，单个万向联轴器两轴的瞬时角速度并不是时时相等的，即当轴Ⅰ以等角速度回转时，轴Ⅱ会做变角速度转动，从而引起动载荷，对使用不利。

由于单个万向联轴器存在着上述缺点，所以在机器中很少单个使用。实际上，工程中常采用双万向联轴器，即由两个单万向联轴器串接而成，如图 6-2-6 所示。

图 6-2-5 单万向联轴器　　图 6-2-6 双万向联轴器

如图 6-2-7 所示，安装双万向联轴器时，如要使主、从动轴的角速度相等必须满足三个条件：

1）主动、从动、中间三轴共面；

2）主动轴、从动轴的轴线与中间轴的轴线之间的夹角应相等；

3）中间轴两端的叉面应在同一平面内。

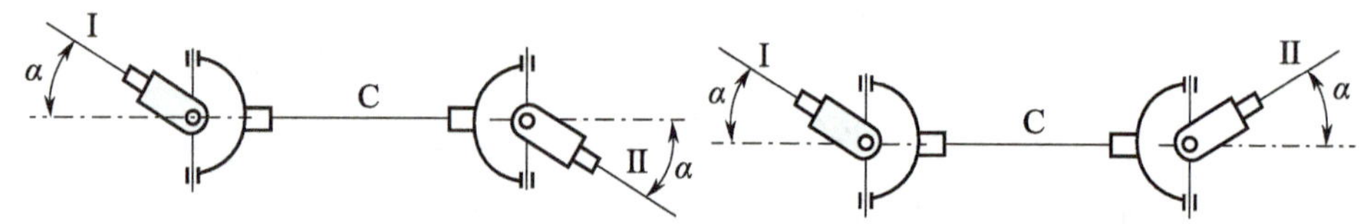


图 6-2-7 双万向联轴器主、从动轴的角速度相等的条件

万向联轴器能补偿较大的角位移，结构紧凑，使用、维护方便，广泛应用于汽车、工程机械的传动系统中，比如，汽车的传动轴和汽车的转向轴。

图 6-2-8 十字轴万向传动轴

一些汽车根据总布置要求需将离合器与变速器、变速器与分动器之间拉开一段距离，考虑到它们之间很难保证轴与轴同轴并且修正车架的变形，所以常采用十字轴万向传动轴，如图 6-2-8 所示。对于转向驱动桥，左、右驱动轮需要随汽车行驶轨迹变化而改变方向，这时多采用等速万向传动轴。十字轴式刚性万向节因其结构简单、工作可靠、传动效率高，且允许相邻两传动轴之间有较大的交角（一般为 15°~20° ），故普遍应用于各类汽车的传动系统中。

## 2. 传动轴

传动轴是汽车传动系中传递动力的重要部件，它的作用是与变速器、驱动桥一起将发动机的动力传递给车轮，使汽车产生驱动力。

传动轴是由轴管、伸缩管（伸缩花键）和万向节组成，分段式需加中间支承。传动轴是万向传动装置中能够传递动力的轴。它是一个高转速、少支承的旋转体，因此它的动平衡至关重要。一般传动轴在出厂前都要进行动平衡试验，并在平衡机上进行调整。传动轴可连接或装配各项配件，而且它又是可移动或转动的圆形物体配件，所以一般均使用轻而抗扭性佳的合金钢管制成。

### 3. 半轴

汽车半轴也称驱动轴，它是将差速器与驱动轮连接起来的轴。半轴是变速器、减速器与驱动轮之间传递扭矩的轴，如图 6-2-9 所示。它的内外端各有一个万向节，分别与万向节上的花键与减速器齿轮及轮毂轴承内圈连接。一般采用实心轴居多，由于空心轴转动不平衡控制更容易，现在很多汽车上也采用了空心轴。

半轴是将差速器传来的动力传递给左右驱动轮，半轴的结构因驱动桥结构形式的不同而不同，非断开式驱动桥的半轴为刚性整轴，如图 6-2-10 所示。转动驱动桥和断开式驱动桥中的半轴分段利用万向节连接，如图 6-2-7 所示 。

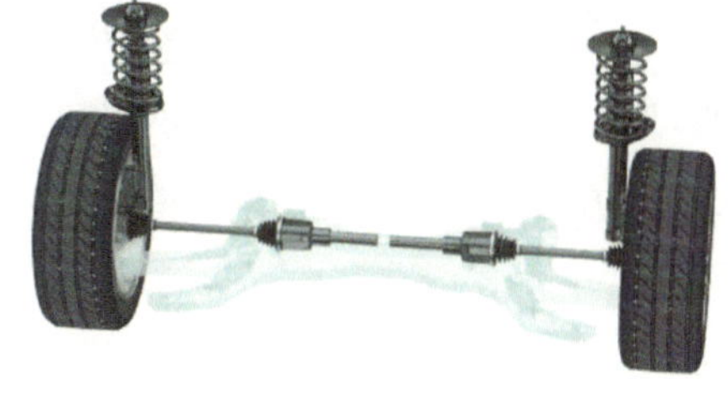

图 6-2-9　分段半轴

图 6-2-10　刚性整轴

一般前驱式汽车采用断开式等速半轴，如图 6-2-11 所示，断开式半轴按照等速方式来分，又分为三球销式等速万向节、直滚道式等速万向节和斜滚道式等速万向节。

图 6-2-11　半轴

普通非断开式驱动桥的半轴，可根据外端支承形式不同分为全浮式、3/4 浮式、半浮式半轴三种形式。

# 单元三 轴承

## 学习目标

1. 能叙述滚动轴承的结构、分类与特点。
2. 能叙述滚动轴承的失效形式。
3. 能叙述滚动轴承的拆装方法。
4. 能叙述滑动轴承的结构、特点与失效形式。
5. 能分析轴承的润滑方式与特点。

## 内容概要

轴承在汽车的动力系统和传动系统上有着广泛的应用，其作用是支承轴和轴上零件，并保持轴的旋转精度，减少轴与支承之间的摩擦和磨损。轴承根据摩擦性质不同分为滑动轴承和滚动轴承，滚动轴承主要由内圈、外圈、滚动体和保持架等四个部分所组成。按滚动体的形状不同，可将滚动轴承分为球轴承和滚子轴承两种类型。常用的滚动体有球、圆柱滚子、圆锥滚子、球面滚子、滚针等。滚动轴承的失效形式有疲劳点蚀、塑性变形和磨损。滑动轴承的运动形式是以轴颈与轴瓦相对滑动为主要特征，即摩擦性质为滑动摩擦。常用的径向滑动轴承有整体式 、剖分式、自动调心三种形式。

## 知识准备

### 一、滚动轴承的结构与分类

**引导问题：滚动轴承有哪些类型，其结构有何特点?**

滚动轴承严格来说是一个组合标准件，其基本结构如图 6-3-1 所示。它主要由内圈、外圈、滚动体和保持架等四个部分所组成。

通常其内圈用来与轴颈配合装配并与轴一起旋转；外圈的外径用来与轴承座或机架座孔相配合装配，起到支承的作用；有时也有轴承内圈与轴固定不动、外圈转动的场合；滚动体借助保持架均匀地分布在内圈和外圈之间，其形状、大小和数量直接影响着滚动轴承的使用性能和寿命；保持架能使滚动体均匀分布，防止滚动体脱落，引导滚动体旋转。

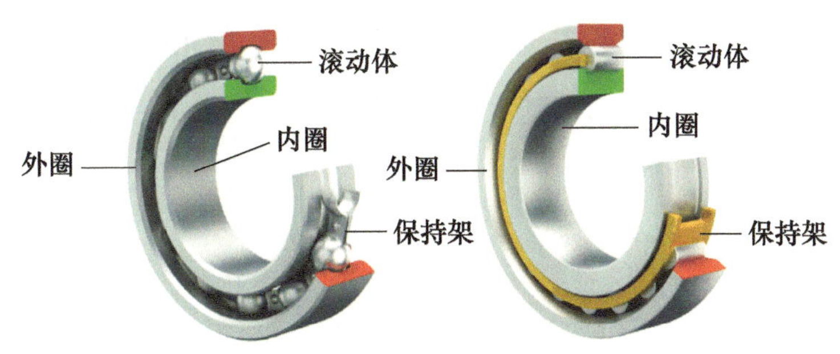


图 6-3-1 滚动轴承的结构

按滚动体的形状不同，可将滚动轴承分为球轴承和滚子轴承两种类型。如图 6-3-2 所示，常用的滚动体有球、圆柱滚子、滚针、圆锥滚子、球面滚子等。

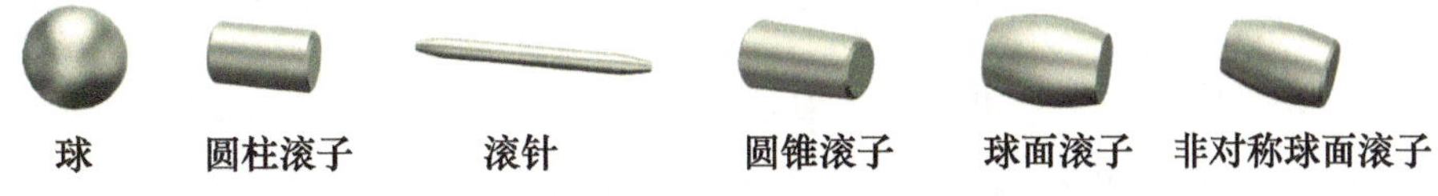


图 6-3-2 常用滚动体

球轴承的滚动体与内、外圈滚道为点接触，所以球轴承负荷能力低、耐冲击能力差，但它的摩擦阻力小、极限转速高、价格低廉。

滚子轴承的滚动体与内、外圈滚道为线接触，负荷能力高、耐冲击能力强，但摩擦阻力大、价格高。

按滚动体的列数，可分为单列、双列及多列，如图 6-3-3 所示。

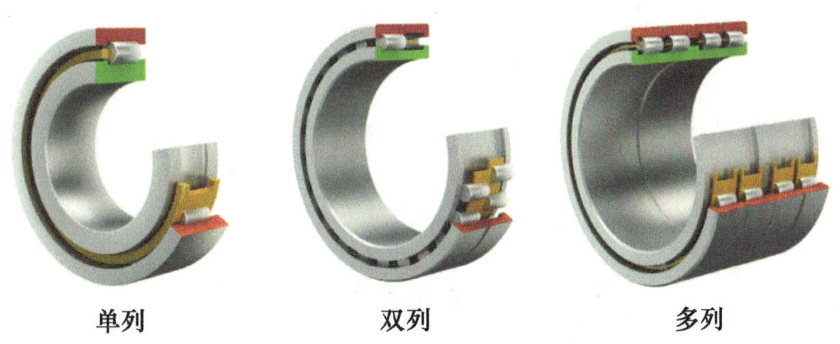


图 6-3-3 滚动轴承按列数分类

按工作时是否能自动调心，可分为刚性轴承和调心轴承。轴承由于安装误差或轴的变形等都会引起内外圈轴线发生相对倾斜，倾斜的角度越大，对轴承的正常工作影响越大，调心轴承允许存在一定的倾斜角度而不影响轴承正常工作。

如图 6-3-4 所示，调心滚子轴承有两列滚子，外圈有一条共用的球面滚道，

内圈有两条滚道相对于轴承轴线倾斜成一定角度，所形成的内组件可以跟随轴的偏转在外圈滚道内的球面上偏转一定角度，因而具有自动调心性能。

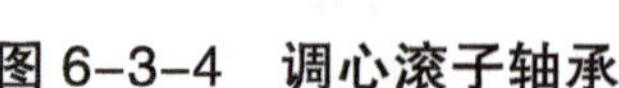

图 6-3-4　调心滚子轴承

按所能承受负荷的方向或接触角不同，可分为角接触轴承和推力轴承。角接触轴承公称接触角是指滚动体与外圈轨道接触点的法线和轴承半径方向的夹角，用 $\alpha$ 表示，如图 6-3-5 所示。角接触轴承主要用来承受径向载荷，其接触角从 0° 到 45° ；推力轴承主要用来承受轴向载荷，其接触角从 45° 到 90° 。

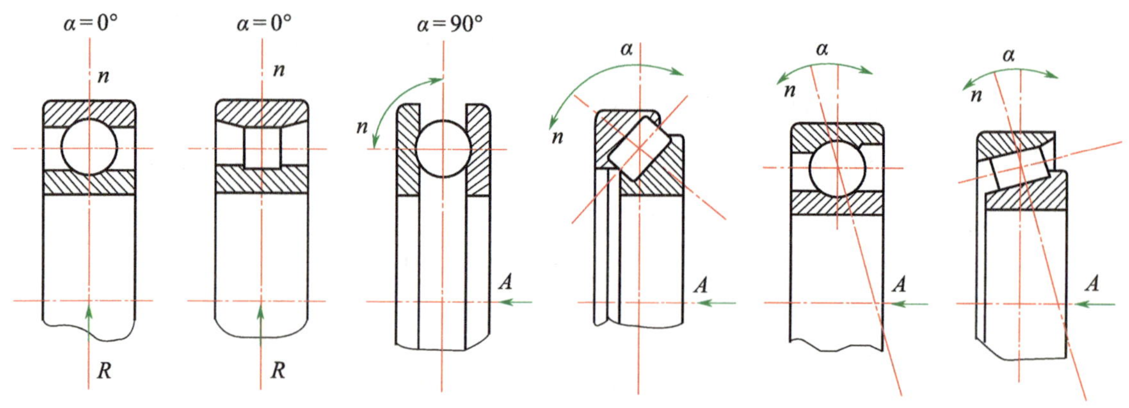


图 6-3-5　滚动轴承按接触角不同的分类

常见的滚动轴承类型、性能与特点如表 6-3-1 所示。

表 6-3-1　常见滚动轴承类型

| 名称与代号 | 结构简图与承载方向 | 主要特征 |
|---|---|---|
| 调心球轴承（1） | | |
| | 主要承受径向载荷，同时也能承受少量轴向载荷<br>因为外滚道表面是以轴承中点为中心的球面，故能调心<br>极限转速——中；允许偏转角——2°~3° | |

（续）

<table>
<tr><th>名称与代号</th><th>结构简图与承载方向</th><th>主要特征</th></tr>
<tr><td rowspan="2">调心滚子轴承<br>（2）</td><td>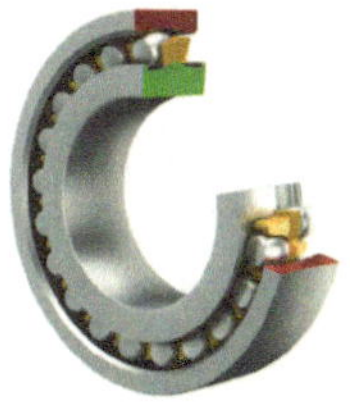</td><td>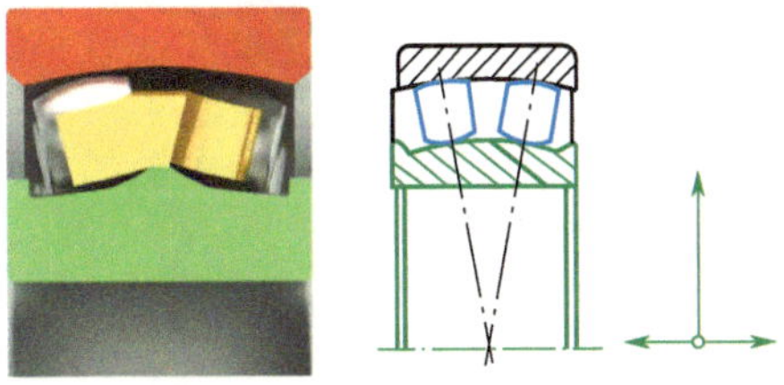</td></tr>
<tr><td colspan="2">能承受很大的径向载荷和少量轴向载荷。承载能力大，具有调心性能<br>极限转速——低；允许偏转角——0.5°~2°</td></tr>
<tr><td rowspan="2">圆锥滚子轴承<br>（3）</td><td>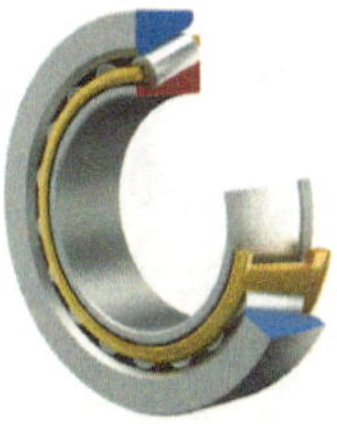</td><td>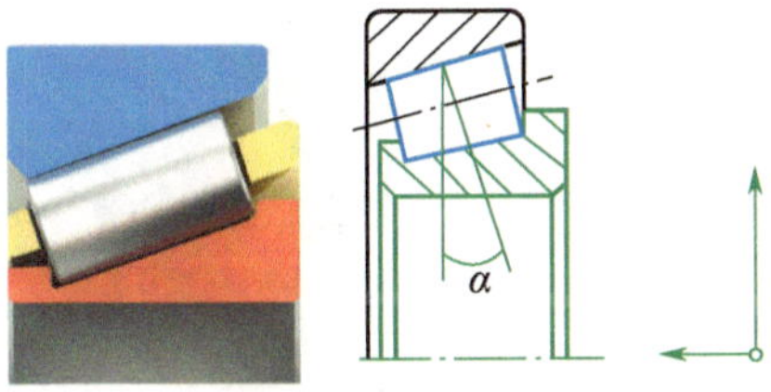</td></tr>
<tr><td colspan="2">能同时承受较大的径向、轴向联合载荷。因线性接触，承载能力大，内外圈可分离，装拆方便，对称成对使用<br>极限转速——中；允许偏转角——2′</td></tr>
<tr><td rowspan="2">单向推力球轴承<br>（4）</td><td></td><td>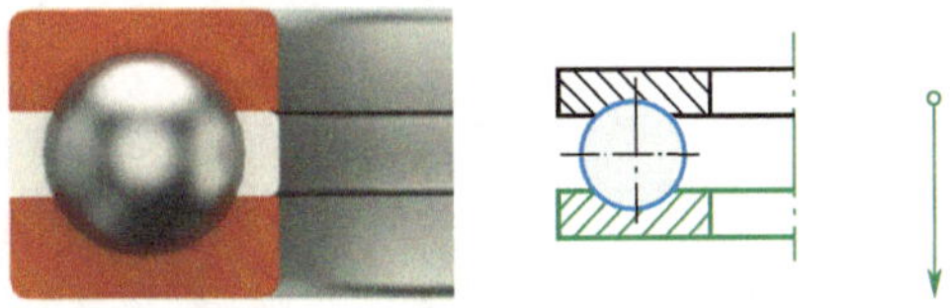</td></tr>
<tr><td colspan="2">只能承受轴向载荷，且作用线必须与轴线重合。分为单、双向两种<br>高速时，因滚动体离心力大，球与保持架摩擦发热严重，寿命降低，故极限转速很低<br>极限转速——低；允许偏转角——不允许</td></tr>
<tr><td rowspan="2">双向推力球轴承<br>（5）</td><td></td><td>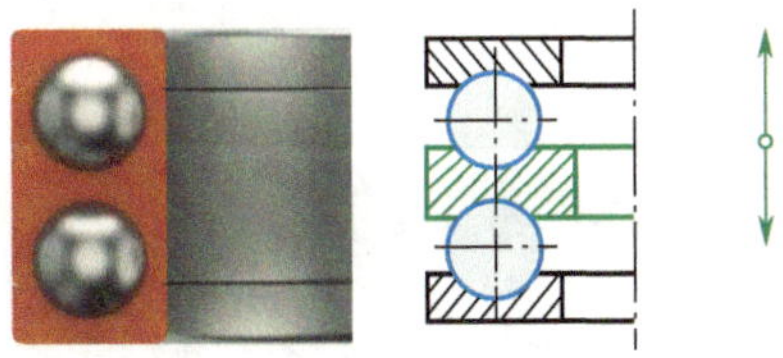</td></tr>
<tr><td colspan="2">只能承受轴向载荷，且作用线必须与轴线重合。分为单、双向两种。高速时，因滚动体离心力大，球与保持架摩擦发热严重，寿命降低，故极限转速很低<br>极限转速——低；允许偏转角——不允许</td></tr>
</table>

（续）

| 名称与代号 | 结构简图与承载方向 | 主要特征 |
| --- | --- | --- |
| 深沟球轴承（6） | | |
| | 主要承受径向载荷，也可同时承受小的轴向载荷。当量摩擦系数最小。高速时，可用来承受纯轴向载荷。大量生产，价格最低<br>极限转速——高；允许偏转角——8′~16′ | |
| 角接触球轴承（7） | | |
| | 可同时承受径向及轴向载荷。α 大的，承受轴向载荷的能力也高。由于一个轴承只能承受单向的轴向力，故一般成对使用<br>极限转速——较高；允许偏转角——2′~10′<br>根据公称接触角不同，分三类：<br>70000C（α=15°）；70000AC（α=25°）；70000B（α=40°） | |
| 圆柱滚子轴承（N） | | |
| | 外圈（或内圈）可分离，故不能承受轴向载荷，工作时允许内外圈有少量的轴向错动。有较大的径向承载能力，但因线性接触，内外圈轴线的允许偏斜量很小<br>极限转速——较高；允许偏转角——2′~4′ | |

## 二、滚动轴承的代号

滚动轴承的类型很多，每种类型又有不同的结构、尺寸、精度和技术要求。为了便于组织生产、设计和选用，GB/T 272—2017 规定了滚动轴承代号的结构及表示方法。滚动轴承代号由前置代号、基本代号和后置代号构成，其代表内容和排列顺序见表 6-3-2。

表 6-3-2 滚动轴承代号的构成

<table>
<tr><th>前置代号</th><th colspan="5">基本代号</th><th colspan="8">后置代号</th></tr>
<tr><td rowspan="3">轴承部件代号</td><td>五</td><td>四</td><td>三</td><td>二</td><td>一</td><td rowspan="3">内部结构代号</td><td rowspan="3">密封和防尘结构代号</td><td rowspan="3">保持架及其材料代号</td><td rowspan="3">特殊轴承材料代号</td><td rowspan="3">公差等级代号</td><td rowspan="3">游隙代号</td><td rowspan="3">多轴承配置代号</td><td rowspan="3">其他代号</td></tr>
<tr><td rowspan="2">类型代号</td><td colspan="2">尺寸系列代号</td><td colspan="2" rowspan="2">内径代号</td></tr>
<tr><td>宽度系列代号</td><td>直径系列代号</td></tr>
</table>

## 1. 基本代号

基本代号用于表明滚动轴承的内径、直径、宽度系列和类型，一般最多五位。

1）内径代号。基本代号右起第一、二位数字，如表 6-3-3 所示。

表 6-3-3 轴承内径表示方法

<table>
<tr><th colspan="2">轴承内径 $d$ / mm</th><th>内径代号</th><th>示例</th></tr>
<tr><td rowspan="4">10~17</td><td>10</td><td>00</td><td rowspan="4">深沟球轴承 6201<br>内径 $d$=12mm</td></tr>
<tr><td>12</td><td>01</td></tr>
<tr><td>15</td><td>02</td></tr>
<tr><td>17</td><td>03</td></tr>
<tr><td colspan="2">20~495<br>（22、28、32 除外）</td><td>用内径除以 5 得到的商数表示。当商数只有个位数时，需要在十位数处用 0 占位</td><td>深沟球轴承 6210<br>内径 $d$=50mm</td></tr>
<tr><td colspan="2">≥ 500<br>以及 22、28、32</td><td>用内径毫米数直接表示，并在尺寸系列代号与内径代号之间用“/”号隔开</td><td>深沟球轴承<br>62/500，内径 $d$=500mm<br>62/22，内径 $d$=22mm</td></tr>
</table>

2）直径系列代号。基本代号右起第三位数字，表示结构、内径相同的轴承在外径和宽度方面的变化系列，如图 6-3-6 所示。轴承直径系列代号有 7、8、9、0、1、2、3、4、5，其外径和宽度尺寸依次递增。

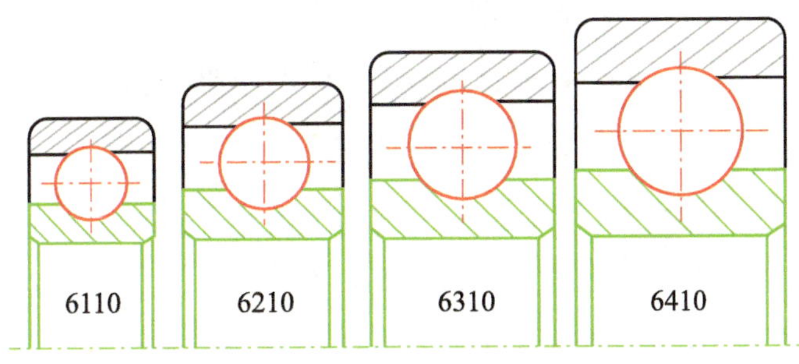


图 6-3-6 不同宽度系列轴承对比

3）宽度系列代号。基本代号右起第四位数字，表示结构、内外径都相同的轴承，在宽度方面的变化系列，如图 6–3–7 所示。对于角接触轴承，宽度系列代号有 8、0、1、2、3、4、5 和 6，宽度尺寸依次递增；对于推力轴承，代号有 7、9、1 和 2，高度尺寸依次递增。0 系列为正常系列，除圆锥滚子轴承、调心滚子轴承外，代号 0 可不标出。

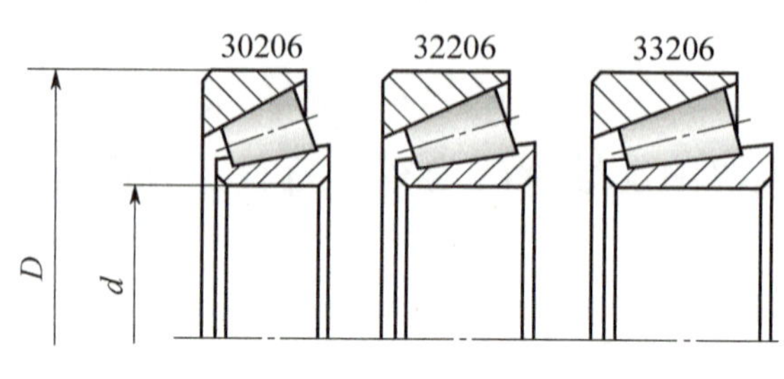


图 6–3–7 轴承宽度系列示意图

4）类型代号。轴承类型代号由基本代号右起第五位数字或字母表示，部分轴承的类型代号见表 6–3–1。

## 2. 前置代号

前置代号用字母表示，它是用以说明成套轴承的分部间特点的补充代号。例如，L 表示可分离轴承的内圈或外圈，K 表示滚动体和保持架组件。一般轴承无前置代号。

## 3. 后置代号

轴承的后置代号是用字母和数字表示轴承的内部结构、公差等级、游隙、材料等特殊要求，置于基本代号右边，并与基本代号空半个汉字距离或用符号“—”“/”分隔。以下介绍几种常见后置代号。

1）内部结构代号。AC 表示角接触球轴承接触角 $\alpha=25°$。B 表示角接触球轴承接触角 $\alpha=40°$。C 表示角接触球轴承接触角 $\alpha=15°$。

2）公差等级代号。公差等级代号分为 /P0、/P6、/P6X、/P5、/P4、/P2 等 6 个等级，0 级为普通级，在代号中省略不标。

3）常用轴承径向游隙。分 1 组、2 组、0 组、3 组、4 组、5 组等 6 个级别，依次由小到大。其中 0 组为常用游隙组别，在代号中不标注，其他游隙组别分别用 /C1、/C2、/C3、/C4、/C5 表示。

4）配置代号。配置代号中 /DB、/DF、/DT 表示安装方式，如表 6–3–4

所示。

**表 6-3-4 轴承配置代号**

| 代号 | /DB | /DF | /DT |
|---|---|---|---|
| 含义 | 背对背安装方式 | 面对面安装方式 | 串联安装方式 |
| 示例 | | | |

例如：轴承 7210 C/P5/DF 所表示含义为：

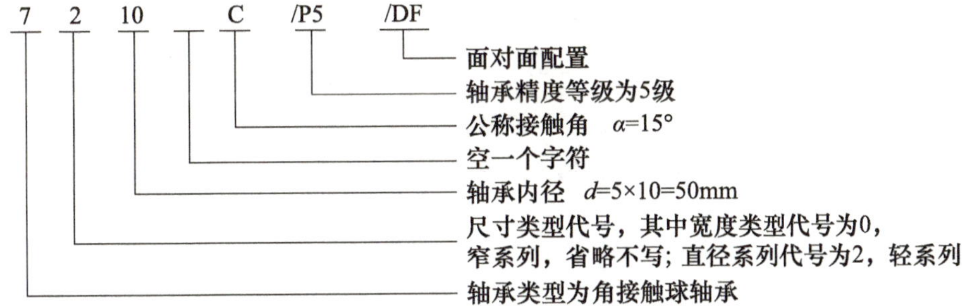


## 三、滚动轴承的失效形式

由于滚动轴承的结构和使用不同，导致其失效的原因多样化。主要包括装配不良、润滑不良、过载、冲击、振动、磨料或有害液体的侵入、环境温度过高或过低、材质缺陷、制造精度低和散杂电流的作用等。

由于工作状况的复杂性，两种或多种失效机理可能同时起作用，在某些情况下表现为单一的失效形式，在另一些情况下表现出多种失效形式的组合，如图 6-3-8 所示。

1）疲劳点蚀。滚动轴承工作时，在滚动体、内圈、外圈的接触表面将产生接触应力。由于它们之间的相对运动及受力周期性变化，使得其表面受脉动循环接触应力作用。当接触应力超过材料的极限应力时，滚动体、内圈或外圈的表面将发生疲劳点蚀。这使轴承运转时产生振动、噪声，温度升高，最后导致不能正常工作。

2）塑性变形。在重载或冲击载荷的作用下，可能使滚动体和套圈滚道表

面接触处的局部应力超过材料的屈服极限，产生永久性凹坑，出现振动、噪声，破坏轴承的正常工作。

3）磨损。在润滑不良、密封不当的工况下，粉尘、杂质进入轴承中，造成磨粒磨损使轴承失效。此外，由于安装、维护、使用不当，特别是在高速重载条件下工作的轴承，摩擦产生高温而使轴承产生胶合、卡死现象，或离心力过大而使保持架破坏，使轴承不能正常工作，寿命缩短。

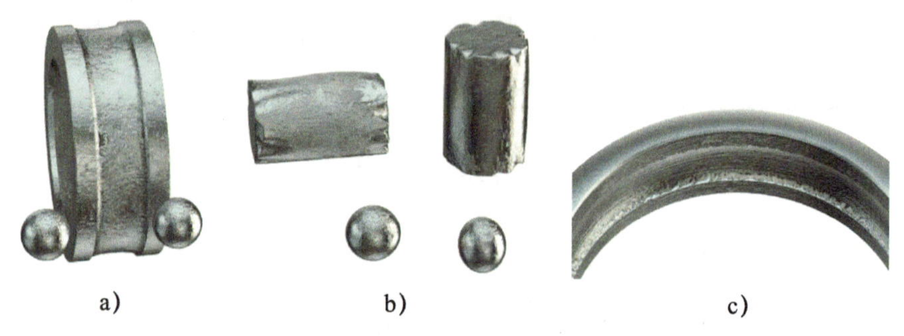

a)　　b)　　c)

**图 6-3-8　滚动轴承失效形式**

a）疲劳点蚀　b）塑性变形　c）磨损

## 四、滚动轴承的安装与拆卸

**引导问题：不正确的轴承安装方式，会直接破坏轴的性能从而影响整个机器的性能。那么滚动轴承如何正确地进行安装与拆卸呢？**

轴承的安装要在干燥、清洁的环境中进行。安装前，应根据不同轴承尺寸大小和应用环境，采用不同的安装法；准备好安装所必需的部件、工具及设备；准备好所有需要安装的零件，并在安装前彻底清洗；按图纸对所有需要安装的零件的尺寸和形状精度进行检查。要注意的是，在安装准备工作没有完成前，不要拆开轴承的包装，以免轴承受到污染。

轴承的安装方法主要有机械法（冷装）、加热法（热装）和液压法等。对于直径≤ 100mm 的轴承通常采用专用安装工具安装；直径 >100mm 的圆柱孔轴承可采用加热法进行安装；直径 >100mm 的圆锥孔轴承可采用液压法安装。

### 1. 机械法

由于轴承的配合较紧，安装时应使用专门的安装工具，安装、拆卸的压力应直接加在紧配合的挡圈端面上，不能通过滚动体传递压力，因为这样会在轴承工作表面造成压痕，影响轴承正常工作，甚至会使轴承损坏，如图 6-3-9 所示。

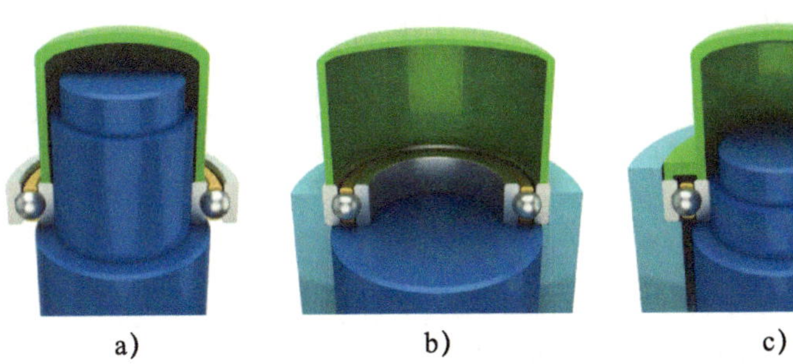


**图 6-3-9 机械法安装轴承**

a）内圈过盈配合 b）外圈过盈配合 c）内、外圈均过盈配合

## 2. 加热法

对尺寸较大的轴承或过盈量较大时，可利用热胀冷缩原理，将轴承加热使其膨胀后再安装在轴上，这样可以使轴承避免受不必要的外力，在短时间内完成安装作业。一般采用油浴加热或电磁加热方法，分别如图 6-3-10 和图 6-3-11 所示。

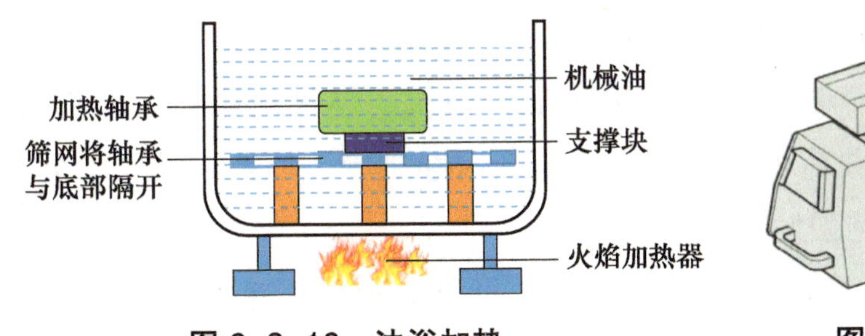


**图 6-3-10 油浴加热**

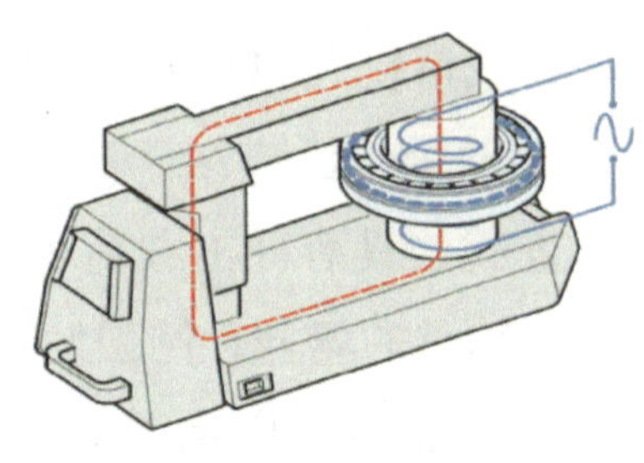

**图 6-3-11 电磁加热**

加热时应注意加热温度，一般加热至 80℃，最高不超过 100℃。超过 120℃时，容易导致轴承发生回火现象，致使轴承的硬度和精度降低，影响轴承的使用。

轴承与轴为紧配合、与轴承座为较松配合时，可将轴承与轴一起从轴承座中拆出，然后用压力机或其他拆卸工具将轴承从轴上拆下。拆卸内圈最简单的

方法是轴承顶拔器拔出，应让内圈承受其拔力，顶拔器如图 6-3-12 所示。大型轴承的内圈拆卸采用油压法。通过设置在轴上的油孔加以油压，易于拉拔。拆卸宽度大的轴承则应该油压法与顶拔器并用。

顶拔器应卡住轴承内圈均匀用力，如图 6-3-13 所示，顶拔器不能卡在轴承外圈，通过滚动体传力拉出轴承，以免损坏轴承。

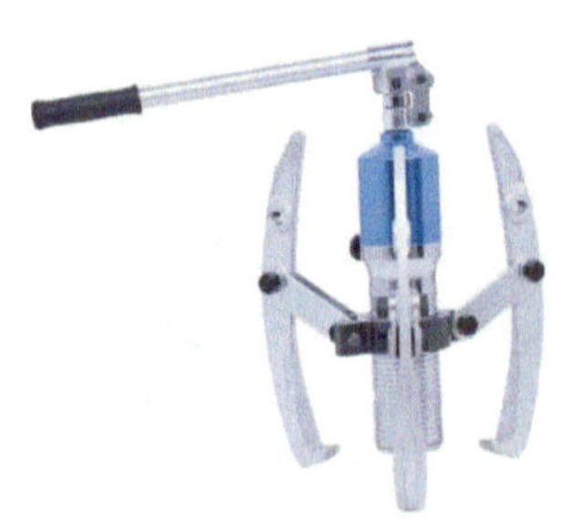

图 6-3-12 轴承顶拔器

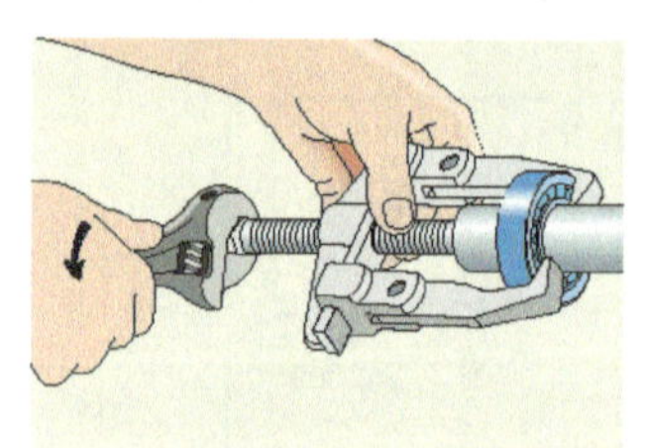

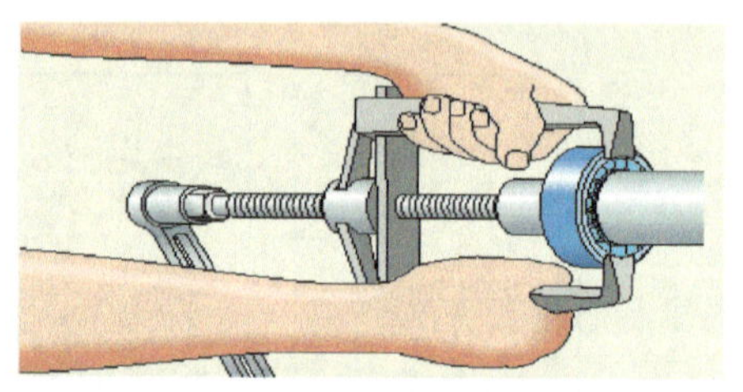

图 6-3-13 顶拔器应卡住内圈而不能卡住外圈

## 五、滑动轴承的类型与特点

**引导问题：在某些工作场合，必须选用滑动轴承，而不能选用滚动轴承，滑动轴承有哪些特点，适用于哪些场合？**

滑动轴承的运动形式是以轴颈与轴瓦相对滑动为主要特征，即摩擦性质为滑动摩擦。滑动轴承具有承载能力高、工作平稳可靠、噪声小、径向尺寸小、流体润滑时摩擦和磨损都比较小、油膜具有一定的吸振能力等优点。滑动轴承在起动和载荷较大的情况下难以实现流体摩擦，导致摩擦较大，磨损严重。

滑动轴承广泛应用于高速、大功率（如汽轮机、燃气轮机、大型鼓风机）和低速重载、具有冲击载荷（如轧钢机、大型球磨机等）以及在结构上要求使用剖分式轴承的场合，例如发动机曲轴。

滑动轴承根据所承受载荷的方向不同，可分为径向滑动轴承和推力滑动轴承。

### 1. 径向（向心）滑动轴承

常用的径向滑动轴承有整体式 、剖分式、自动调心三种形式。

1）整体式滑动轴承。如图 6-3-14 所示，由轴承座和轴瓦组成。其特点是结构简单、成本低；轴套磨损后，间隙无法调整；装拆不便，只能从轴端装拆。适于低速、轻载的机器。

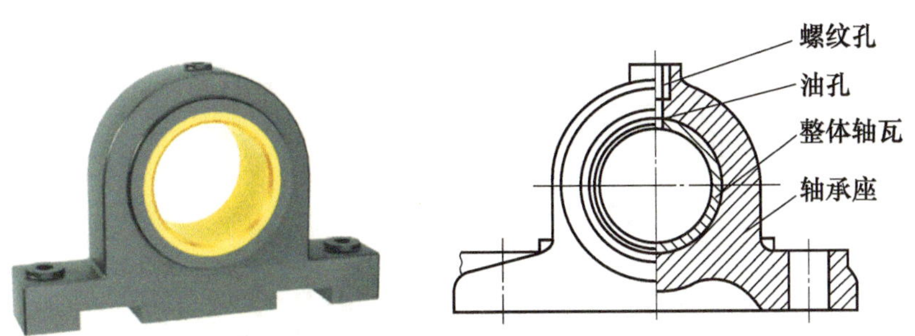


图 6-3-14 整体式滑动轴承

2）剖分式滑动轴承。如图 6-3-15 所示，剖分式滑动轴承由轴承盖、轴承座、对开轴瓦和双头螺柱等组成。轴承座与轴承盖的剖分面常做成阶梯形定位止口，以便于对中定位和防止受力时产生相对位移。它的特点是装拆方便，还可以通过增减剖分面上的调整垫片的厚度来调整间隙，适用于中、高速和重载机器。剖分式滑动轴承克服了整体式滑动轴承的主要不足，因此应用广泛。

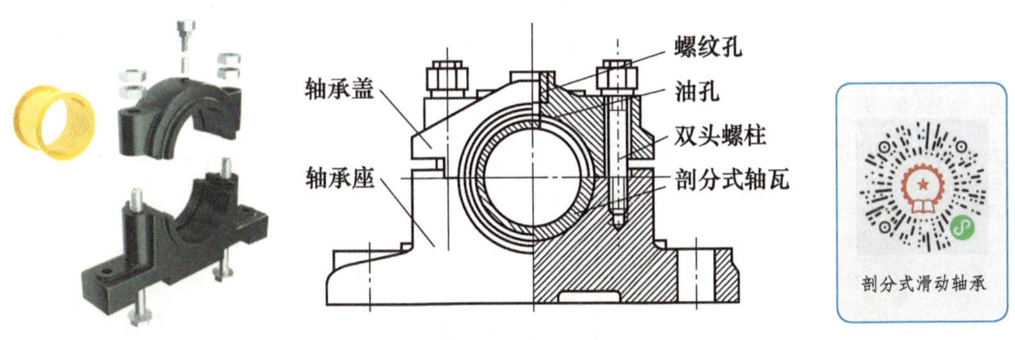


图 6-3-15 剖分式滑动轴承

3）自动调心轴承。如果轴颈很长（宽径比 $L/d>1.5$）或轴的挠度较大时，轴颈的倾斜易使轴瓦端部边缘严重磨损，如图 6-3-16 所示。这时可采用调心式滑动轴承。其结构特点是轴瓦与轴承座以球面配合，轴瓦可随着轴的弯曲而转动，从而避免轴颈在轴弯曲时产生偏斜，使轴承端部由于载荷集中而产生过度磨损，如图 6-3-17 所示。

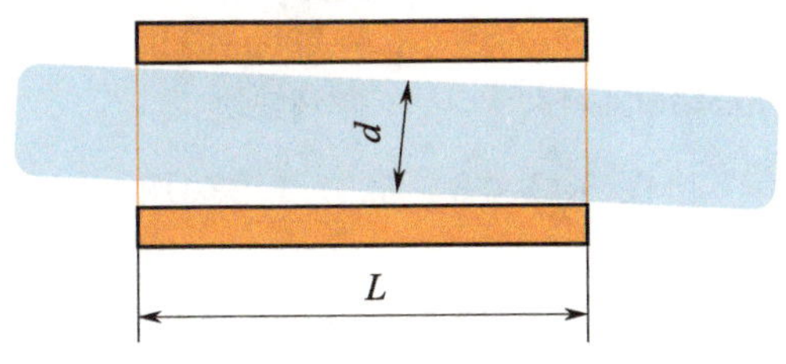


图 6-3-16 宽径比较大时轴瓦边缘磨损

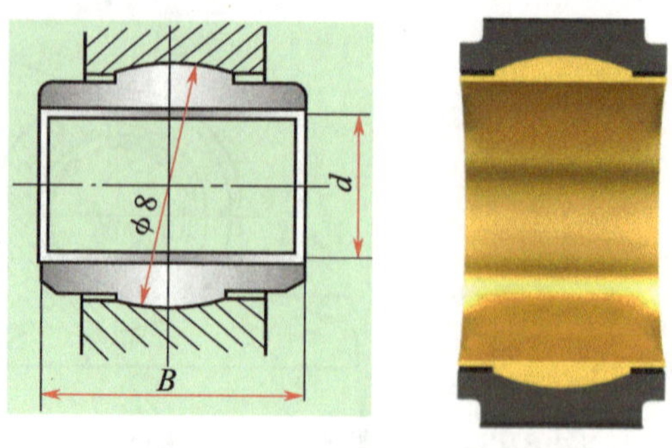

图 6-3-17 自动调心轴承

## 2. 推力滑动轴承

推力滑动轴承用来承受轴向载荷，且能防止轴的轴向移动。按支撑面的结构，推力滑动轴承可分为实心、空心、单环和多环四种，如图 6-3-18 所示。实心端面推力滑动轴承由于工作时轴心与边缘磨损不均匀，以致轴心部分压强极高，所以极少采用；空心端面推力滑动轴承，轴颈端面的中空部分能存油，压强也比较均匀，但承载能力不大；单环式推力轴承可以改善端面压力不均的现象，但只能承受较小的轴向载荷；多环推力滑动轴承，压强较均匀，能承受较大载荷，但各环承载不等，环数不能太多。

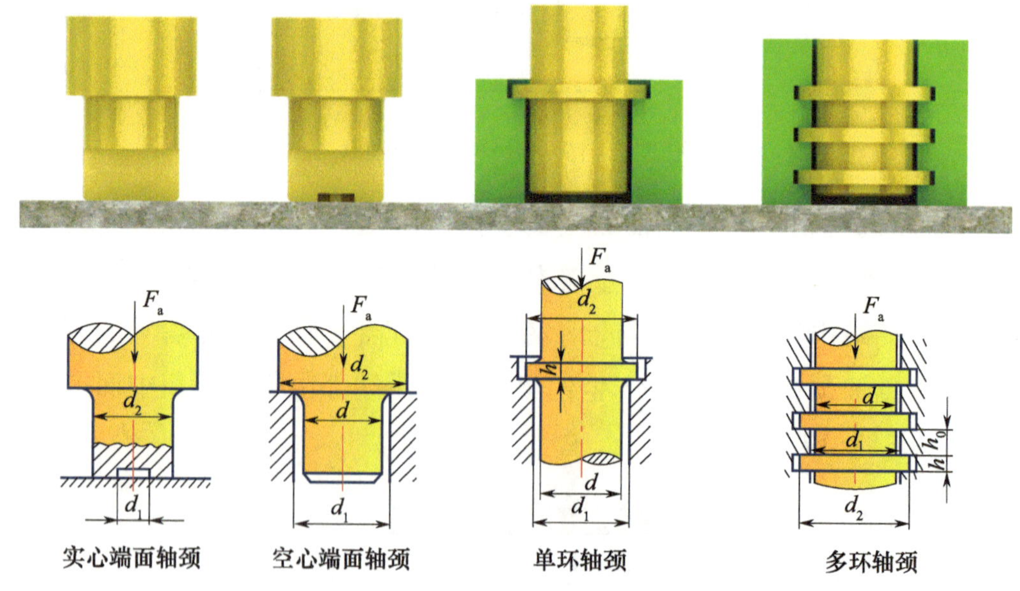


图 6-3-18 推力滑动轴承

滑动轴承的失效通常由多种原因引起，失效形式也是多种，有时几种失效形式并存，相互影响。所以很难把各种失效形式截然分开，如图 6-3-19 所示。最常见的失效形式是轴瓦磨损、胶合（烧瓦）、疲劳磨损，以及由于制造工艺原因而引起的轴承衬脱落。其中最主要的是轴瓦磨损和胶合。

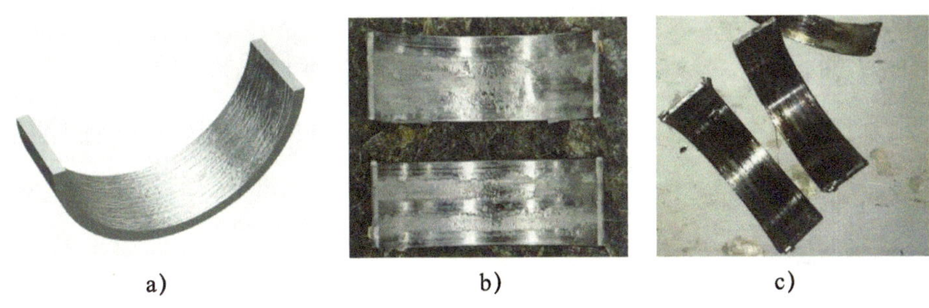

a) b) c)

图 6-3-19 滑动轴承失效形式

a）轴瓦磨损 b）疲劳点蚀 c）烧瓦

## 六、轴承的润滑方式

**引导问题：轴承在高温高速旋转的恶劣环境下工作，那它需要润滑吗？润滑方式有哪些呢？**

轴承润滑的主要目的是减少摩擦和磨损，以提高轴承的工作性能和使用寿命，同时起冷却、防尘、防锈和吸振的作用。轴承设计的时候必须恰当地选择润滑剂和润滑装置。

润滑剂的选择有三种：润滑油、润滑脂、固体润滑剂，如图 6-3-20 所示。

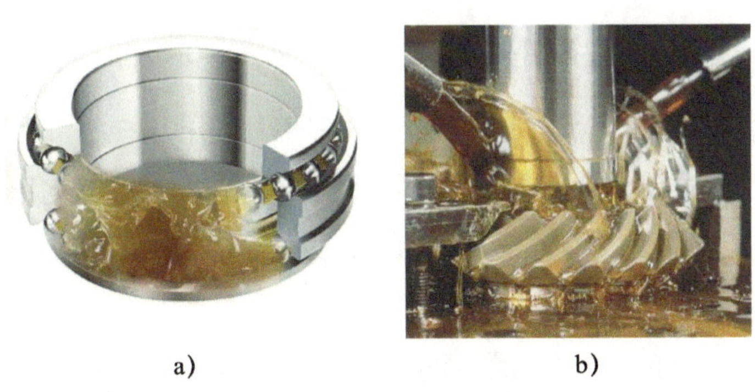

a) b)

图 6-3-20 轴承的润滑

a）润滑脂润滑 b）润滑油润滑

### 1. 润滑油润滑

润滑油的内摩擦系数小，流动性好，是轴承中应用最为广泛的一种润滑剂。工业用润滑油有合成油和矿物油两类，其中矿物油资源丰富，价格便宜，适用广。润滑油的主要性能指标是黏度，它表示润滑油流动时内部摩擦力的大小，是选用润滑油的主要依据。选择黏度时，应考虑如下基本原则。

1）在压力大、温度高、载荷冲击变动大时，应选用黏度大的润滑油。

2）滑动速度高时，容易形成油膜（转速高时），为减少摩擦应选用黏度较低的润滑油。

3）加工粗糙或未经跑合的表面，应选用黏度较高的润滑油。

油润滑方式有：手工加油润滑、滴油润滑、油环润滑、飞溅润滑、压力循环润滑。

## 2. 润滑脂润滑

润滑脂又称干油，俗称润滑脂，是由润滑油、稠化剂等制成的膏状润滑材料。它的特点是稠度大，不易流失，因此轴承的密封简单。润滑脂需经常补充，但稳定性差，摩擦功耗大，流动性差，无冷却效果，适于低速重载且温度变化不大处，难于连续供油。润滑脂的主要性能指标是针入度、滴点和耐水性，其选择原则如下。

1）轻载高速时选针入度大的润滑脂，反之选针入度小的润滑脂。

2）所用润滑脂的滴点应比轴承的工作温度高约 20~30℃。例如，高温工况轴承应选用滴点温度较高的钙基或复合钙基润滑脂。

3）在有水淋或潮湿的环境下应选择防水性强的润滑脂，如铝基润滑脂、钙基润滑脂。

## 3. 固体润滑剂润滑

轴承在高温，低速、重载情况下，不宜采用润滑油或脂时可采用固体润滑剂。在摩擦表面形成固体膜，常用石墨、聚四氟乙烯、二硫化钨等。

固体润滑剂可调配到油或脂中，涂敷或烧结到摩擦表面，或渗入轴瓦材料或成形镶嵌在轴承中使用。

滑动轴承是常用的传动方式，润滑油不仅要起到润滑的作用还要起到冷却的作用，因此需要用润滑性能良好的低黏度的润滑油。同时需要具备良好的抗氧化性、抗磨性、防锈性及抗泡沫性。对于精密磨床的磨石主轴所用的精密滑动轴承，因轴承间隙特别小（1 μm），转速特别高（30000r/min 以上），应使用黏度很小 [ 黏度为 $2.0mm^2/s$（40℃）]、抗磨性极好的润滑油。

滚动轴承由于具有摩擦系数小，并运转安静等优点，因而机床上已大量采用滚动轴承，内径 25mm、转速 3000r/min 以下时，可以封入高速润滑脂。转速超过 3000r/min 时，则应用强制润滑或喷雾润滑。需要注意的是滚动轴承除大型、粗糙的特殊情况，一般不能使用含固体润滑剂的润滑脂。

# 单元四 联轴器与离合器

## 学习目标

1. 能叙述联轴器的分类与性能要求。
2. 能区分常用联轴器的结构与特点。
3. 能总结常用离合器的类型与特点。
4. 能复述离合器在汽车上的应用。
5. 通过实践探究解释联轴器与离合器的故障机理。

## 内容概要

联轴器的主要作用是将不同部件的两根轴连在一起，传递运动和动力。不同工况的两根轴采用不同类型的联轴器。离合器主要用于轴与轴之间，在机器运转过程中实现主、从动轴的分离与接合。离合器的种类很多，按实现两轴接合和分离的过程可以分为操纵离合器、自动离合器；按离合的工作原理可分为嵌合式离合器、摩擦式离合器。汽车离合器位于发动机和变速器之间的飞轮壳内，用螺钉将离合器总成固定在飞轮的后平面上。汽车离合器是为了防止传动系统过载，并使汽车起步平稳、换档平顺，降低扭振冲击。目前在汽车上广泛采用的是用弹簧压紧的摩擦离合器（简称摩擦离合器）。

## 知识准备

### 一、联轴器的作用与分类

**引导问题：联轴器的主要作用是将不同部件的两条轴连在一起，传递运动和动力。那么联轴器有哪些性能要求？以及如何分类？**

联轴器是轴系中的常用部件，由于制造、安装误差，受载受热后的变形以及传动过程中产生振动等因素影响，通常会出现两轴间存在轴向位移 $x$、径向位移 $y$、角位移 $\alpha$ 或这些位移组合的综合位移，如图 6-4-1 所示。所以联轴器除了传动外，还要有一定的位置补偿和吸振缓冲的能力。

根据补偿两轴偏移位移的能力不同，可将联轴器分为刚性联轴器和挠性联轴器两大类。

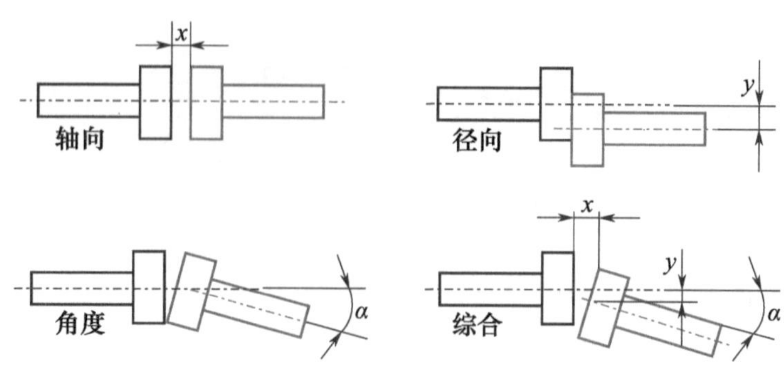


图 6-4-1　两轴间存在的位移

刚性联轴器不具有缓冲性和补偿两轴线相对位移的能力，要求两轴严格对中，但此类联轴器结构简单，制造成本低，装拆、维护方便，能保证两轴有较高的对中性，传递扭矩较大，一般用于两轴对中好、相对位移很小的场合。常用的有凸缘联轴器、套筒联轴器和夹壳联轴器等。

挠性联轴器是利用联轴器中弹性元件的变形来补偿位移的，可以起到减轻振动和冲击的作用。可以分为无弹性元件挠性联轴器和有弹性元件挠性联轴器。

无弹性元件挠性联轴器只具有补偿两轴线相对位移的能力，但不能缓冲减振，常见的有滑块联轴器、齿式联轴器、万向联轴器和链条联轴器等。

有弹性元件挠性联轴器除具有补偿两轴线相对位移的能力外，还具有缓冲和减振的作用。因受到弹性元件强度的限制，所以该类联轴器传递扭矩的能力一般比无弹性元件挠性联轴器小。常见类型有弹性套柱销联轴器、弹性柱销联轴器、梅花形弹性联轴器等。

各种联轴器及常用类型如下：

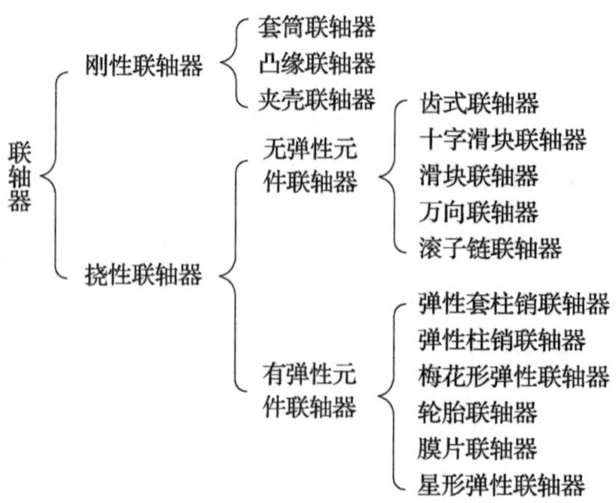

常见联轴器的类型与特点，如表 6-4-1 所示。

表 6-4-1 常见联轴器的类型

| 名称 | 结构 | 结构特点 | 特点与应用 |
| --- | --- | --- | --- |
| 套筒联轴器 | | | 套筒联轴器零件数量少，结构简单、紧凑，径向尺寸小，但装拆不便，一般用于无轴肩的光轴或允许轴向移动的轻载传动中 |
| 凸缘联轴器 | | | 适用于载荷平稳、速度较低、两轴对中性很好的场合 |
| 齿式联轴器 | | | 传递扭矩大、能补偿综合位移，但结构笨重、造价高，一般用于重型机械传动 |
| 十字滑块联轴器 | | | 该类联轴器结构简单、制造容易。当转速较高时，滑块因偏心产生离心力和磨损，并给轴和轴承带来附加动载荷<br>这种联轴器一般用于转速较低、轴的刚性较大、无剧烈冲击的场合 |
| 滑块联轴器 | | | 该类联轴器结构简单、尺寸紧凑，由于中间滑块质量小，且有弹性，故允许较高的极限转速。适用于小功率、高转速而无剧烈冲击的场合 |
| 弹性套柱销联轴器 | | | 弹性套柱销联轴器易制造、易拆卸，但容易磨损，影响使用寿命，适用于载荷平稳、起动频繁的中小功率传动 |
| 梅花形联轴器 | | | 适用于连接同轴线、起动频繁、正反转多变，和工作可靠性要求高的工作部位 |
| 万向联轴器 | | | 万向联轴器能补偿较大的角位移，结构紧凑，使用、维护方便，广泛应用于汽车、工程机械的传动系统中 |

## 二、常用离合器的类型与特点

**引导问题：离合器主要用于轴与轴之间，在机器运转过程中实现主、从动轴的分离与接合。那么离合器是怎么分类的？有什么特点呢？**

由于离合器是在不停车的条件下进行两轴的接合与分离，因而离合器应保证离合迅速、平稳、可靠，操纵方便，耐磨且散热良好。

离合器的种类很多，按实现两轴接合和分离的过程可以分为操纵离合器、自动离合器；按离合的工作原理可分为嵌合式离合器、摩擦式离合器。摩擦式离合器是通过主、从动元件的摩擦力来传递回转运动和动力，运动中接合方便，有过载保护性能。但它传递扭矩较小，适用于高速、低转矩的工作场合。

### 1. 摩擦式离合器

摩擦式离合器依靠两接触面间的摩擦力来传递运动和动力。汽车上通常也采用摩擦式离合器。摩擦式离合器可以分为单片式和多片式两种。

1）单片式摩擦离合器。如图 6-4-2 所示，单片式摩擦离合器由摩擦圆盘和导向键组成。圆盘与主动轴连接，圆盘通过导向键与从动轴连接并可在轴上移动。操纵滑环可使两圆盘接合或分离。轴向压力 $F$ 使两圆盘接合，并在工作表面产生摩擦力，以传递转矩。单片式摩擦离合器结构简单，分离灵活，散热性好，但径向尺寸较大，只能传递不大的扭矩，一般用在轿车和轻型、中型货车上。

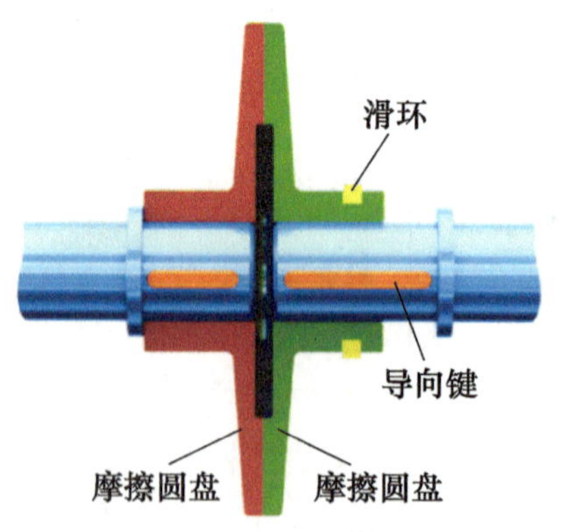

图 6-4-2　单片式摩擦离合器

2）多片式摩擦离合器。如图 6-4-3 所示，多片式摩擦离合器由两组间隔排列的内、外摩擦片构成，主动轴与外壳相连接，外壳内装外摩擦片组，形状如图 6-4-4 所示，其外缘有凸齿插入外壳上的内齿槽内，使其与外壳一起转动，其内孔不与任何零件接触。从动轴与套筒相连接，套筒上装内摩擦片，形状如图 6-4-5 所示，其外缘不与任何零件接触，与从动轴一起转动。滑环由操纵机构控制，当滑环向左移动时，使杠杆绕支点顺时针转动，通过压板将两组摩擦片压紧，实现接合；滑环向右移动，则实现离合器分离。摩擦片间的压力由螺母调节。

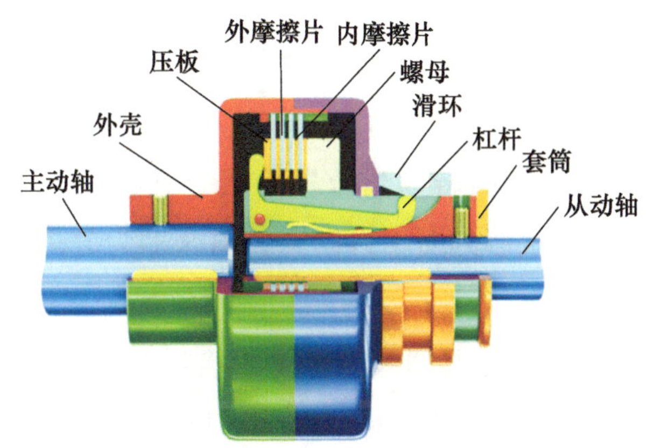

图 6-4-3　多片式摩擦离合器

图 6-4-4　外摩擦片　　图 6-4-5　内摩擦片

多片式摩擦离合器由于摩擦面增多，传递扭矩的能力提高，径向尺寸相对减小，但结构较为复杂，主要应用在汽车自动变速器和差 / 减速器中。

### 2. 超越离合器

超越离合器又称为定向离合器，是一种能根据两轴角速度的相对关系自动接合和分离的自动离合器。当主动轴转速大于从动轴时，离合器将使两轴接合起来，把动力从主动轴传递至从动轴；而当主动轴转速小于从动轴时，则离合器使两轴分离。

目前广泛应用的是滚柱超越离合器，如图 6-4-6 所示，由星轮、外圈、滚柱和弹簧顶杆组成。滚柱的数目一般为 3~8 个，星轮和外圈都可作为主动件。

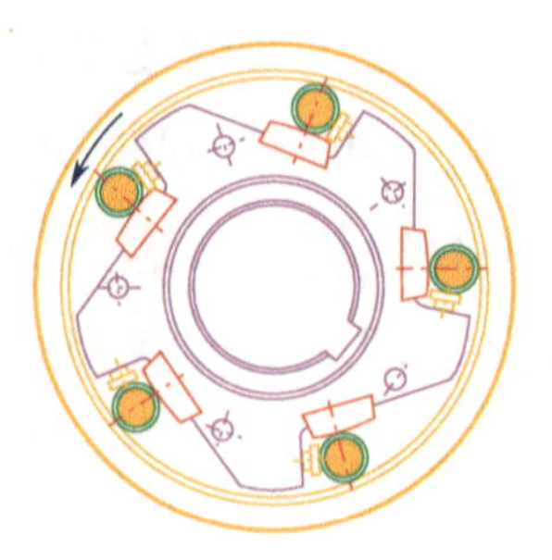

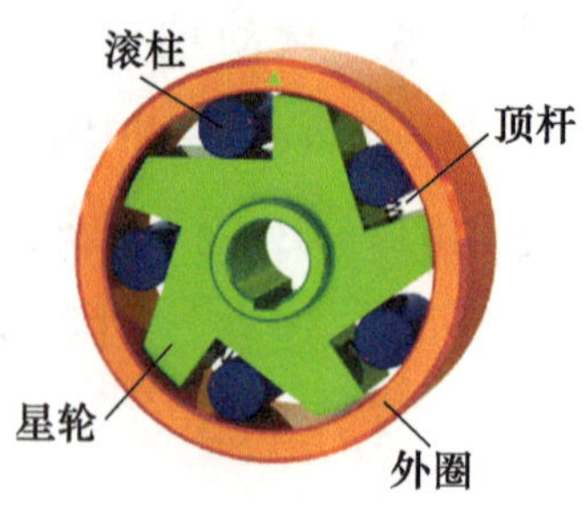

图 6-4-6 超越离合器

当星轮为主动件并作顺时针转动时，滚柱受摩擦力作用被楔紧在星轮与外圈之间，从而带动外圈一起回转，离合器为接合状态；当星轮逆时针转动时，滚柱被推到楔形空间的宽敞部分而不再楔紧，离合器为分离状态，超越离合器只能传递单向转矩。

若外圈和星轮作顺时针同向回转，则当外圈转速大于星轮转速，离合器为分离状态；当外圈转速小于星轮转速，离合器为接合状态。超越离合器尺寸小，接合和分离平稳，可用于高速传动。

## 三、离合器在汽车上的应用

**引导问题：汽车离合器的传动原理是什么？**

汽车离合器位于发动机和变速器之间的飞轮壳内，用螺钉将离合器总成固定在飞轮的后平面上，离合器的输出轴就是变速器的输入轴。在汽车行驶过程中，驾驶人可根据需要踩下或松开离合器踏板，使发动机与变速器暂时分离和逐渐接合，以切断或传递发动机向变速器输入的动力。

汽车离合器是为了防止传动系统过载，并使汽车起步平稳、换档平顺，降低扭振冲击。目前，在汽车上广泛采用的是用弹簧压紧的摩擦式离合器（简称为摩擦式离合器），如图 6-4-7 所示。

发动机飞轮及随它转动的压紧盘为离合器的主动件，摩擦盘为从动件，摩擦盘的轮毂通过花键和离合器的输出轴（也是变速器的输入轴）相连。当螺钉把离合器壳体紧固在飞轮上时，离合器主弹簧就迫使压紧盘把摩擦盘压紧在飞轮上形成一个传递整体。

当需要分离时，驾驶人踩下离合器踏板，通过分离拨叉，使压紧盘、摩擦盘与飞轮脱离接触，达到切断传递的目的。

需要结合时，驾驶人抬起离合器踏板，依靠弹簧再次将摩擦盘压紧在压紧盘与飞轮后端面之间，通过表面摩擦力产生摩擦力矩，向变速器传递发动机动力和运动。

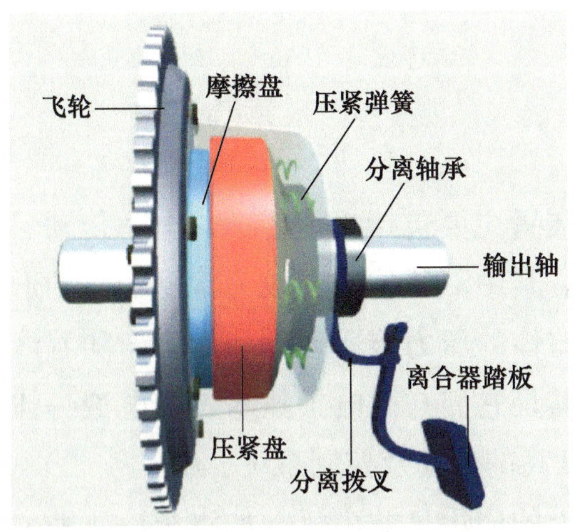


图 6-4-7 摩擦式离合器机构简图

# 模块七 液压传动

## 模块导读

常见的设备传动装置主要包括机械传动、电力传动、液压传动、气压传动或它们的组合等形式。其中液压传动是较为常见的一种形式，它以受压的液体作为工作介质，利用流体的压力传递运动和动力。随着液压、气压与液力传动技术的不断发展，尤其是它们与微电子技术、机电液一体化技术结合，组成了性能优异、自动化程度高的传动及控制系统。

液压技术在汽车上的应用日益广泛，如汽车液压助力转向系统、汽车防抱死制动系统、汽车电控液压悬架、汽车液压减振器、汽车制动力分配系统、自卸车举升系统等。液压技术使得汽车的各项性能有了很大提高，是汽车技术的重点发展方向。在实际应用的过程中，只有了解和掌握相关液压系统的组成、特点和工作原理，才能对汽车液压系统进行正确使用、检测和维护。

## 单元一 认识液压传动

### 学习目标

1. 能叙述液压传动的工作原理。
2. 能叙述液压传动的组成及功用。
3. 能叙述流量和压力的基本概念。
4. 熟悉液压传动系统中液体压力、流量、速度和功率之间的关系。
5. 知道液压冲击、气穴现象、压力损失产生的原因、现象以及改善措施。
6. 能叙述液压传动的特点。

### 内容概要

液压传动是以油液为工作介质，以密封容积的变化传递运动，以油液内部的压力传递动力。液压传动系统除油液外，主要由动力元件、执行元件、控制元件、辅助元件组成。液压系统的两大参数是压力和流量，分别决定负载与速度。液压传动中，由于油液存在黏性，在油液流动过程中会存在能量损失，具体表现为压力损失。液压传动系统的执行元件的速度发生突然改变时，容易引起液压冲击；液压油内混入空气容易导致气穴现象。液压冲击和气穴现象对液压传动系统都会造成噪声和振动等不良后果。

## 知识准备

### 一、液压传动系统的原理与组成

**引导问题：液压传动系统由哪些部分组成？是怎样传递运动和动力的？**

#### 1. 液压传动的工作原理

图 7-1-1 所示为液压千斤顶的原理图。当手柄向上抬时，小液压缸内的活塞向上运动，小液压缸内的空间变大，压力变小，油箱中的油液冲开单向阀进入小缸内，此时单向阀处于关闭状态。当手柄再次向下按时，小液压缸内的活塞向下移动，小液压缸的容积变小，压力变大，液压油冲开单向阀进入大液压缸内，此时单向阀处于关闭状态，大液压缸内的活塞向上移动，重物也被顶起。重物下落时，只要打开截止阀，大液压缸内的油液就可流回油箱。大液压缸内的活塞下移，重物随之下降。

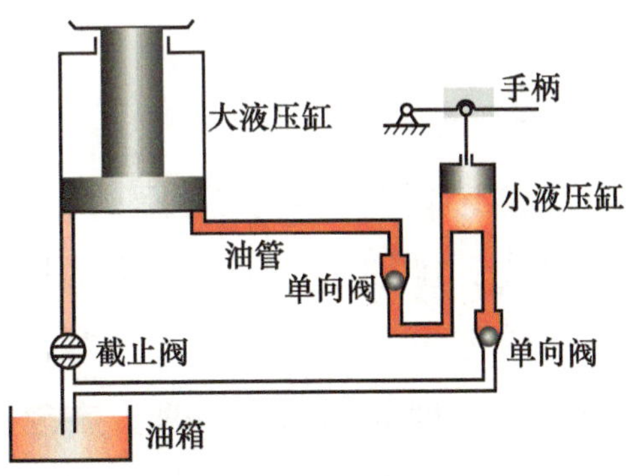

图 7-1-1　液压千斤顶的组成和原理

从上述例子中可以看出，液压千斤顶是一种简单的液压传动装置，分析液压千斤顶的工作过程，可知液压传动是以液体作为工作介质来传动的，通过驱动装置将原动机的机械能转换为液体的压力能，然后通过管道、液压控制及调

节装置等，借助执行装置，将液体的压力能转换为机械能，驱动负载实现直线运动或回转运动。所以，液压传动系统本质上是一种能量转换装置，它先将机械能转换成便于传递的液压能，随后又将液压能转换为机械能而做功。

### 2. 液压传动系统的组成

液压传动系统在实际运行过程中，主要依靠液压泵的作用来运转。借助原动机的功能，使机械能转变为液体压力能，并对能量进行高效传递。在系统内部管道、控制阀门的传递与控制作用下，利用液压马达、液压缸等元器件，完成液体压力能向机械能的转变，带动系统的回转或往复性直线运作。根据液压传动系统的功能不同，系统的复杂程度和组成元件都有所区别，但总的来说，液压传动系统都由以下几部分组成。

1）动力元件——液压泵。它是将机械能转换为液压能的装置。

2）执行元件——液压缸和液压马达，它是将油液的压力能转换为机械能对外输出的元件。

3）控制元件——各种阀类，它是控制油液的流动方向、压力和流量的装置，以满足液压系统的工作要求。

4）辅助元件——油箱、滤油器、管类和密封件等。这些元件担负着贮存、输送和净化工作液及散热的任务，它也是传动系统中不可缺少的部分。

5）工作介质——液压油，绝大多数系统为矿物油，液压系统用它来传递能量。

## 二、液压传动的基本参数

**引导问题：液压传动系统工作过程中有哪些基本参数？**

（1）压力　在密闭容器内，施加于静止液体上的压强将同时且大小不变地传递到液体内各点，容器所受的内压力方向垂直于容器内表面，这一规律称为帕斯卡原理。液压传动的基本原理为帕斯卡原理，在密闭的容器内，液体依靠密封容积的变化传递运动，依靠液体的静压力传递动力。压力单位为帕斯卡，简称帕（Pa），此外常用的还有兆帕（MPa）。

（2）流量　单位时间内流过通流截面的体积称为流量，单位为 $m^3/s$。

（3）流速　由于液体都有黏性，液体在管中流动时，在同一截面上各点的流速是不相同的。管道或液压缸的流速取决于流量。

（4）速度　活塞（或液压缸）的运动速度是由于流入液压缸的油液迫使密封容积增大所导致的结果，因此其运动速度与流入液压缸的流量有关。

（5）功率　流体在单位时间内所做的功称为功率。

## 三、液压冲击、气穴现象及压力损失

**引导问题：为什么液压油中有时会存在大量气泡？液压传动系统中为什么经常会存在振动和噪声？流体的黏度对液压系统的效率有何影响？**

### 1. 液压冲击

液压系统在突然启动、停机、变速或换向时，阀口突然关闭或动作突然停止，由于流动液体和运动部件的惯性，使系统内瞬时形成很高的峰值压力，并且伴随有急剧交替升降的波动过程称为液压冲击，如图 7–1–2 所示。出现液压冲击时，液体中的瞬间峰值压力往往比正常工作压力高好几倍，它不仅会损坏密封装置、管道和液压元件，而且会引起振动，产生噪声，使管接头松动，有时还会引起某些液压元件如压力继电器、顺序阀等产生错误动作而影响系统的正常工作，甚至可能使某些液压元件、密封装置和管路损坏。

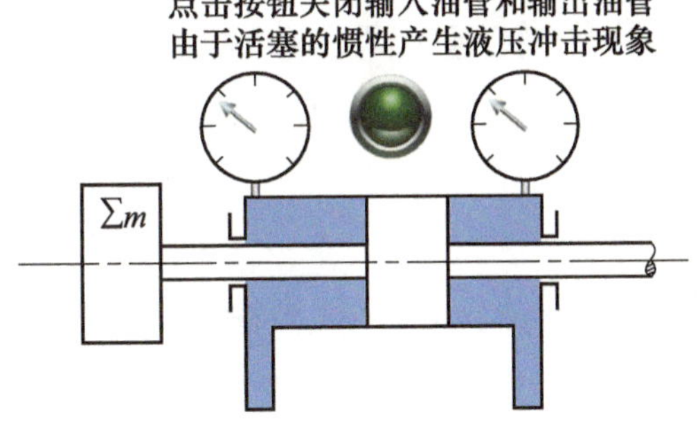


图 7–1–2　液压冲击

减小液压冲击的措施如下。

1）适当增大管径，减小流速，从而可减小流速的变化值，以减小缓冲压力；缩短管长，避免不必要的弯曲；采用软管也可获得良好减缓液压冲击的效果。

2）在滑阀完全关闭前降低液压油的流速，如尽量延长阀门关闭和运动部件制动换向的时间，改进换向阀控制边界的结构（在阀芯的棱边上开出长方形或 V 形槽或将其做成锥形），液压冲击可大为减小。

3）在容易产生液压冲击力的地方设置蓄能器。蓄能器不但能缩短压力波的传播距离和时间，还能吸收压力冲击。

4）在液压缸端部设置缓冲装置，行程终点安装减速阀，能缓慢地关闭油路，缓解液压冲击。

5）在液压缸回油控制油路中设置平衡阀或背压阀，以控制工作装置下降时或水平运动时的冲击速度，并可适当调高背压压力。

### 2. 气穴现象

在液压系统的工作介质中，不可避免地混有一定量的空气，当流动液体某处的压力低于空气分离压时，正常溶解于液体中的空气就成为过饱和状态，从而会从油液中迅速分离出来，使液体产生大量气泡。此外，当油液中某一处的压力低于当时温度下的蒸气压时，油液将沸腾汽化，也会在油液中形成气泡。上述两种情况都会使气泡混在液体中，使原来充满在管道或元件中的液体呈现出不连续状态，这种现象称为气穴现象。气泡溃灭时，液体质点互相撞击，同时也撞击金属表面，产生各种频率的噪声，同时引起振动和金属表面腐蚀。

气穴多发生在阀口和液压泵的进口处。由于阀口的通道狭窄，液流的速度增大，压力则大幅度下降，以致产生气穴。当泵的安装高度过大，吸油管直径太小，吸油阻力太大，或泵的转速过高，造成进口处真空度过大时，亦会产生气穴。

### 3. 压力损失

实际液体具有黏性，在液体流动时就有阻力，为了克服阻力，就必然要消耗能量，这样就有能量损失。能量损失主要表现为压力损失。压力损失过大，将使功率消耗增加，油液发热，泄漏增加，效率降低，液压系统性能变坏。

压力损失可分为两种：一种是液体在等径直管中流动时因摩擦而产生的压力损失，称为沿程压力损失；另一种是由于管路的截面突然变化、液流方向改变或其他形式的液流阻力（如控制阀阀口）而引起的压力损失，称为局部压力损失。

为了尽量较少压力损失，提高液压传动系统的工作性能，常采用下列措施。

1）尽量缩短管道长度，减少截面变化和管道的弯曲。

2）管道内壁尽量做得光滑，油液黏度适当。

3）流速的影响较大，因此应将油液的流速限制在适当范围内。

## 四、液压传动的特点

**引导问题：液压传动有哪些优点和缺点?**

### 1. 液压传动的优点

与机械传动、电气传动相比较，液压传动有以下主要优点。

1）液压传动是油管连接，可根据需要方便、灵活地布置传动机构。

2）在相同功率情况下，液压传动装置的结构紧凑、体积较小、质量较轻。

3）传递运动平稳，换向时冲击较小，可实现快速启动、制动和频繁换向。

4）液压系统易于实现过载保护。

5）液压系统操作控制方便，易于采用电气、液压联合控制，实现自动化。

6）液压传动调速范围大，可方便实现无级调速，还可在运行过程中进行调速。

7）液压元件已实现了标准化、系列化和通用化，便于设计、制造和推广使用。

8）采用油液为工作介质，相对运动表面可自行润滑，使用寿命长。

### 2. 液压传动的缺点

1）由于泄漏等因素，不能保证严格的传动比，影响运动的平稳性和准确性。

2）液压系统工作时，液体流动的阻力损失和泄漏均较大，因此传动效率低，不适合作为远距离传动。

3）油液对温度的变化比较敏感，使工作的稳定性受到影响，故它不宜在温度变化很大的环境条件下工作。

4）为了减少泄漏，以及为了满足某些性能上的要求，液压元件的配合件制造精度要求较高，加工工艺较复杂，因此制造成本较高。

5）液压元件和工作介质在封闭的油路内工作，故液压系统发生故障不易检查和排除。

6）油液的污染对液压元件影响较大，污染的液压油造成液压元件的磨损和堵塞，致使性能变坏、使用寿命缩短，甚至损坏。

# 单元二 液压泵与液压缸

## 学习目标

1. 能叙述液压泵的功用、工作原理、性能参数。

2. 能正确识别液压泵的图形符号。

3. 能叙述液压泵的分类，齿轮泵、叶片泵、柱塞泵的类型、结构特点及应用特点。

4. 能叙述液压缸的功用和工作原理，熟悉液压缸类型、特点、应用场合及图形符号。

5. 知道液压马达的工作原理，掌握液压马达的结构特点、功用及图形符号。

## 内容概要

液压泵作为液压系统的动力元件，将原动机输入的机械能转换成液压能输出，为执行元件提供压力油。液压缸和液压马达是液压系统的执行元件，是将液体压力能转换为机械能的能量转换装置。液压缸一般用于实现直线运动或摆动，液压马达用于实现旋转运动。液压缸分为单作用缸和双作用缸两类。在压力油作用下只能做单方向运动的液压缸称为单作用缸。单作用缸的回程要借助运动件的自重或其他外力（如弹簧力）的作用实现。往复两个方向的运动都由压力油作用实现的液压缸称为双作用缸。

## 知识准备

### 一、液压泵的工作原理与分类

**引导问题：液压泵的工作原理是什么？液压泵由哪些类型？**

#### 1. 液压泵的工作原理

液压泵是将电动机或其他原动机输出的机械能转换为油液的压力能（液压能）的能量转换装置。液压泵都是靠密封工作腔的容积变化进行工作的，其输出流量的大小由密封工作容积变化大小来决定，故一般称为容积式液压泵。

图 7-2-1 所示是单柱塞液压泵的工作原理，图中柱塞装在缸体中形成一个密封工作腔，柱塞在弹簧的作用下始终压紧在偏心轮上。当偏心轮由原动机

驱动按图示方向旋转时，柱塞做往复运动。当柱塞右移时，密封工作腔的容积逐渐增大，形成部分真空，使油箱中油液在大气压作用下，经吸油管顶开单向阀进入工作腔而实现吸油；反之，当柱塞左移时，工作腔容积逐渐减小，使腔内油液的压力升高，将顶开单向阀流入系统而实现压油。随着偏心轮的连续旋转，泵就不断地吸油和压油。

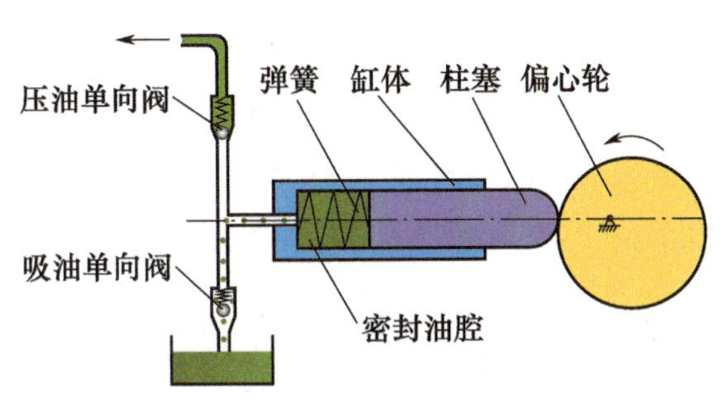

图 7-2-1 单柱塞泵工作原理

## 2. 液压泵的工作特点

1）必须具有一个由运动件和非运动件所构成的密闭容积。

2）密闭容积的大小随运动件的运动做周期性变化，容积由小变大——吸油，由大变小——压油。

3）密闭容积增大到极限时，先要与吸油腔隔开，然后才转为排油；密闭容积减小到极限时，先要与排油腔隔开，然后才转为吸油。

## 3. 液压泵的类型

液压泵按结构形式可分为齿轮泵、叶片泵、柱塞泵和螺杆泵等；按输油方向能否改变，可分为单向泵和双向泵；按排量能否改变，可分为定量泵和变量泵；按使用压力不同，可分为低压泵、中压泵、中高压泵、高压泵和超高压泵。液压泵的图形符号见表 7-2-1。

表 7-2-1 液压泵的图形符号

| 名称 | 变量泵 | 双向流动变量泵 | 单向旋转泵或液压马达 | 双向变量泵或液压马达 |
| --- | --- | --- | --- | --- |
| 图形符号 | | | | |
| 说明 | 单向流动变排量 | 双向流动，带外泄油路，单向旋转的变量泵 | 单向旋转的定量泵或液压马达 | 双向流动，带外泄油路，双向旋转 |

## 二、常见液压泵结构与性能

**引导问题：常见液压泵由哪些类型？具有什么样的结构特点与性能？**

### 1. 齿轮泵

（1）外啮合齿轮泵　外啮合齿轮泵的工作原理如图 7-2-2 所示，主要由泵体和两个相互啮合转动的齿轮所组成。齿轮的顶圆、端面和泵体及端盖之间的间隙很小。泵体两端在前后端盖封闭的情况下，内部形成了密封容腔，而这对齿轮把这个容腔分为两部分：吸油腔和压油腔。当齿轮在电动机带动下按图 7-2-2 所示箭头方向旋转时，右边容腔由于啮合的齿轮逐渐脱开，把齿槽空间留出来，使得这一容腔的容积不断增大，形成了部分真空，从而产生了吸油作用，外界油液在大气压的作用下被吸入泵内。

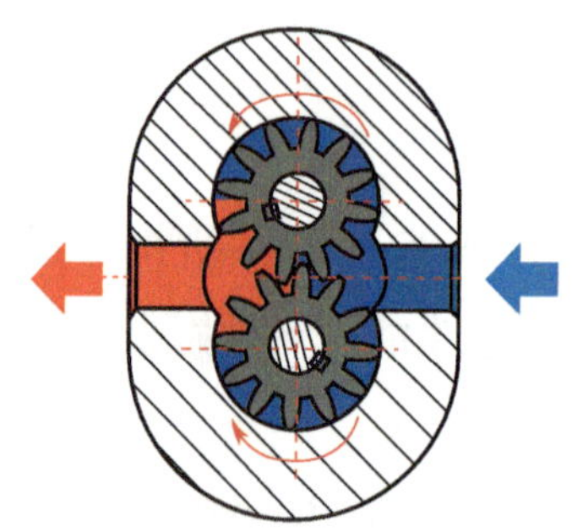

图 7-2-2　外啮合齿轮泵工作原理

随着齿轮转动，油液填满齿槽空间，并被带到左边容腔，左边容腔内由于齿轮不断进入啮合，轮齿逐渐进入齿槽空间，使得容腔容积不断减小，齿槽内的液压油逐渐被挤出，形成压油作用，把齿槽空间的油液相继压出泵外。齿轮连续旋转，吸油腔不断吸油，压油腔不断压油。

外啮合齿轮泵结构简单、制造方便、价格低廉、工作可靠，自吸能力强，对油液污染不敏感，目前应用比较广泛。但这种泵噪声较大，且输油量不均匀，有流量脉动现象。由于压油腔大于吸油腔的压力，齿轮和轴受到径向不平衡力的作用，工作压力越高，径向不平衡力越大，径向不平衡力很大时，能使泵轴弯曲，导致齿顶压向定子的低压端，使定子偏磨，同时也加速轴承的磨损，降低轴承使用寿命。齿轮泵上的两个油口，通常大的为吸油口，小的为压油口，其目的是减小压力油的作用面积，从而减小齿轮泵的径向不平衡力。

（2）内啮合齿轮泵　内啮合齿轮泵按齿形可分为渐开线齿形和摆线齿形两

种，它们的工作原理和主要特点与外啮合齿轮泵完全相同。图 7-2-3 所示为渐开线齿形内啮合齿轮泵，小齿轮带动内齿环同向旋转，上半部分轮齿退出啮合，形成真空吸油。下半部分轮齿进入啮合，容积减小，压油。月牙板同两齿轮将吸压油腔隔开。

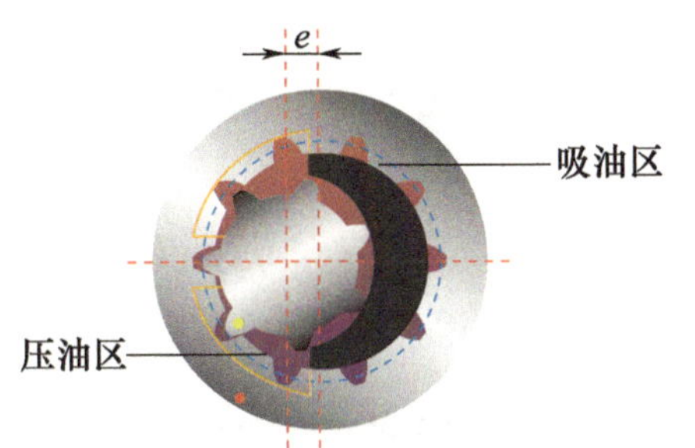

图 7-2-3　内啮合齿轮泵工作原理（渐开线齿形）

内啮合齿轮泵结构紧凑、体积小、流量脉动小、噪声小，无困油现象，在高速下工作的容积效率高，但制造工艺较复杂，价格较贵。

## 2. 叶片泵

叶片泵按其每个工作腔在泵每转一周时吸油、排油的次数，可分为单作用式和双作用式两类。单作用式常作变量泵使用，双作用式只能作为定量泵使用。叶片泵具有结构紧凑、运动平稳、噪声小、输油均匀、寿命长等优点，广泛应用于汽车液压动力转向系统中。

（1）单作用式叶片泵　单作用式叶片泵的原理如图 7-2-4 所示。泵由转子、定子、叶片、配油盘和端盖（图中未显示）等部件所组成。定子内表面是圆柱形孔。转子和定子偏心安装，具有一定的偏心距。叶片在转子的槽内可以灵活滑动，在转子转动时所产生的离心力以及通入叶片根部压力油的作用下，叶片顶部紧贴在定子内表面上，于是相邻两叶片、配油盘、定子和转子之间就形成了一个密封的工作腔。当转子按图示方向旋转时，右侧的叶片向外伸出，密封工作腔容积逐渐增大，产生真空，于是通过进油口和配油盘上的窗口将油吸入。而在左侧，叶片逐渐往里缩进，密封腔的容积逐渐缩小，密封腔中的油经配油盘另一窗口和排油口而输出到液压系统中去。单作用式叶片泵是当转子转一圈时，液压泵每一工作容积吸、排油各一次，故称单作用式叶片泵。改变定子和转子间的偏心量，便可改变泵的排量，所以这种泵可用作变量泵。

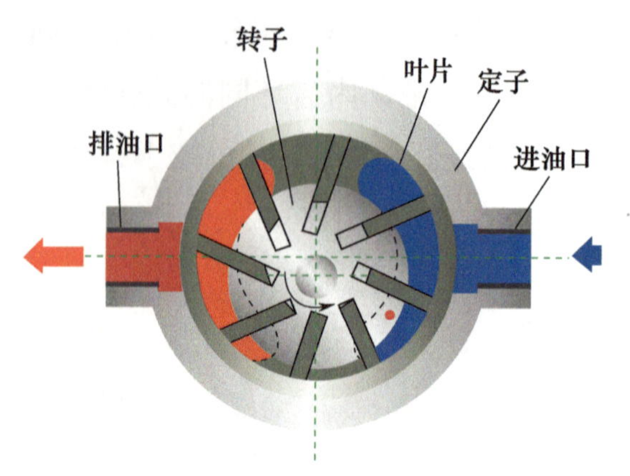

图 7-2-4　单作用式叶片泵工作原理

单作用式叶片泵的流量也是有脉动的，泵内叶片数越多，流量脉动率越小。此外，奇数叶片的泵的脉动率比偶数叶片的泵的脉动率小，所以单作用式叶片泵的叶片数总是取奇数，一般为 13 片或 15 片。

单作用式叶片泵在工作时，转子受到不平衡的径向液压作用力，故轴承将承受较大的负载，影响其使用寿命，不宜用于高压系统，通常用于汽车液压助力转向等低压系统中。

（2）双作用式叶片泵　如图 7-2-5 所示，双作用式叶片泵的工作原理和单作用式叶片泵相似，不同之处只在定子内表面由两段长半径圆弧、两段短半径圆弧和四段过渡曲线八个部分组成，且定子和转子是同轴的。在图示转子顺时针方向旋转时，在两个吸油区内，密封工作腔的容积逐渐增大，形成部分真空，油从吸油口进入泵内；而在两个排油区内，密封工作腔的容积逐渐减少，形成压力油，从压油口排出。吸油区和排油区之间有一段封油区把它们隔开。这种泵的转子每转一周，每个密封工作腔完成吸油和排油动作各两次，所以称为双

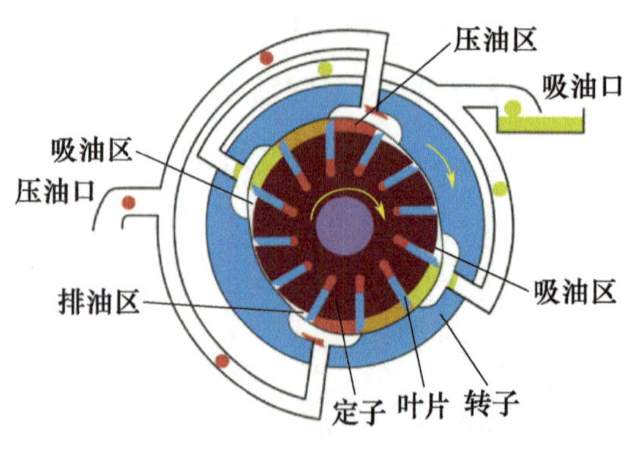

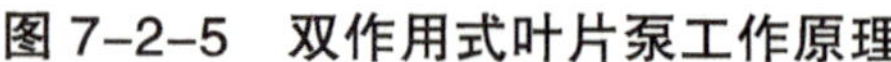
图 7-2-5　双作用式叶片泵工作原理

作用式叶片泵。泵的两个吸油区和两个排油区是径向对称的，有利于作用在转子上的液压径向力平衡。双作用式叶片泵通常是定量泵。

双作用式叶片泵瞬时流量也是脉动的，当叶片数为 4 的倍数时，脉动率最小，因此双作用式叶片泵的叶片数一般取 12 片或 16 片。双作用式叶片泵的转子承受的径向液压力是平衡的，轴承所受的力较小，所以使用寿命长，自吸能力好，对油液污染较敏感，适用于中、高压系统。

### 3. 柱塞泵

柱塞式液压泵是利用柱塞在柱塞孔中作往复运动时产生的容积变化来进行工作的。根据柱塞分布的方向不同，柱塞泵分为径向柱塞泵和轴向柱塞泵。

柱塞泵具有结构紧凑、加工方便、单位功率体积小、容积效率高、工作压力高、易实现变量等优点，广泛应用于高压、大流量、大功率的系统中及流量需要调节的场合。这类泵在自卸汽车、超重运输车辆等的液压系统中应用广泛。

（1）径向柱塞泵　如图 7-2-6 所示，径向柱塞泵主要由定子、多个径向均匀分布的柱塞、缸体和配油轴等组成。密封容积由柱塞、缸体、配油轴围成。定子和缸体偏心安装，当缸体在原动机带动下如图 7-2-6 所示方向旋转时，在离心力（或低压油）的作用下，柱塞经过上半周时，向外伸出，与定子的内表面贴合，柱塞泵密封容积逐渐增大形成局部真空。此时，衬套上的油孔和缸体一起旋转，通过固定的配油轴上的吸油口从油箱吸油，当柱塞转到下半周时，定子内壁把柱塞向里推，缸内密封容积逐渐减小，油液经配油轴的压油口压出。缸体旋转一周，完成一次吸压油。如果改变定子与转子偏心距的大小，泵的排量也改变，故可做成变量泵。若偏心距方向改变，则排油方向也改变，这样就可做成双向泵。

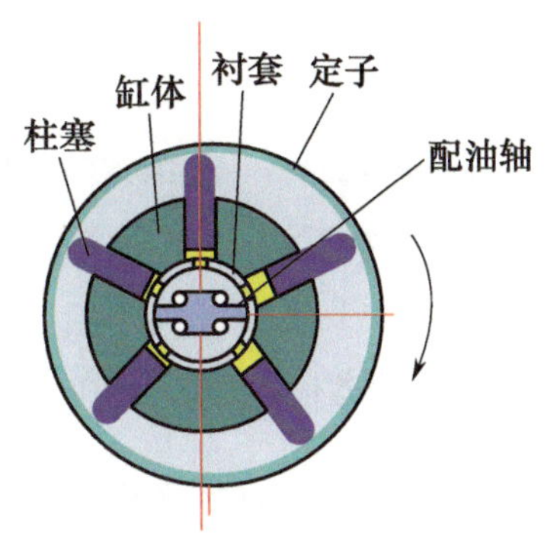

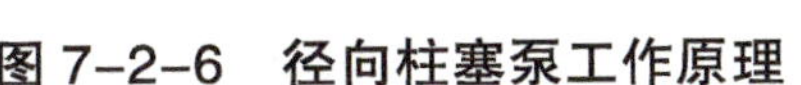
图 7-2-6　径向柱塞泵工作原理

配油轴固定不动，与衬套接触的一段加工出上下两个缺口，形成吸油口和压油口，留下的部分形成封油区。封油区的宽度应能防止吸油口和压油口相连通，但尺寸也不能大得太多，以免产生困油现象。

径向柱塞泵具有性能稳定、耐冲击性好、工作可靠等优点；但有结构复杂、径向尺寸大、自吸能力差、配油轴受径向力的作用容易磨损等缺点，限制了转速和压力的提高，故其应用受到一定的限制。

（2）轴向柱塞泵 如图 7-2-7 所示，轴向柱塞泵主要由柱塞、缸体、配油盘和斜盘等零件组成。柱塞安装在缸体的柱塞孔中，平行于传动轴，并沿圆周均匀分布。在机械装置或低压油的作用下（图中为弹簧），柱塞的一端顶在斜盘上，配油盘和斜盘都固定不动。当原动机通过传动轴带动缸体旋转时，在低压油及斜盘的作用下，柱塞就在柱塞孔中往复直线运动。当柱塞伸出时，柱塞孔中密封容积增大，形成局部真空，此时吸油；当柱塞被斜盘压入柱塞孔中时，密封容积减小，油液压力增高，油液经过配油盘上的压油窗口压出。如改变斜盘倾角的大小，就能改变柱塞的行程长度，也就改变了泵的排量；如改变斜盘倾角的方向，就能改变泵的吸、压油的方向，这样就成为双向变量泵。

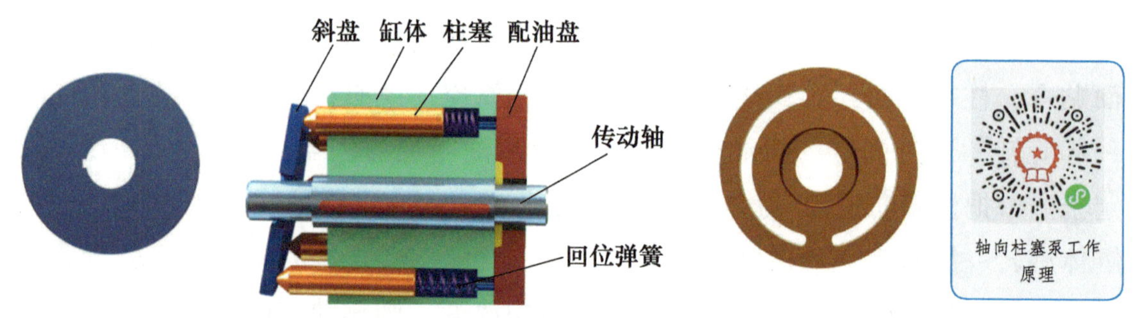


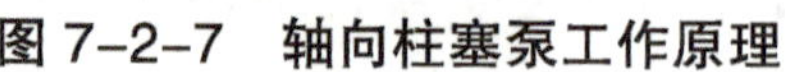
图 7-2-7 轴向柱塞泵工作原理

轴向柱塞泵具有结构紧凑、单位功率体积小、重量轻、容积效率高、工作压力高、易变量等优点；缺点是结构复杂、造价高、对油的污染敏感、使用和维修要求严格。它广泛应用于需要高压、大流量、大功率的系统中和流量需要调节的场合，如龙门刨床、拉床、液压机、工程机械、矿山冶金机械及船舶等。

## 三、液压缸的工作原理与分类

**引导问题：液压缸是如何工作的？有哪些常见类型？**

### 1. 液压缸的工作原理

液压缸和液压马达都是将液压能转变为机械能的液压执行元件。液压缸可以做直线往复运动（摆动缸做往复摆动运动）。液压缸结构简单、工作可靠。通过控制液压油的流量来控制液压缸内活塞的移动速度，可免去减速装置，并且没有传动间隙，运动平稳，因此在各种机械的液压系统中得到广泛应用。在汽车领域，如自卸车、铲车、吊车等都有各式液压缸的运用。

液压缸的结构基本上可以分为缸筒和缸盖、活塞和活塞杆、密封装置、缓冲装置和排气装置五个部分。典型的液压缸结构如图 7–2–8 所示。

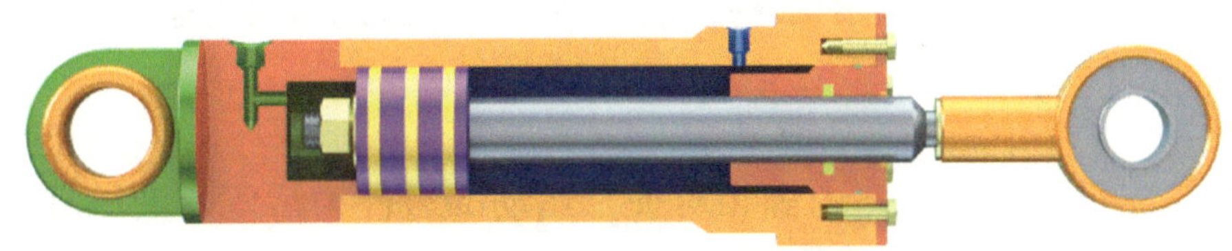

图 7–2–8　液压缸的结构简图

液压缸一般有两个油腔，每个油腔中都通有液压油，液压缸工作依靠帕斯卡原理（静压传递原理：在密闭容器内，施加于静止液体上的压力将以等值同时传递到液体各点）。当液压缸两腔通有不同压力的液压油时，其活塞两个受压面承受的液体压力总和（矢量和）输出一个力，这个力克服负载力使液压缸活塞杆伸出或缩回。

以图 7–2–9 为例，设液压缸左腔为进油腔，压力和流量分别为 $p_1$ 和 $q_1$；液压缸右腔为排油腔，压力和流量分别为 $p_2$ 和 $q_2$；活塞左侧的有效面积（与液压油接触的面积）为 $A_1$，活塞右侧的有效面积为 $A_2$；$F_1$ 为左腔液压油对活塞左侧的压力，方向向右；$F_2$ 为右腔液压油对活塞右侧的压力，方向向左；$F_3$ 为活塞杆所受到的压力，即负载，方向向左。

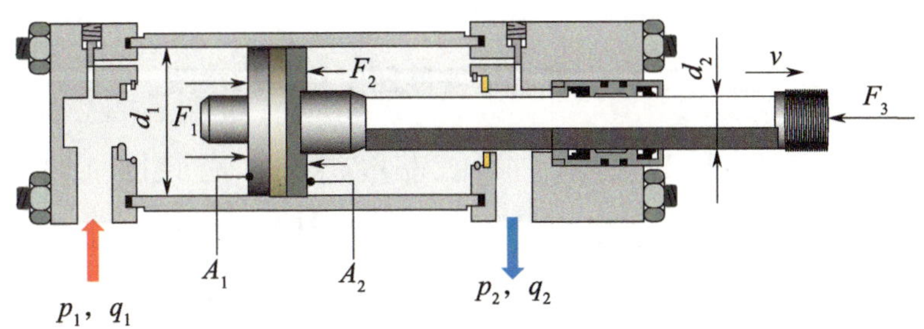


图 7–2–9　液压缸工作原理

### 2. 液压缸的分类

液压缸的结构形式多种多样，其分类方法也有多种，常见的分类有：按运动方式可分为直线往复运动式和回转摆动式；按受液压力作用情况可分为单作用式、双作用式；按结构形式可分为活塞式、柱塞式、伸缩式。单作用式液压缸是指液压力只能使活塞（或柱塞）单方向运动，反方向运动必须靠外力（如弹簧力或自重等）实现；双作用式液压缸则可由液压力实现两个方向的运动。

## 四、典型液压缸的结构与性能

**引导问题：不同液压缸的结构特点有何不同？分别具有哪些性能特点？**

### 1. 活塞式液压缸

活塞式液压缸是指缸体内做相对往复运动的组件为活塞的液压缸，主要由缸体、活塞、活塞杆等组成。根据活塞杆的数量分为双杆活塞液压缸和单杆活塞液压缸。

（1）双杆活塞液压缸　双杆液压缸是活塞的两侧都有活塞杆的液压缸，两活塞杆直径相等，当输入两腔的液压油流量相等时，活塞的往复运动速度和推力相等。一般为双向液压驱动，可实现等速往复运动，如图 7-2-10 所示。双杆活塞液压缸有缸体固定式和活塞杆固定式两种。

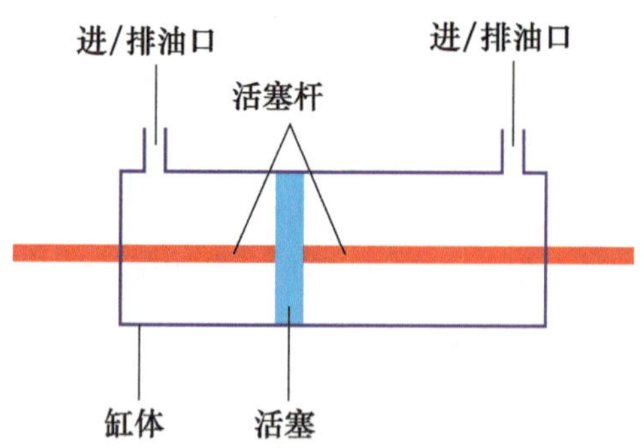


**图 7-2-10　双杆活塞液压缸结构示意图**

缸体固定式如图 7-2-11 所示，当缸左腔进油、右腔回油时，活塞带动工作台向右移动；右腔进油，左腔回油时，工作台向左移动。工作台的运动范围约为活塞有效行程的三倍，占地面积较大，因此它常用于小型固定设备的液压系统。

活塞杆固定式如图 7-2-12 所示，当压力油经活塞杆的中心孔及活塞处的径向孔进入缸的左腔，右腔回油时，推动缸体带动工作台向左移动；右腔进压力油，左腔回油时，工作台向右移动。工作台的运动范围约为缸筒有效行程的两倍，占地面积较小。它常用于大、中型设备的液压系统。

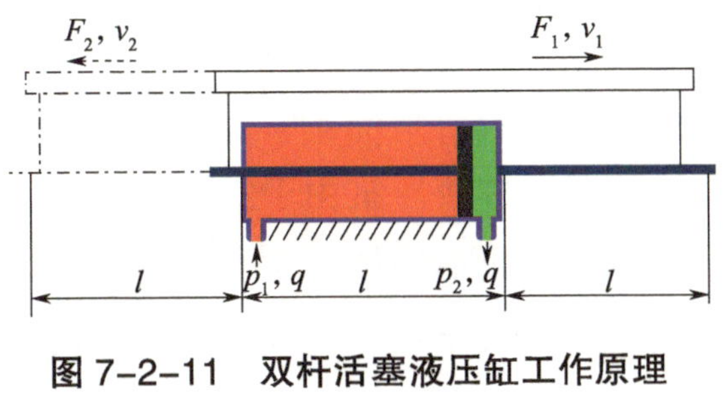


图 7-2-11 双杆活塞液压缸工作原理（缸体固定式）

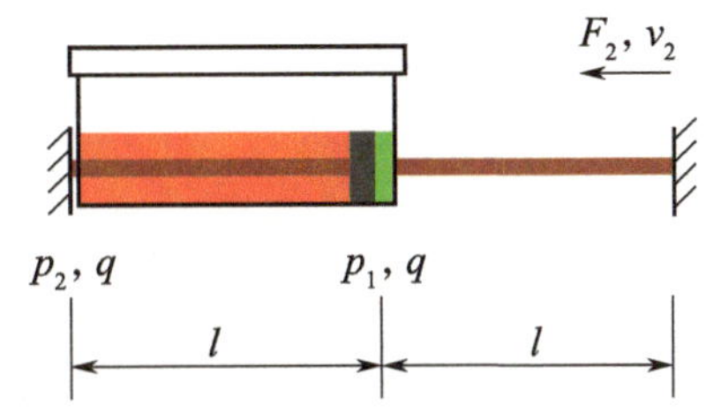


图 7-2-12 双杆活塞液压缸工作原理（活塞杆固定式）

（2）单杆活塞液压缸 单杆活塞液压缸是指在活塞的一侧有伸出杆，如图 7-2-13 所示，活塞将液压缸分开为两个腔，有杆腔和无杆腔，两腔的有效工作面积不等，进油和回油的流量也不相等。两端的油口都可以通压力油或回油，以实现双向运动，属于双作用缸。这种缸无论是缸体固定还是活塞杆固定，工作台的运动范围都等于有效行程的两倍，故结构紧凑，应用广泛。

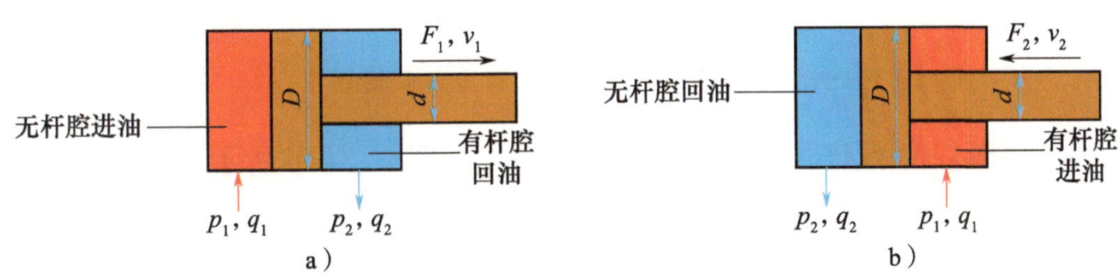


图 7-2-13 单杆活塞液压缸

a）无杆腔进油 b）有杆腔进油

两腔的有效工作面积不同，当分别向缸两腔供油，且供油压力和流量相同时，活塞（或缸体）在两个方向产生的推力和运动速度不相等，即无杆腔进压力油时，推力大，速度低；有杆腔进压力油时，推力小，速度高。因此，单杆活塞缸常用于一个方向有较大负载，运行速度较低，另一个方向为空载、快速退回的设备。

单杆活塞缸在其左、右两腔互相接通并同时输入压力油时，称为差动连接，

如图 7-2-14 所示。这时，缸两腔的压力相同，由于无杆腔工作面积大于有杆腔工作面积，故活塞向右的推力大于向左的推力，使其向右移动。同时使右腔排出的流量 $q'$ 也进入左腔，流进左腔的流量为 $q+q'$，从而就加快了活塞的移动速度。

单杆活塞缸还常用于需要实现“快进（差动连接）→工进（无杆腔进油）→快退（有杆腔进油）”工作循环的组合机床等设备的液压系统中。

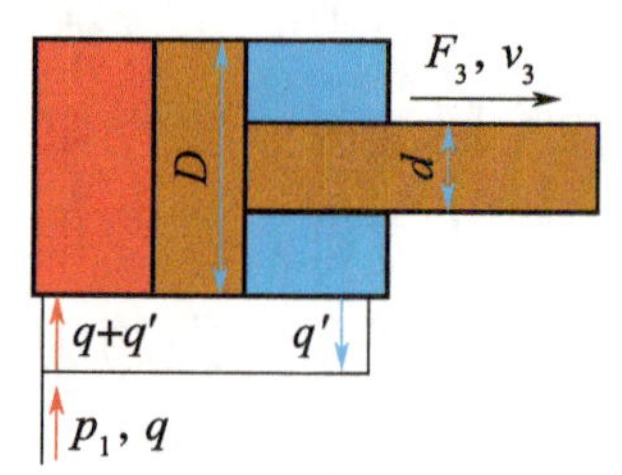


图 7-2-14 液压缸差动连接

## 2. 柱塞式液压缸

虽然活塞式液压缸的应用非常广泛，但这种液压缸由于缸孔加工精度要求很高，当行程较长时，加工难度大，使得制造成本增加。在生产实践中，某些场合所用的液压缸并不要求双向控制，柱塞式液压缸正是满足了这种使用要求的一种价格低廉的液压缸。

柱塞式液压缸是指在缸体内作相对往复运动的组件是柱塞的液压缸，如图 7-2-15 所示。当油口进油时，柱塞向左运动，柱塞的回程要通过弹簧、自重等其他外力来实现。

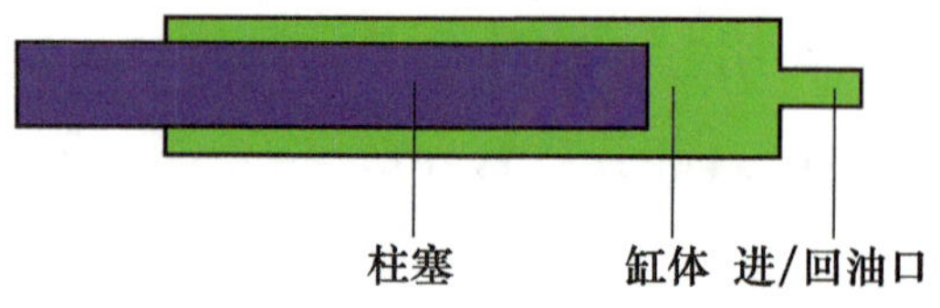


图 7-2-15 柱塞式液压缸（单个使用）

柱塞式液压缸

为了得到双向运动，柱塞缸常成对使用，如图 7-2-16 所示。

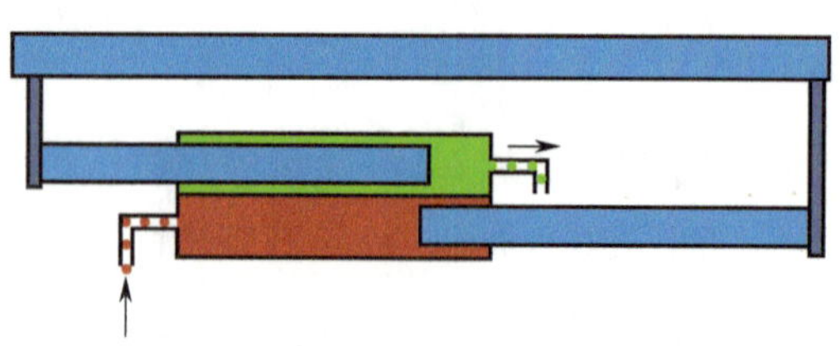

图 7-2-16 柱塞式液压缸（成对使用）

柱塞式液压缸
（成对使用）

柱塞式液压缸的柱塞端面是受压面，其面积的大小决定了柱塞缸的输出速度和推力，为了保证柱塞缸有足够的推力和稳定性，一般柱塞较粗，重量较大，水平安装时易产生单边磨损，故柱塞缸适宜于垂直安装使用。为了减轻柱塞的重量，有时制成空心柱塞。

### 3. 摆动式液压缸

这是一种输出扭矩并实现往复摆动的液压执行元件，又称摆动式液压马达，主要有单叶片式和双叶片式两种结构形式。

单叶片式摆动缸如图 7-2-17 所示，由叶片轴、缸体、定子块和回转叶片等零件组成。定子块固定在缸体上，叶片和叶片轴连接在一起，当油口交替输入压力油时，叶片两侧所受油压不同，从而产生扭矩，叶片带动叶片轴做往复摆动，输出扭矩和角速度。单叶片缸输出轴的摆角小于 280° 。

双叶片式摆动缸的原理如图 7-2-18 所示，当输入压力和流量不变时，双叶片摆动缸摆动轴输出扭矩是相同参数单叶片摆动缸的两倍，而摆动角速度则是单叶片式摆动缸的一半。双叶片缸输出轴的摆角小于 150° 。摆动缸结构紧凑，输出转矩大，但密封困难，一般用于机床和工夹具的夹紧装置、送料装置、转位装置、周期性进给机构等中低压系统以及工程机械中。

单叶片式摆动缸

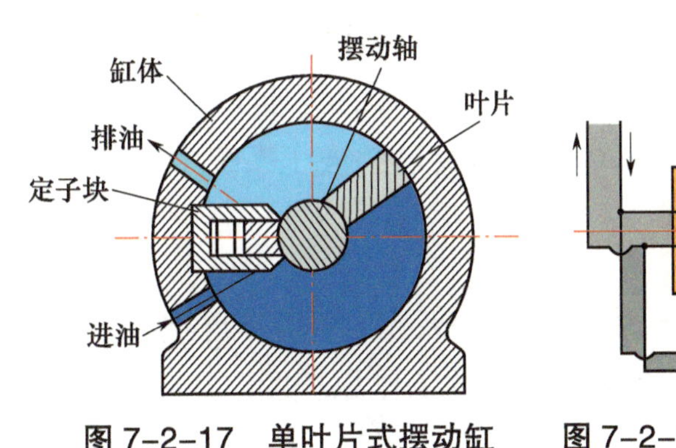

图 7-2-17 单叶片式摆动缸

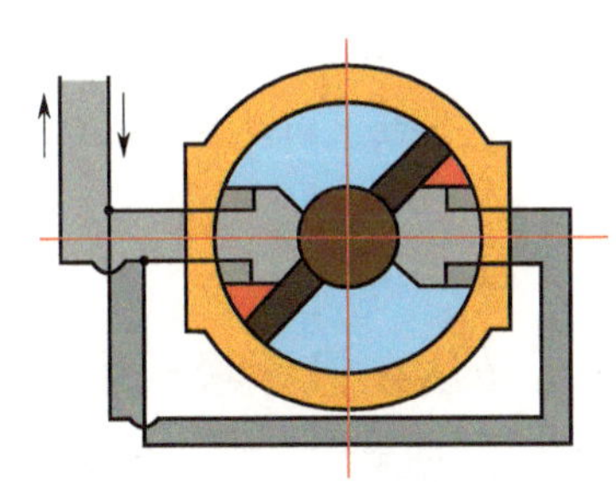
图 7-2-18 双叶片式摆动缸

双叶片式摆动缸

## 五、液压马达

**引导问题：液压马达是如何在液压力的驱动下旋转做功的？有哪些类型？**

液压马达是液压系统的一种执行元件，它将液压泵提供的液体压力能转变为其输出轴的机械能（转矩和转速）。液体是传递力和运动的介质。液压马达按结构可分为齿轮式、叶片式和柱塞式三大类；按排量能否改变可分为定量马达和变量马达；按转速分为高速液压马达和低速液压马达。

从能量转换的观点来看，液压泵与液压马达是可逆工作的液压元件，向任何一种液压泵输入工作液体，都可使其变成液压马达工况；反之，当液压马达的主轴由外力矩驱动旋转时，也可变为液压泵工况。但是，由于液压马达和液压泵的工作条件不同，对它们的性能要求也不一样，同类型的液压马达和液压泵之

间，仍存在许多差别，所以在实际结构上只有少数液压泵能当成液压马达使用。

### 1. 叶片式液压马达

如图 7-2-19 所示，叶片式液压马达在结构上与叶片式液压泵相似，如图所示。

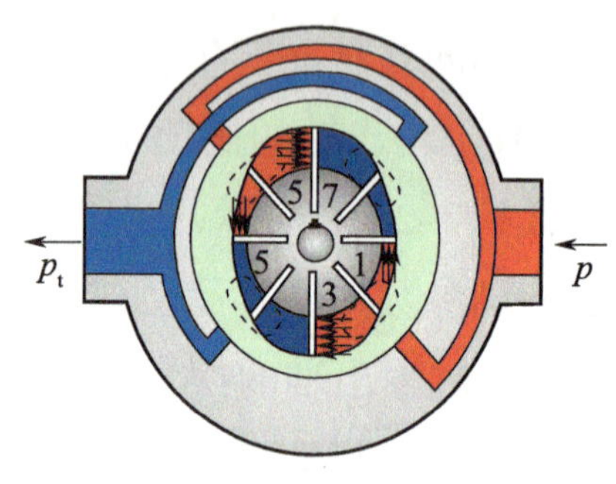

图 7-2-19 叶片式液压马达工作原理

叶片式液压马达外形尺寸小、转动惯量小、动作灵敏，适用于换向频率较高的场合；缺点是液压油泄漏量较大、不能在很低的转速下工作。因此叶片式液压马达一般用于高转速、小扭矩和动作要求灵敏的液压系统中。

### 2. 轴向柱塞液压马达

轴向柱塞液压马达在机床液压系统中应用较多，其结构和轴向柱塞泵基本相同，图 7-2-20 为斜盘式轴向柱塞液压马达的工作原理图。

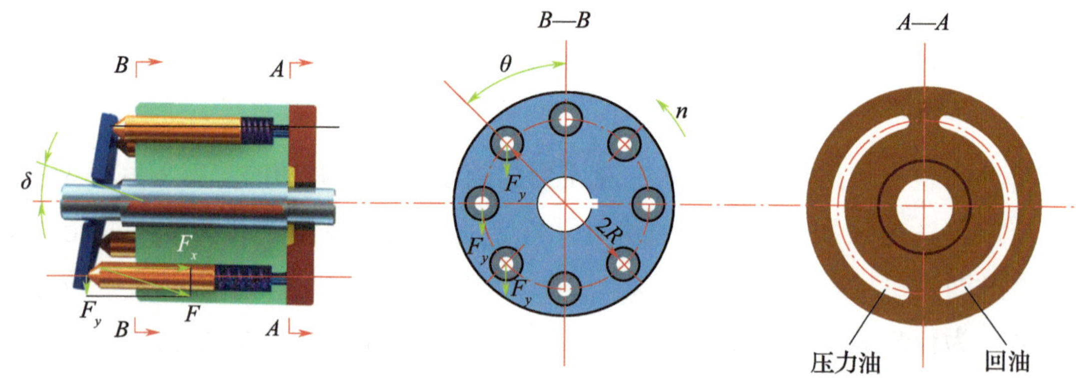


图 7-2-20 斜盘式轴向柱塞液压马达工作原理

轴向柱塞液压马达输出转矩按正弦规律变化，故输出转矩是脉动的，柱塞数目较多且为单数时，脉动较小。它适用于较低的工作转速，多用于机床及各种自动控制的液压系统中。

# 单元三 液压阀

## 学习目标

1. 能叙述液压控制阀的种类，熟悉液压控制阀的特点、功用。
2. 能识别各种液压控制阀的图形符号。
3. 能正确分析三位换向阀滑阀中位机能特点。

## 内容概要

液压控制阀是液压系统的控制元件，其作用是控制和调节液压系统液流方向、压力和流量。根据用途和工作特点不同，液压控制阀可分为方向控制阀、压力控制阀和流量控制阀。

## 知识准备

### 一、方向控制阀

**引导问题：液压系统的液流方向是如何控制的？三位换向阀有哪些典型的中位机能，各有什么特点？**

方向控制阀简称方向阀，其基本功能是控制液压系统中液流的方向，以改变执行机构的运动方向或动作顺序。方向阀通过改变阀芯和阀体的相对位置来控制液流的方向，对于方向阀的每个通流口而言，只有打开和关闭两种状态。方向阀可分为单向阀和换向阀两大类。

#### 1. 单向阀

单向阀又称止回阀，它使液体只能沿一个方向通过。对单向阀的主要性能要求是：油液向一个方向通过时压力损失要小；反向不通时密封性要好；动作灵敏，工作时无撞击和噪声。常用的单向阀又分为普通单向阀和液控单向阀两种。

（1）普通单向阀　普通单向阀的结构和职能符号如图 7-3-1 所示。当 $P_1$ 通高压油，油液对阀芯所产生的压力大于弹簧对阀芯的作用力时，压力油顶开阀芯，油液从 $P_1$ 流入，从 $P_2$ 流出。当油液倒流时，液压作用力使阀芯紧压在阀体上，阀口关闭，油路不通。常用的单向阀阀芯有球形和锥形两种，其中锥形阀

芯的阻力小，密封性较好。一般单向阀的开启压力为 0.03~0.05MPa。

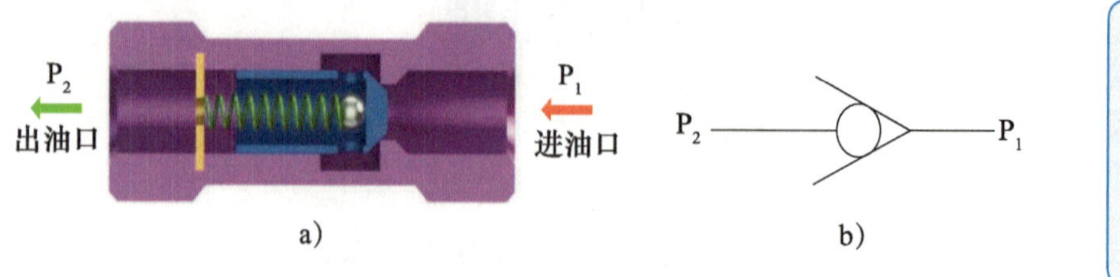


普通单向阀

**图 7-3-1　普通单向阀**

a）结构示意图　b）图形符号

单向阀的应用主要有：

1）常被安装在泵的出口，一方面防止液压工作系统的压力冲击影响泵的正常工作，另一方面防止泵不工作时，系统油液倒流经液压泵回油箱。

2）被用来分隔油路以防止高、低压相互干扰。

3）与其他的阀组成单向节流阀、单向减压阀、单向顺序阀等。

4）安装在执行元件的回油路上，使回油具有一定背压，作为背压阀的单向阀应具有刚度较大的弹簧，使其正向开启压力达到 0.3~0.5MPa。

（2）液控单向阀　液控单向阀与普通单向阀的不同之处在于液控油路（在职能符号中用虚线表示控制油路，实线代表主油路）。液控单向阀的结构和职能符号如图 7-3-2 所示，当压力油通过控制油口 C 进入控制油路时，压力油推动控制活塞并通过顶杆将阀芯顶开，$P_1$ 与 $P_2$ 相通，油液可以从 $P_2$ 流向 $P_1$ 或者从 $P_1$ 流向 $P_2$。当控制油路切断后，油液只能由 $P_1$ 向 $P_2$ 单向流动。

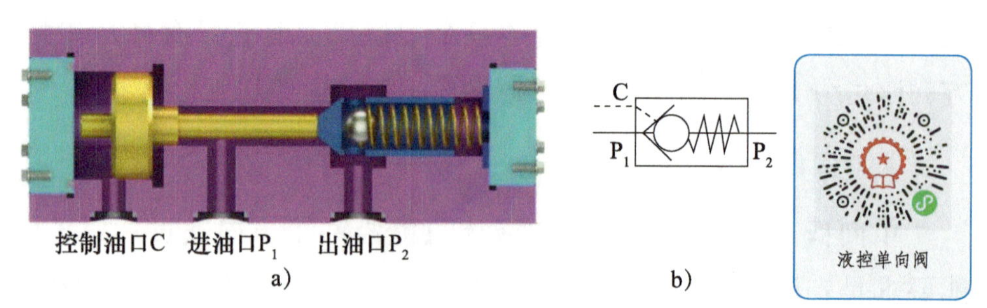


**图 7-3-2　液控单向阀**

a）结构示意图　b）职能符号

## 2. 换向阀

换向阀可根据不同的方式进行分类。按阀芯的结构可分为滑阀式和转阀式，滑阀的阀芯为移动式，转阀的阀芯为摆动式。按阀的操纵方式可分为手动式、机动式（行程）、电磁式、液动式和电液式几种。按阀的位置和通路数可分为二位二通阀、二位三通阀、三位四通阀、三位五通阀等。

换向阀主体结构包括阀芯和阀体，阀芯的形状如图 7-3-3 所示，它是在圆柱体上加了若干个台肩。换向阀的阀体是在阀体内圆柱孔上加工出若干个环形沟槽（沉割槽），每个环形沟槽或直接或通过阀体内部通道与外部油路连接，如图 7-3-4 所示。当阀芯运动时，通过阀芯的台肩开启或封闭阀体上的沉割槽，接通或关闭与沉割槽相通的油口。

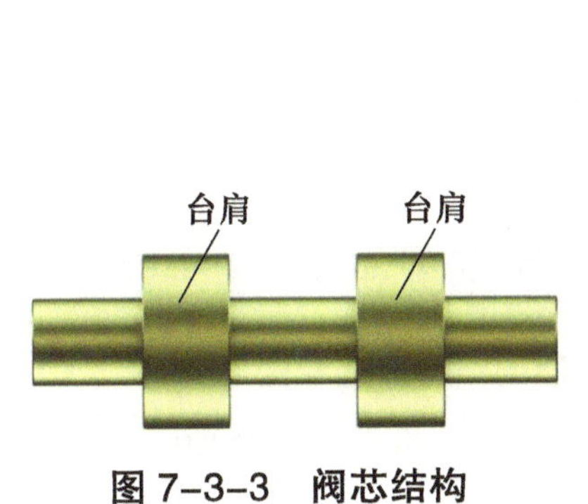

**图 7-3-3　阀芯结构**

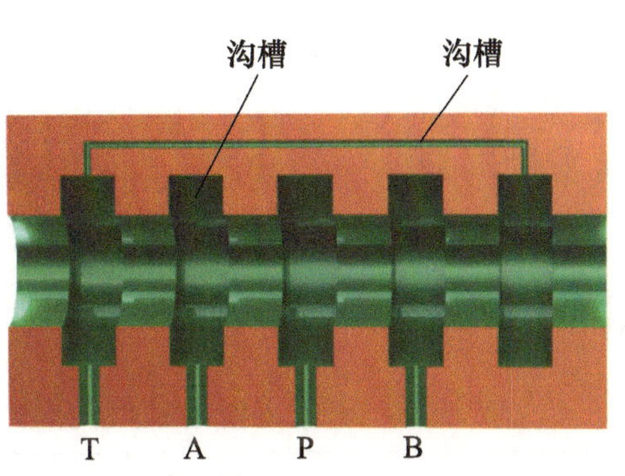

**图 7-3-4　阀体结构**

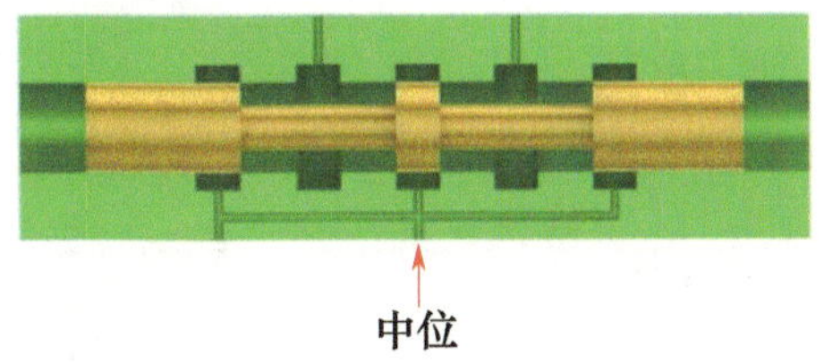

**图 7-3-5　三位五通换向阀结构**

图 7-3-5 所示为三位五通阀结构示意图，阀芯上有三个台肩，阀体上开有五个环形槽，每个环形槽直接与外部油路相通，左侧四个油口依次为 T、A、P、B，最右侧环形槽通过外部油路与油箱相通。A、B 两个油口通常为工作油口，与液压缸相连，P 与液压泵相连，T 与油箱相连。当阀芯处于左位时，B 和 P 相通，A 和 T 相通，由液压泵出来的压力油经 P 到 B 进入液压缸的右腔（有杆腔），液压缸左腔（无杆腔）的油液可以经 A 到 T 流回油箱，液压缸活塞左移。当阀芯处于右位时，A 和 P 相通，B 经内部通道和 T 相通，由液压泵出来的压力油经 P 到 A 进入液压缸的左腔（无杆腔），液压缸右腔（有杆腔）的油液可以经 B 和最右侧油口，流回油箱，液压缸活塞右移。当阀芯处于中间位置时，各个油口均被封闭，液压缸左腔和右腔都充满液压油，液压缸活塞处于静止状态。

三位五通换向阀结构

在液压原理图中，各种阀都是用图形符号来表示的，对于液压阀的图形符号的具体说明如下。

1）用方格数表示换向阀的“位”，即阀芯在阀体内有几个工作位置，三个

方格即三个工作位置。

2）在一个方格内，箭头“↑”或堵塞符号“⊥”与方格的相交点数为油口通路数。箭头“↑”表示两油口相通，并不表示实际流向；“⊥”表示该油口不通流。

3）P 表示进油口，T 表示通油箱的回油口，A 和 B 表示连接其他两个工作油路的油口。

4）控制方式和复位弹簧的符号画在方格的两侧。

5）三位阀的中位，二位阀靠有弹簧的那一方格为常态位，常态指当换向阀没有操纵力作用时处于的状态。在液压系统图中，换向阀的符号与油路的连接应画在常态位上。

常用滑动式换向阀位和通的结构原理和图形符号如表 7-3-1 所示。

**表 7-3-1　常用滑动式换向阀位和通的结构原理和图形符号**

| 名称 | 结构原理图 | 图形符号 |
| --- | --- | --- |
| 二位二通 | A　B |  |
| 二位三通 | A　P　B |  |
| 二位四通 | B　P　A　O |  |
| 二位五通 | $O_1$　A　P　B　$O_2$ |  |
| 三位四通 | A　P　B　O |  |

### 3. 三位换向阀的中位机能

三位换向阀在常态位即中位时，油口的接通状态有各种不同的形式，因此对系统的控制性能也不同。这种形式称为三位换向阀的中位机能，用英文大写字母来表示。在选用时要根据不同的工作要求，考虑在中位时执行元件的换向精度、换向与启动的平稳性、是否需要保压或卸荷、是否需要浮动或差动、液压泵是否卸荷、是否对其他之路供油等因素，综合确定。表 7–3–2 是常用三位四通换向阀的中位机能。

**表 7–3–2　三位四通换向阀的中位机能**

| 代号 | 结构原理 | 中间位置示意图 | | 技能特点和作用 |
|---|---|---|---|---|
| | | 三位四通 | 三位五通 | |
| O | | A B<br>P T | A B<br>$T_1$ P $T_2$ | 各油口全部封闭，缸两腔闭锁，泵不卸荷，液压缸充满油，从静止到起动平稳，制动时运动惯性引起液压冲击较大，换向位置精度高 |
| H | | A B<br>P T | A B<br>$T_1$ P $T_2$ | 各油口全部连通，泵卸荷，缸成浮动状态，缸两腔接通油箱，从静止到起动有冲击，制动时油口互通，换向平稳，但换向位置变动大 |
| Y | | A B<br>P T | A B<br>$T_1$ P $T_2$ | 泵不卸荷，缸两腔通回油，缸成浮动状态，从静止到起动有冲击。制动性能介于 O 型和 H 型之间 |
| P | | A B<br>P T | A B<br>$T_1$ P $T_2$ | 压力油 P 与缸两腔连通，可实现差动回路，从静止到起动较平稳；制动时缸两腔均通压力油，故制动平稳；换向位置变动比 H 型的小 |
| M | | A B<br>P T | A B<br>$T_1$ P $T_2$ | 泵卸荷，缸两腔封闭，从静止到起动较平稳，换向时与 O 型相同，可用于泵卸荷液压缸锁紧的液压回路中 |

### 4. 换向阀的操纵方式

换向阀是通过改变阀芯和阀体的相对位置来控制液流的方向，根据改变阀芯位置的方式不同，换向阀的操纵方式可分为机械控制、人力控制、电气控制、先导控制等几种，其图形符号如表 7–3–3 所示。

表 7-3-3 换向阀的操纵方式

| 名称 | 图形符号 | 说明 |
| --- | --- | --- |
| 机械（滚轮）控制 | | 依靠安装在缸运动件（活塞杆或缸体）上的挡铁推动阀芯移动而换位 |
| 人力（手柄）控制 | | 手动操纵杠杆推动阀芯移动而换位 |
| 电气控制 | | 利用电磁铁的通电吸力推动阀芯移动而换位 |
| 先导控制 | | 外部液压先导控制 |
| | | 电磁液压先导控制 |

## 二、压力控制阀

**引导问题：液压系统是如何控制和调节压力的？各种压力控制阀的结构与功能有何不同？**

在液压系统中，用来控制液体工作压力的阀和利用压力信号控制其他元件的阀都是压力控制阀。利用阀芯上的液体压力与弹簧力的相互作用来控制阀口的开度、调节压力或产生动作。常见的压力控制阀有溢流阀、减压阀和顺序阀等。

### 1. 溢流阀

在定量泵供油的液压系统中，执行元件驱动负载的速度由节流阀来控制。由于液压泵输出的流量大于液压缸所需的流量，使节流阀前的压力升高，因此必须在系统中与液压泵并联一个溢流阀。当油液压力达到溢流阀的调定值，也就是驱动总负载的所需值时，溢流阀打开，在使多余油液溢流回油箱的同时，保持系统压力稳定在调定值。这就是溢流阀的溢流定压作用，主要是维持进入阀口的油压恒定。

（1）直动式溢流阀　图 7-3-6 是直动式溢流阀的原理图，如果工作过程中需要调节系统压力，可以通过调节螺母调节弹簧对阀芯的压紧力。

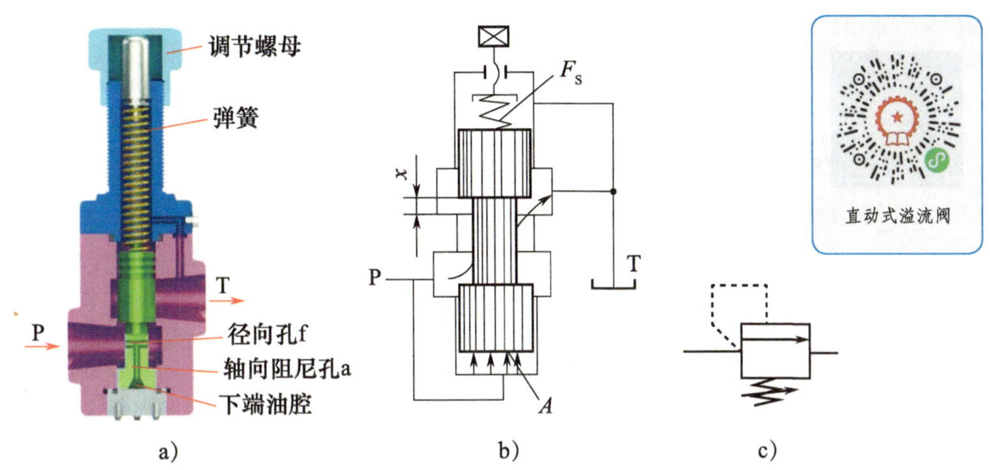


**图 7-3-6 直动式溢流阀**

a）结构图 b）原理图 c）符号

若用直动式溢流阀控制较高压力时，因需用刚度较大的弹簧，从而导致调节困难，油压波动较大。因此，直动式溢流阀一般只用于低压小流量系统或作为先导阀使用。

（2）先导式溢流阀 先导式溢流阀由先导阀与主阀两部分组成，图 7-3-7 为先导式溢流阀的工作原理图。由于主阀芯开度是靠上下两面的液压差形成的液压力与弹簧力相互作用来调节，所以弹簧 $S_2$ 的刚度很小。这样在阀口开度随溢流量发生变化时，压力 $p$ 的波动很小。

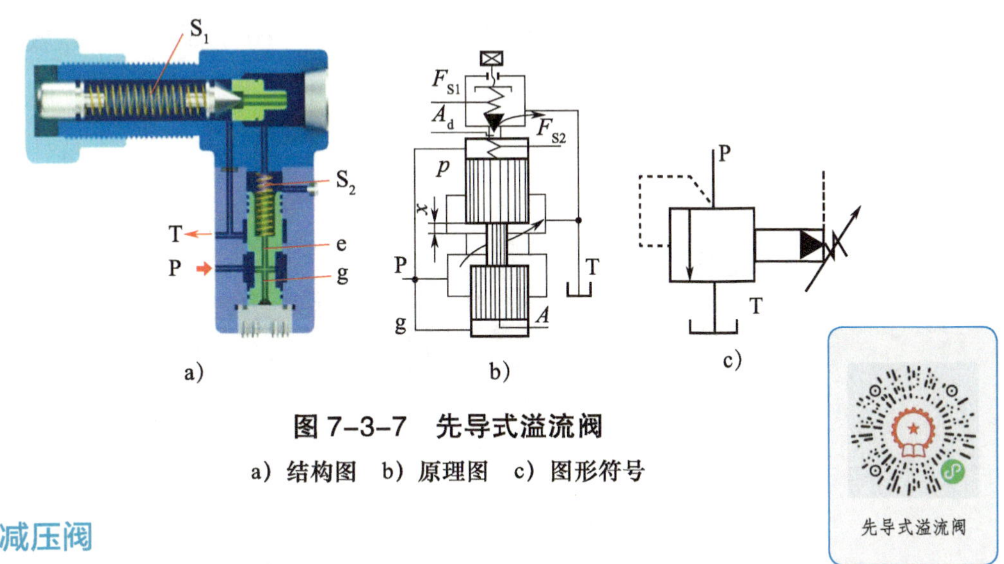


**图 7-3-7 先导式溢流阀**

a）结构图 b）原理图 c）图形符号

## 2. 减压阀

减压阀的作用是降低液压系统中某一部分的压力，使阀的出口油压低于阀的入口油压，并保持出口油压的稳定。减压阀也分为直动式和先导式，多数设备使用先导式减压阀，图 7-3-8 是先导式减压阀的工作原理图。

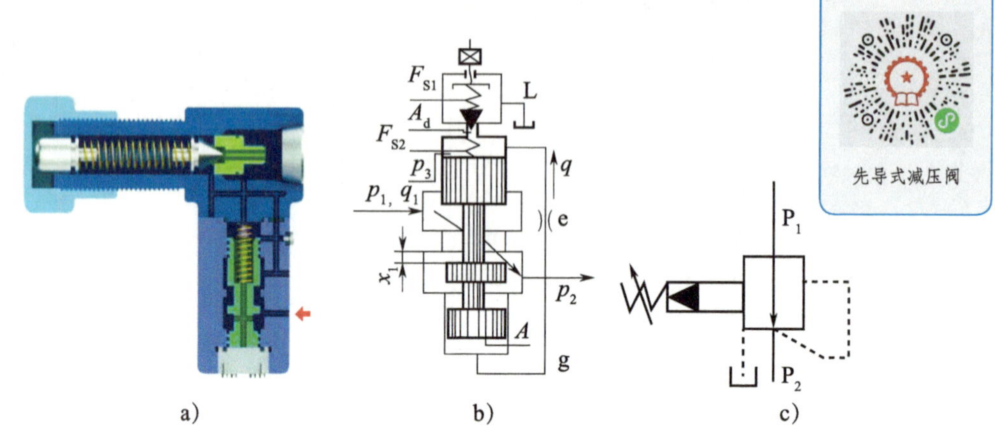


**图 7-3-8　先导式减压阀**

a）结构图　b）原理图　c）图形符号

由于进出油口均接压力油，所以卸油口 L 要单独接油箱。注意：减压阀的图形符号和溢流阀的图形符号相互区别。

### 3. 顺序阀

顺序阀是用来控制液压系统中各执行元件动作的先后顺序。顺序阀也有直动式和先导式两种，前者一般用于低压系统，后者用于中高压系统。依控制压力的不同，顺序阀又可分为内控式和外控式两种。前者用阀的进口压力控制阀芯的启闭，后者用外来的控制压力油控制阀芯的启闭（即液控顺序阀）。

（1）直动式内控顺序阀　如图 7-3-9 所示，当进油口压力 $p_1$ 较低时，阀芯在弹簧作用下处下端位置，进油口和出油口不相通。当作用在阀芯下端的

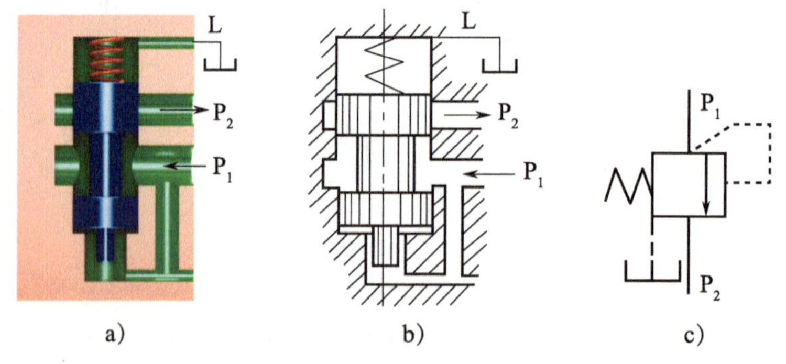


**图 7-3-9　直动式内控顺序阀**

a）结构图　b）原理图　c）图形符号

油液的液压力大于弹簧的预紧力时，阀芯向上移动，阀口打开，油液便经阀口从出油口流出，从而操纵另一执行元件或其他元件动作。需要注意的是：顺序阀的出油口通向系统的另一压力油路，而溢流阀的出油口通油箱。

（2）直动式外控顺序阀　如图 7-3-10 所示，直动式外控顺序阀的阀芯的启闭是利用通入控制油口 K 的外部控制油压来控制。当 K 有油压时，阀芯的启闭由控制油液的压力是否达到调定值决定；当 K 无油压时，阀门为关闭状态。

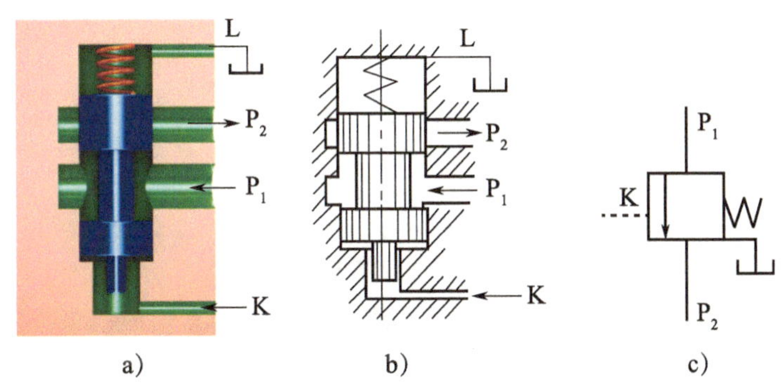


**图 7-3-10　直动式外控顺序阀**

a）结构图　b）原理图　c）图形符号

（3）先导式顺序阀　如图 7-3-11 所示，油液从进油口 $P_1$ 进入，经阻尼孔 e 到达主阀弹簧腔，并作用在先导阀锥阀芯上。当进油压力不高时，液压力不能克服先导阀的弹簧阻力，先导阀口关闭，阀内无油液流动，这时主阀芯因上下腔油压相同，故被主阀弹簧压在阀座上，$P_1$ 和 $P_2$ 隔断，顺序阀进、出油口关闭。当进油压力升高到先导阀弹簧的预调压力时，先导阀口打开，上腔中的压力油就可以流回油箱。这时下腔油液流过阻尼孔 e 时形成节流，使主阀芯两端形成了压力差。主阀芯在此压差作用下克服弹簧阻力向上移动，使进、回油口连通。

（4）顺序阀和溢流阀的区别　顺序阀在结构上与溢流阀十分相似，但在性能和功能上有很大区别，主要包括：

1）溢流阀的出口必须接油箱，顺序阀出口可接下一级液压元件。

2）溢流阀为内泄漏，顺序阀需单独引出泄漏通道，为外泄漏。

3）溢流阀打开时，阀处于半打开状态，主阀芯开口处节流作用强；顺序阀打开时，阀处于全打开状态，主通道节流作用弱。

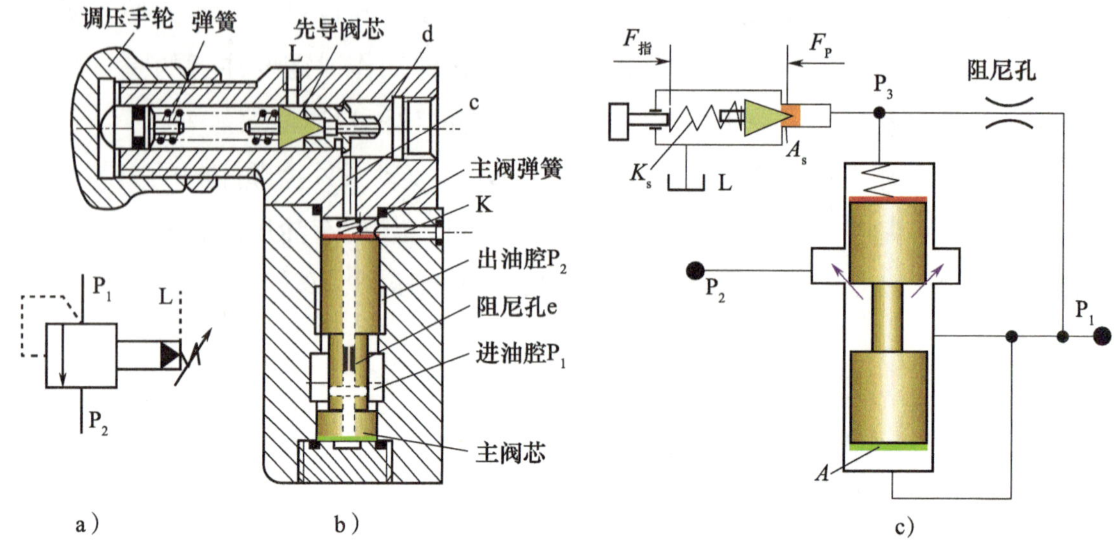


**图 7-3-11　先导式顺序阀**

a）图形符号　b）结构图　c）原理图

## 三、流量控制阀

**引导问题：液压系统是如何控制执行元件的移动或转动速度的？节流阀与调速阀的功能与特点有哪些？**

流量控制阀简称流量阀，它是通过改变各阀通流面积的大小来进行调节液阻和输出流量从而控制执行元件的运动速度，即 $v=q/A$。对流量控制阀的主要性能要求如下。

1）阀的压力差变化时，通过阀的流量变化小。

2）油温变化时，流量变化小。

3）流量调节范围大，在小流量时不易堵塞，能得到很小的稳定流量。

4）当阀全开时，通过阀的压力损失要小。

5）阀的泄漏量要小。

流量控制阀主要有节流阀和调速阀。

### 1. 节流阀

节流阀的图形符号如图 7-3-12 所示。节流阀结构简单，制造容易，体积小，使用方便，但负载和温度的变化对通过阀的流量的稳定性影响较大，因此只适用于负载和温度变化不大，或速度稳定性要求不高的液压系统。

图 7-3-12　节流阀的图形符号

节流口是流量阀的关键部位，节流口形式及其特性在很大程度上决定着流量控制阀的性能。图 7-3-13 所示为针阀式（锥形凸肩）节流口，油液从 $P_1$ 流入，经节流口，从 $P_2$ 流出。当阀芯左移阀口开度增加，通流截面增加，流量增大；阀芯右移，则流量减小。这种阀芯结构简单，可当截止阀用。它的调节范围较大，但由于过流断面仍是同轴环状间隙，液力半径较小，小流量时易堵塞，同时温度对其流量的影响较大，一般仅用于要求较低的场合。

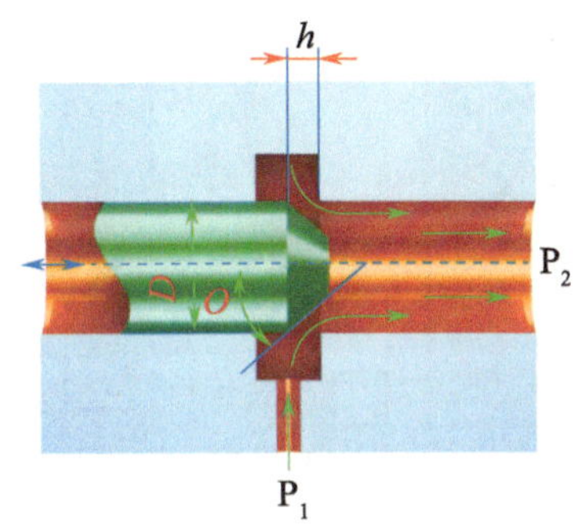


图 7-3-13　针阀（锥形）节流口

图 7-3-14 是轴向三角槽式节流口，这种节流口是沿阀芯的轴向开若干个三角槽。阀芯做轴向运动，即可改变开口量 $h$，从而改变过流断面面积。这种节流口结构简单，液力半径大，调节范围较大，小流量时稳定性好，最低对流量的稳定流量为 50mL/min。因小流量稳定性好，它是目前应用最广的一种节流口。

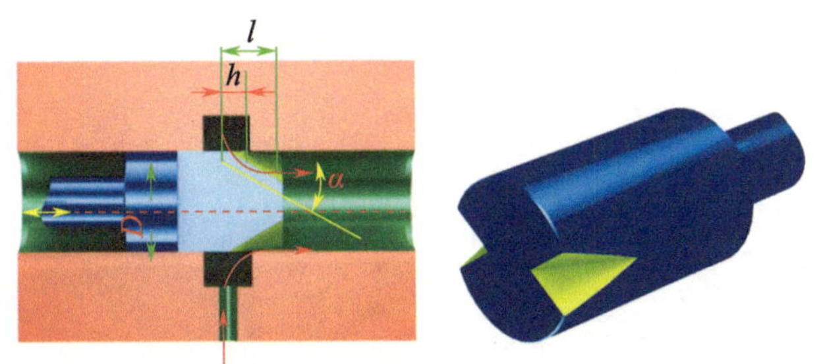


图 7-3-14　轴向三角槽式节流口

## 2. 调速阀

通过节流阀的流体流量不仅和通流面积大小有关，还与节流阀两端的压差

有关，通流面积相同，两端压差越大，流量也越大。在液压系统中，执行元件的负载变化引起系统压力变化，从而使节流阀两端的压差也发生变化，而执行元件的运动速度与通过节流阀的流量有关。因此，负载变化，其运动速度也相应发生变化。为了使流经节流阀的流量不受负载变化的影响，必须对节流阀前后的压差进行压力补偿，使其保持在一个稳定值上。这种带压力补偿的流量阀称为调速阀。

调速阀由定差减压阀和节流阀两部分组成，定差减压阀可以串联在节流阀之前，也可以串联在节流阀之后，如图 7-3-15 所示。

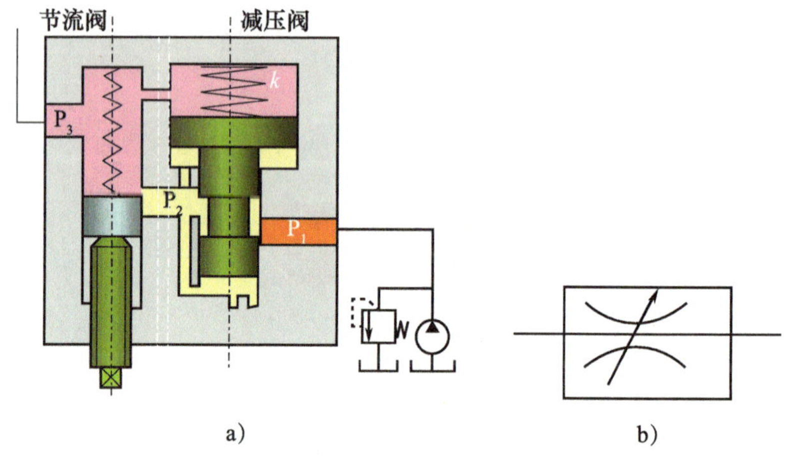


图 7-3-15 调速阀工作原理与图形符号

a）工作原理 b）图形符号

# 单元四 汽车常用液压回路

## 学习目标

1. 能叙述液压基本回路的工作原理及特点。
2. 能叙述液压基本回路的功用和应用范围。
3. 能正确识别与分析回路的组成形式及液压元件在回路中的作用。
4. 能正确分析典型液压回路。

## 内容概要

液压基本回路是由一些液压元件组成，并能完成特定功能的典型回路。常用的液压基本回路按其功能分为方向控制回路、压力控制回路、速度控制回路、顺序动作回路，每一基本回路按其具体作用又可细分为若干具体的典型基本回路。汽车液压助力转向系统和制动防抱死系统就是典型的方向控制回路。

## 知识准备

### 一、典型液压回路分析

现代设备的液压系统，不论其复杂程度如何，总是由一些能完成一定功能的常用基本回路组成。了解和熟悉这些常用的基本回路，对于正确分析各种回路的工作原理，掌握回路的功能，阅读液压系统图都是十分重要的。

#### 1. 节流阀进油节流调速回路

如图 7–4–1 所示为节流阀进油节流调速回路，这种调速回路采用定量泵供油，在泵与执行元件之间串联安装有节流阀，在泵的出口处并联安装一个溢流阀。这种回路在正常工作中，溢流阀是常开的，以保证泵的输出油液压力达到一个稳定的状态。因此，该回路又称为定压式节流调速回路。泵在工作中输出的油液根据需要一部分进入液压缸，推动活塞运动，一部分经溢流阀溢流回油箱。进入液压缸的油液流量的大小就由调节节流阀开口的大小来决定。

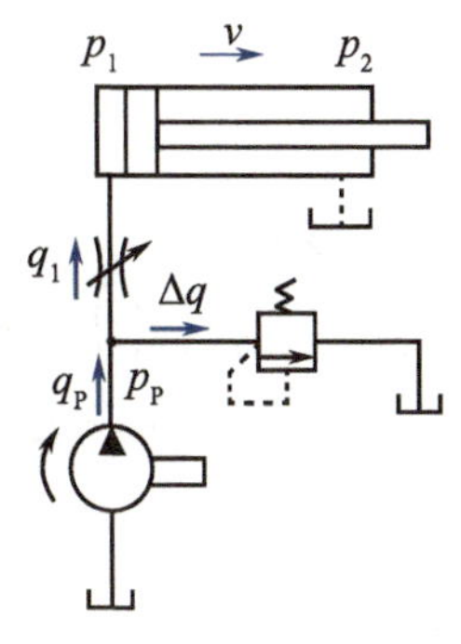

图 7–4–1 节流阀进油节流调速回路

进油节流调速回路不易在负载变化较大的工作情况下使用，这种情况下，速度变化大，效率低，主要原因是溢流损失大。

### 2. 节流阀回油节流调速回路

如图 7–4–2 所示，节流阀回油节流调速回路就是将节流阀装在液压系统的液压缸回油路上，其速度负载特性与进油节流调速一样。但回油节流调速回路的节流阀使液压缸回油腔形成一定的背压，在负值负载时，背压能阻止工作部件的前冲，而进油节流调速由于回油腔没有背压力，因而不能在负值负载下工作。

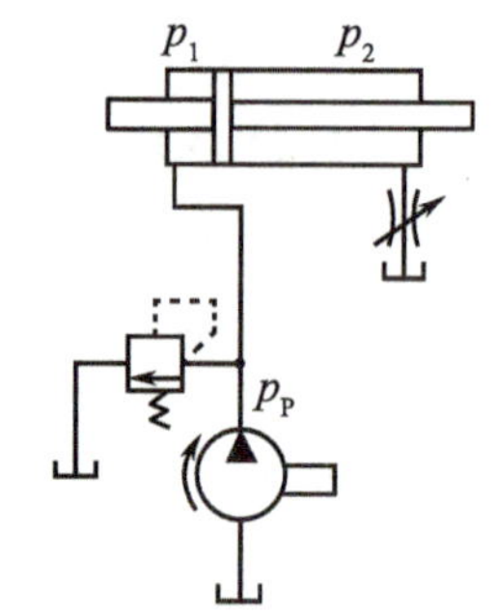

图 7–4–2 节流阀回油节流调速回路

在进油节流调速回路中，经过节流阀发热后的液压油将直接进入液压缸的进油腔；而在回油节流调速回路中，经过节流阀发热后的液压油将直接流回油箱冷却。因此，发热和泄漏对进油节流调速的影响均大于对回油节流调速的影响。

### 3. 电磁溢流回路

如图 7–4–3 所示，先导式溢流阀与液压泵并联，先导式溢流阀的远程控制口接到二位二通阀，当二位二通阀的电磁铁不通电时，二位二通阀处于截止状态，先导式溢流阀的远程控制口不起作用，溢流阀的开启由自身调定压力决定，当系统油压低于溢流阀的调定压力时，溢流阀关闭，液压泵不卸荷。二位二通阀的电磁铁通电，先导式溢流阀的远程控制口通过二位二通阀接到油箱，远程控制口油压降低，溢流阀开启，液压泵卸荷。

### 4. 手动换向回路

如图 7–4–4 所示的手动换向回路是通过手动二位四通阀来完成换向动作的。当二位四通阀左位工作时，液压泵所提供的压力油经二位四通阀进入液压缸左腔。液压缸右腔的油回到油箱，液压缸活塞右移，此时溢流阀 1 起到保持系统压力恒定的作用，溢流阀 2 为关闭状态。当手动二位四通阀右位工作时，液压泵所提供的压力油经二位四通阀进入液压缸右腔。液压缸左腔的油回到油箱，液压缸活塞左移，此时溢流阀 2 起到保持系统压力恒定的作用，溢流阀 1 为关闭状态。

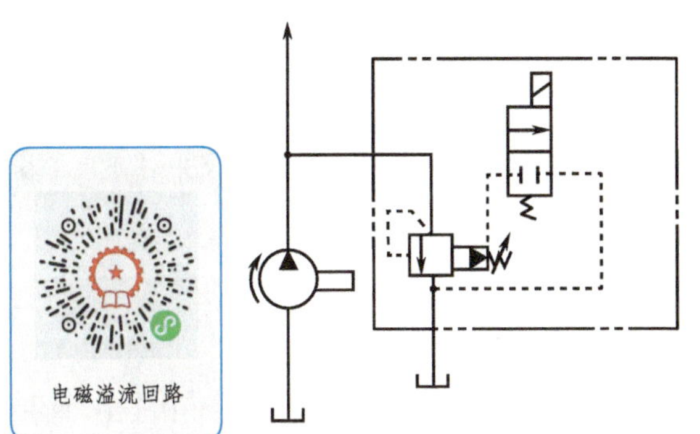


图 7-4-3 电磁溢流回路

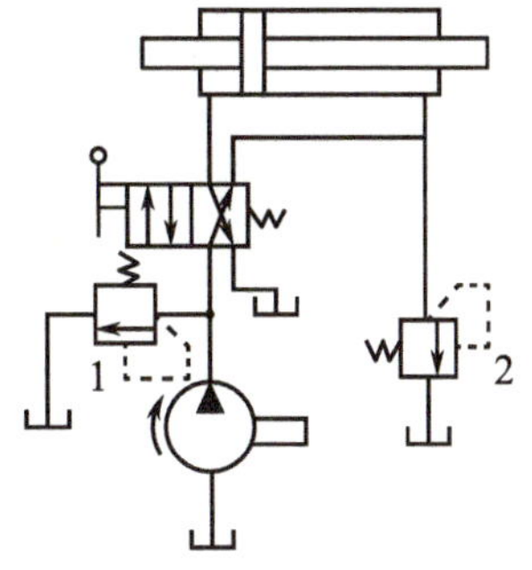


图 7-4-4 手动换向回路

## 二、液压助力转向系统

**引导问题：汽车液压助力转向系统的结构、组成？它是如何实现助力转向的？**

液压动力转向系统由动力转向装置和转向传动机构两大部分组成，其中液压动力转向装置包括方向盘、转向柱、动力转向器、转向泵、储油罐及油管。

转向泵为叶片转子式结构，固定于发动机机体上，由发动机驱动，又来产生转向动力油压。其中流量控制阀用以控制转向泵最大输油量，并将流量控制在规定范围内；安全阀用来限制最高油压，当转向泵输出油压过高时，安全阀自动打开，使出油口和进油口连通，降低输出油压，从而保证转向系统正常工作。

储油罐的作用是储存、冷却工作油液。

动力转向器包括转向螺杆、齿条活塞、齿扇轴、转阀、转向器壳体等机件。

### 1. 液压动力转向器的结构

1）旋转式控制阀。控制阀是动力转向器的核心部件，主要由阀体、阀芯和扭杆等组成。动力缸前腔和后腔分别与阀体上相对应的两条油道相连，阀上还有回油道。转向控制阀控制压力油方向时，是通过控制阀中的阀芯与阀体围绕轴线相对转动来实现的，故称为旋转式控制阀。这种转向控制阀具有灵敏度高、密封件少、结构先进等优点，但结构复杂，材质及制造工艺要求高。

2）齿条活塞。即转向齿条、动力缸活塞、转向螺母三位合成一体的零件。活塞前部为圆柱形断面，作为导向面与壳体上的缸筒滑动配合。在齿条活塞前端装有密封圈，将缸筒分隔成前后两腔室，其中前腔室通过转向器壳体下部的

油道与控制阀下部的油道相通，而后腔室通过转向器壳体上部的油道与控制阀上部的油道相通。壳体前端内设有前端盖及油封。

3）齿扇轴与螺杆。齿扇轴、螺杆及循环钢球的结构与机械循环球式转向器基本相同。

## 2. 液压动力转向装置的工作原理

（1）汽车右转弯时　方向盘往右转，阀芯随转向柱向右转动，同时由于转向阻力的反作用，扭杆与阀体相连的一端产生与此相反方向的变形，即阀体相对于阀芯有一个向左的转动，从而改变了阀芯与阀体所构成的通道。这时从进油道流入的油液流向动力缸的左腔，从而使左腔室成为高压区，动力缸右腔室经阀体回油道与回油路相通成为低压区。活塞在压力差作用下向右移动，推动转向轮向右偏转，从而使汽车向右行驶，如图 7–4–5 所示。

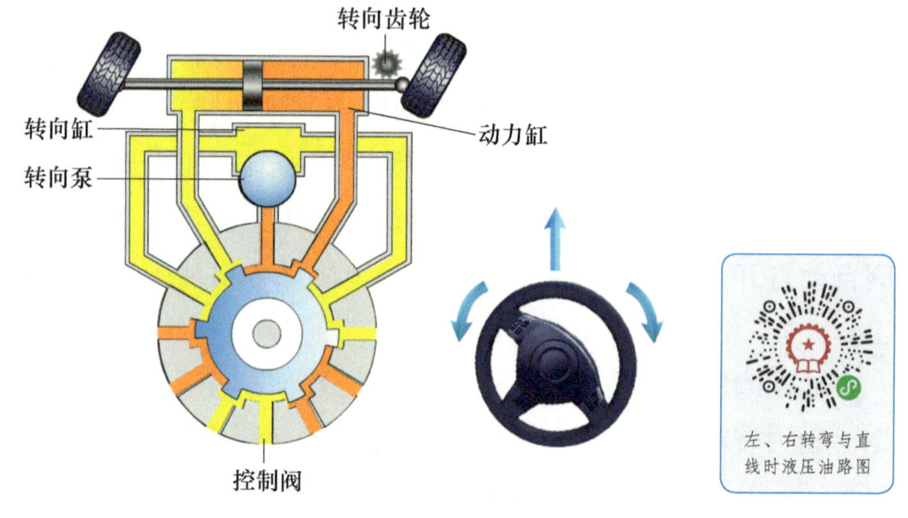


图 7–4–5　右转弯时液压油路图

（2）汽车左转弯时　方向盘往左转，转向控制阀各元件运动状况与汽车右转弯时相反，控制阀改变油道使动力缸右腔成为高压区，左腔成为低压区，液压差推动活塞往左移，使转向轮向左偏转，汽车向左行驶，如图 7–4–6 所示。在转向过程中，动力缸内的液压是随转向阻力而变化的，在转向泵的负荷范围内，二者互相平衡。如果转向阻力增大，扭杆的扭转变形量及阀芯的转动位移量也增大，使动力缸中油压增大，直到油压和转向阻力平衡为止。

（3）汽车直行时　由于此时转向盘处于中间位置，转向泵供给的油液流入控制阀进油道，从阀芯和阀体的预开缝隙经回油道流回储油罐。动力缸前后腔油压相等，两前轮处于直线行驶位置。如图 7-4-7 所示。

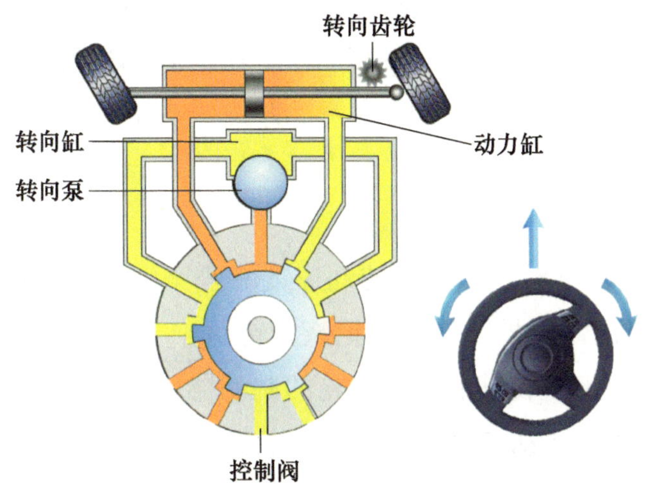


图 7-4-6　左转弯时液压油路图

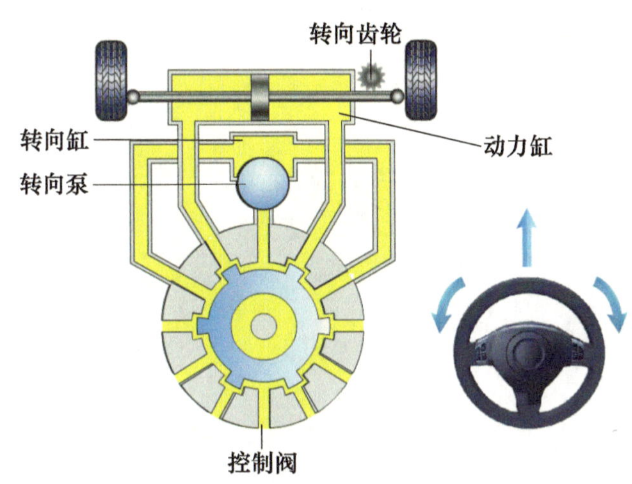


图 7-4-7　直线行驶时液压油路图

如果转向阻力减小，扭杆的扭转变形量及阀芯的转动位移量也减小，使动力缸中油压减小，直到两者平衡，即动力油压与转向阻力成正比。汽车转向时，主要靠液压力克服转向阻力，所以转向操纵轻便、省力。

## 三、汽车防抱死制动系统

ABS 的工作过程

**引导问题：汽车防抱死制动系统主要由哪几个部分组成？其工作原理是什么？**

ABS 即汽车防抱死制动系统，该装置的作用是当汽车制动

时，根据车轮转速，自动调整制动缸内的压力大小，使车轮总是处于边抱死边滚动的滑移状态，尤其对于紧急制动，它将断续制动，即制动 – 松开 – 制动，以避免危险。防抱死制动装置，以每秒 6~10 次的频率进行制动 – 松开 – 制动的脉式制动，用电子智能控制方式代替人工方式，防止车轮抱死，使车轮始终获得最大制动力，并保持转向灵活。

ABS 的工作过程如下：

1）ABS 系统监控 4 只车轮的转动速度。当某一车轮几乎要抱死时，该系统释放此特定车轮的制动器，使此车轮恢复转动。

2）在车轮将要恢复转动后，对此轮的制动器施加制动液压。

3）如果车轮将要再次抱死，此系统释放此特定车轮的制动器。

4）此系统 1s 之内重复上述过程许多次，以便发挥制动器的最大潜力，确保车辆的稳定和正常运行。

如图 7–4–8 所示，防抱死制动系统主要由轮速传感器、制动压力调节器和电子控制器（ECU）等组成。

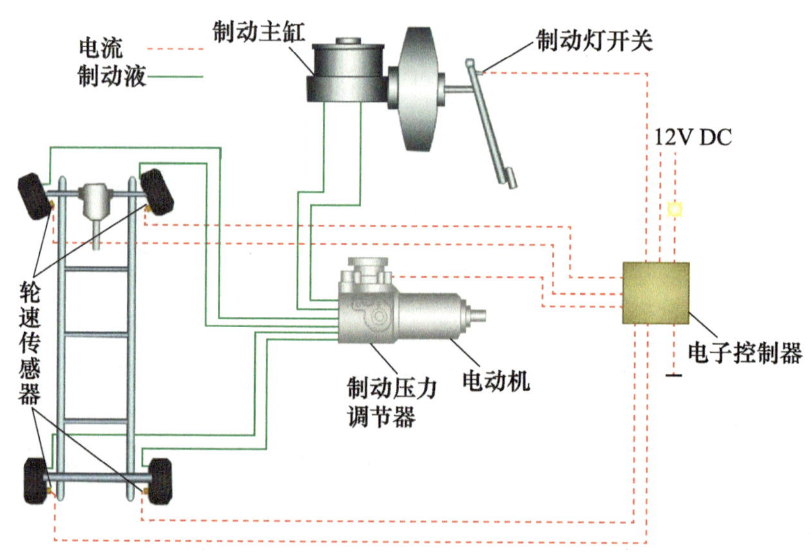


图 7–4–8 汽车 ABS 系统结构

某液压调节器的工作原理如图 7–4–9 所示。以右前轮为例分析液压调节器的工作原理。

1）汽车常规制动时，ABS 未投入工作。在 ECU 的控制下，输入阀、输出阀和回流泵均不通电，此时输入阀打开，输出阀关闭。输入阀打开将制动主缸与制动轮缸之间的油液管路构成通路；输入阀关闭将制动轮缸与低压阻尼器之间的油液管路关闭。

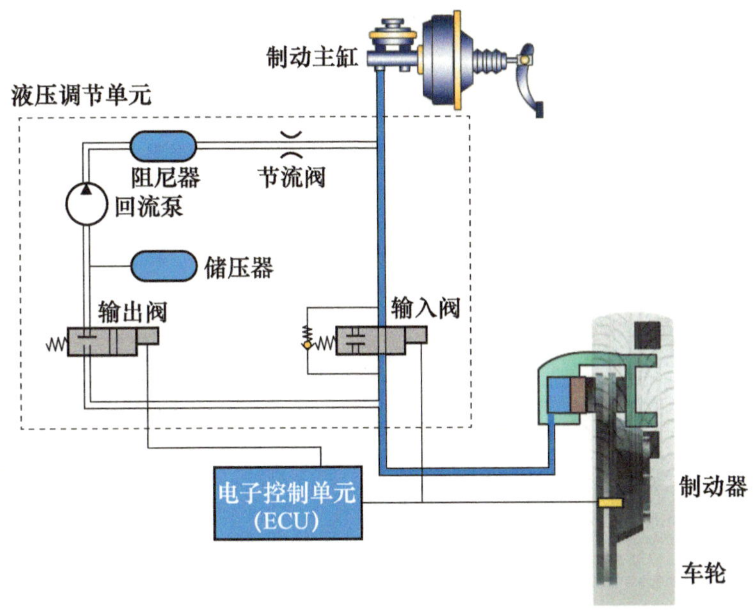


图 7-4-9 汽车 ABS 的工作过程

2）当 ABS 保压时，输入阀和回流电动机通电，输出阀不通电。输入阀通电，阀门关闭，导致制动主缸与制动轮缸油路切断；输出阀不通电，保持关闭状态，制动轮缸与阻尼器油路切断；电动机运转的目的是将阻尼器中的剩余制动液泵回制动主缸。

3）当 ABS 减压时，输入阀、输出阀和回流电动机都通电。输入阀通电，阀门关闭，导致制动主缸与制动轮缸油路切断；输出阀通电，阀门打开，制动轮缸到阻尼器的油路打开。制动液流入阻尼器后，推动活塞并压缩弹簧向下移动，使阻尼器容积增大，暂时储存制动液，可以减小回流制动液的压力波动；当阻尼器的制动液达到一定量时，回液泵运转将阻尼器的制动液泵回制动主缸。

4）当 ABS 增压时，输入阀和输出阀都不通电，电动机通电。制动液从制动主缸流入制动轮缸；电动机通电运转将阻尼器中剩余的制动液泵回制动主缸。

# 参考文献


[1] 朱春龙，旋艳静.汽车材料［M］. 沈阳：东北大学出版社，2020.

[2] 李家吉. 机械基础［M］. 哈尔滨：哈尔滨工程大学出版社，2019.

[3] 朱亦新，张珠让，曾乐 . 机械基础［M］. 上海：同济大学出版社，2018.

[4] 代礼前，李东和 . 机械基础［M］. 北京：北京邮电大学出版社，2019.

[5] 康国兵，杨小萍，冯津 . 汽车机械基础一体化教程［M］. 北京：机械工业出版社，2022.